# 中國學術思想 研究輯刊

八　編

林　慶　彰　主編

第 **34** 冊

由《周易》與《黃帝內經》探討理象數術
之養生研究及其應用（上）

趙　憶　祺　著

花木蘭文化出版社

國家圖書館出版品預行編目資料

由《周易》與《黃帝內經》探討理象數術之養生研究及其應用
（上）／趙憶祺 著—初版—台北縣永和市：花木蘭文化出版社，
2010〔民99〕
目 8+198 面；19×26 公分
（中國學術思想研究輯刊 八編；第 34 冊）
ISBN：978-986-254-217-0（精裝）
1. 易經　2. 內經　3. 養生　4. 研究考訂
121.12　　　　　　　　　　　　　　　　　　　99002660

ISBN - 978-986-2542-17-0

9 789862 542170

中國學術思想研究輯刊
八　編　第三四冊　　　　　　　　ISBN：978-986-254-217-0

由《周易》與《黃帝內經》探討理象數術
之養生研究及其應用（上）

作　　者　趙憶祺
主　　編　林慶彰
總 編 輯　杜潔祥
出　　版　花木蘭文化出版社
發 行 所　花木蘭文化出版社
發 行 人　高小娟
聯絡地址　台北縣永和市中正路五九五號七樓之三
　　　　　電話：02-2923-1455／傳真：02-2923-1452
網　　址　http://www.huamulan.tw 信箱 sut81518@ms59.hinet.net
印　　刷　普羅文化出版廣告事業
封面設計　劉開工作室
初　　版　2010 年 3 月
定　　價　八編 35 冊（精裝）新台幣 58,000 元

# 由《周易》與《黃帝內經》探討理象數術之養生研究及其應用（上）

趙憶祺　著

作者簡介

　　趙憶祺，祖籍江蘇鹽城，出生於臺灣臺北市，臺灣師大教學碩士。目前任教於北縣錦和高中國中部。大學畢業於淡江文理學院中文系，高中則分別就讀臺中女中及新竹女中。民國九十二年於高雄長庚捐肝三分之二予任教於政大之兄長。

　　學業是生命的精華，歲月是生命的風華。美麗的夢想指引理想前進，理想落實人間，深耕開花結果。

　　由數術入周易，理象數術兼修，期望數術非僅淪落民間，而能以學術態度量化、質化研究，天時地位與人事德業並重，參贊天地化育，順性命之理，遂欲達情，活在當下，趨吉避凶，以有益世人，而達生生不息的天命。仁人君子先進若有賜教，謹附：email　luky891@yahoo.com.tw不勝感荷。

　　附：民國九十二年於高雄長庚醫院捐肝予政大任教之兄長趙玉教授

提　　要

　　所謂「養生」指的是：「養護生命」。養，即供養之意，也就是提供維持生命的基本需求，此外，積極方面亦有調養之意，即藉著飲食、休閒、休息、運動、藥補等使身體得以恢復及調節機能；護，乃保護之意，也就是避免使身心受到傷害，順應人事與天時，甚至積極掌握人事與天時，俾能盡其天年。醫者，醫身與心也，包括身體、道德修養與人事、天時。本論文成因乃肇因在享西方文明之利時，亦深受許多文明病之害，如各種生活緊張引起之精神疾病、免疫失調引起之癌症、營養過剩引起之糖尿病、中風，唯利是圖、頭痛醫頭，腳痛醫腳，漠視病人權利引起之醫療糾紛及醫病關係之疏離等，因此期以居中國文化之首之《周易》與中國最早之醫書《黃帝內經》之「醫易會通」處著手。全文除了養生理論、源由發展外，尚包括理象數術之內容及附圖及附錄之部份數術實務操作及圖表，因此也可視為理象數術養生之綜合初步整理及工具書，尤其數術養生方面，並期待進階研究，以有益世人。

# 前 言

　　經過多少的努力、挫折、尋覓、徬徨、傷心、失望、憤怒與再接再厲，再就讀碩士及一本論文的完成，是等待了多少機緣，才終於把握住而呈現其歲月的歷煉與奮鬥軌跡。

　　啊！我尋尋覓覓，我努力等待——。而歲月是否有情？我淚流滿面。

謹以此論文獻給天上的父親　趙思聰先生及

世上勞苦多難的母親

# 致 謝 辭

　　首先要感謝胡瀚平教授的給予題目提示。其後整本論文最要感謝指導教授賴貴三老師的殷殷垂詢與裁成。由論文大綱至提供資料至審稿等，沒有指導教授也即無論文的完成。

　　感謝口考委員黃忠天教授及孫劍秋教授的指點，讓論文更盡完善；口考後最要感謝季旭昇老師的開導安慰與幫忙觀念貫通、及傅武光老師的問題解答及同班同學陳惠玲及香港珠海大學中文系博士候選人繆正西老師的協助，陳滿銘老師、傅錫壬老師、王文進學長、楊冀華學長、翁春華同學等之精神鼓勵等，讓論文得以順利修改完成。

　　感謝當代後新儒家林安梧老師及其旗下讀書會如紅館、唐君毅讀書會，論文研討會指導弟子及參加成員如楊冀華學長、譚宇權學長、淑熙學姊、承恩學姊、孟苓、令宜、毅鳴、彥儀、智偉、森茂、仁展、慧茹等，在讀書研討中豐潤我的讀書生活及生命，這是我一生的寶藏。

　　感謝口考時孟苓、令宜的協助，及口考前後文齡助教的溫馨關懷，口考當日適逢參加者令宜生日及同事月貴結婚紀念日，將所有陰霾化為喜氣。

　　感謝論文期間除指導教授外，黃忠天教授及陳玉琪學長、翁春華同學及曾家麒同學及陽明醫學院博士班外甥女呂育諭的提供資料，章正忠同學的論文問題提出，前教學組長、現服務於北市中正國中的周代玲老師及黃于珍校長的精神時相鼓勵。

　　感謝研四導師許俊雅教授的鼓勵與支持，讓我研四在母親病危之際，仍得以順利完成學業，感激之情永銘五內；感謝研一導師陳滿銘老師，他儒者的風範，對學生無私的愛心與關懷，令人永難忘懷，他的章法學更令人領略

文章之美；感謝教小說的蔡芳定老師，他讓我有信心面對自己；感謝黃明理老師紮實的書法教導，讓我得以一窺書法堂奧，且得以邁入門內；感謝季旭昇老師在他磁性迷人魔法般的聲音帶領，讓我進入奇妙的文字世界，入天下地深深著迷，意猶未盡；感謝傅武光老師的四書論語，這門課讓我重新思考面對孔子的世界，也感謝這門課之報告「由孔子五十而知天命談起」，開啟我碩士論文之門；教學感謝研二陳謠機老師的閩南語教學，讓我收穫甚多；感謝沈秋雄老師的詩詞欣賞這門課，他讓我領略陶淵明詩之美，及有機會廣泛有系統的閱讀陶淵明一生的作品，並作深入研究；感謝研三楊如雪老師的語法教學，感謝其作業的熱誠指導……；感謝朱榮智老師美麗的修辭學課；感謝徐信義老師的詞曲教學，讓我對戲曲有更深入的探究與了解……；感謝研四高秋鳳老師的中國文學史，這門課讓我對神話有更多的涉獵；感謝許俊雅老師的臺灣小說課，這堂課讓我深入臺灣的歷史軌跡；感謝林安梧老師的孟子，讓我以存有之態，再度面對孟子，上課同學們的分享真是精彩極了，安梧老師擅於栽培學生建立學術交流網，讓同學們自由生長，而收穫良多；還有太多太多，如旁聽康世統老師的聲韻學及呂武志老師的散文課程等，讓人意猶味盡。這真是一場美麗的生命厚度之饗宴。

這真是一場美麗的生命厚度之饗宴。

讀書期間感謝同學靜萍的時相鼓勵、枚錦的協助，寶慶、真美、貴美、玉玲、筠琪的溫馨及家麒的學問切磋、宛芬的相伴，學長力仁、學妹敏芳的來函分享切磋等，我要感謝所有為班上付出的同學，及教導我的老師們，其間有太多的回憶，也真誠在此獻上祝福。

感謝服務學校吳鳴雪校長的人性領導，方得順利在職進修；感謝同事羅妙芬老師在我捐肝之際，為我打理請假手續，此恩此德永不忘懷。

最後我當然要感謝我生命中最摯愛的夫婿，因為他的支持，我才得以順利完成學業，也要感謝大弟趙奇在中醫方面的協助及小弟趙鈞在西醫方面的協助，也感謝雲林慈愛醫院的協助及兄長的協助。

論文中的數術感謝曾受教於的中國命運大學，及勘輿老師余勝唐老師。

論文中的氣功感謝曾親自受教於皇家氣功學派的張祥安老師，及張芝湘師姊及呂正芳師姊等，我期望有機緣能再更深入。

在師大就讀期間，碰到多年前教育學程的導師周愚文教授，他居然還記得我，真是高興啊！

我的指導教授賴貴三老師的文字之美及為學態度，更令人流連忘返，駐足難去。

　　感謝生命中所有的貴人之牽引，也感謝生命中所有的不順與打擊陰霾，願在此化為層層祝福與感恩。

　　師大這美麗人文傳統的國研所，她豐潤我的生命，讓我更懂得感恩與生生不息與傳續前人光輝。

　　最後要感謝花木蘭文化出版社，栽培後進，給予機會出版。

　　仁人君子先進若有賜教，謹附：email　luky891@yahoo.com.tw　不勝感荷。

# 目

# 次

### 附圖目錄（附錄壹為 5-6，附錄貳為 5-7，附錄參為 5-8）

# 第一章　緒　論

本章分為五節，第一節為研究動機，第二節為研究範圍、目的與限制，第三節為研究方法，第四節為研究脈絡與架構，第五節為研究未來展望。

## 第一節　研究動機

近年來各種文明病紛紛侵襲人類的生命安全，帶給人類社會莫大的痛苦與折磨，其中尤以癌症為最。舉凡男性之攝護腺癌、膀胱癌；女性之乳癌、子宮癌；一般之胃癌等，人人莫不談癌色變，其他慢性病如高血壓、痛風、關節炎、骨刺、糖尿病、腎衰竭長期洗腎、心臟病等，嚴重者引起腦中風、甚至四肢癱瘓、無法動彈，更甚者成為植物人。臺灣因開刀手術失敗而癱瘓者時有所聞，前歌星月亮歌后李佩菁即是一顯著例子。醫療糾紛頻傳，如北縣北城醫院發生之護士打錯針，引發數位新生兒死亡，其他尚有數位新生兒器官嚴重受損，需要長時間觀察……。工業社會生活長期在緊張、壓力帶來之胃病、胃潰瘍；精神官能症如暴力、憂鬱甚至自殺等，種種皆令人怵目驚心。

西方科技固然為人們帶來許多便利與享受，但在工具性宰制下產生之種種弊端，如美國九一一（2002 年）之恐怖攻擊（宗教與種族之衝突）、大氣層中之臭氧層破損發生之溫室效應、台灣近幾年來因為山坡地過度開發，商人唯利是圖，帶來之種種災害如九二一大地震、林肯大郡倒塌等；傳播媒體與網路「暴力與色情」之氾濫、人本主義的個人自由膨脹，……。導致社會青少年犯罪率增加，道德淪喪，家庭倫理式微，亂倫、子弒父、母棄子之新聞時有所聞；提款卡側錄密碼盜領案更令人提心吊膽，大眾生活於恐懼不安中。

承上，以下為個人寫作此論文之研究動機：

## 一、發皇中華文化，以濟西方文明之弊

《周易》乃中華文化精髓，居六經之首，《漢書·藝文志·六藝略》：「六藝之文——《樂》以和神，仁之表也；《詩》以正言，義之用也。《禮》以明禮，明者著見，故無訓也；《書》以廣聽，知之術也；《春秋》以斷事，信之符也。蓋五常之道，相須而備，而《易》為之原。」〔註1〕易學是以生命的體驗和對生命的理解來看待宇宙人生的哲學，將宇宙看作一個有機體，認為人和客觀世界是完全統一的。不僅蘊含人生哲理，為人處世之道，而且講求天人合一，順天而行。西方的「工具性宰制」之科學文明與人際疏離產生的弊害，反而吹起東方的《易經》熱。

## 二、醫易會通〔註2〕

《周易·繫辭下傳·第二章》說：「古者庖犧氏之王天下也，仰則觀象於天，俯則觀法於地，觀鳥獸之文，與地之宜，近取諸身，遠取諸物，於是始作八卦，以通神明之德，以類萬物之情。」〔註3〕明代醫家張景岳言於《類經圖翼·運氣上》言：「體象之道，自無而有者也。無者先天之氣，有者後天之形。……無聲無臭者先天，有體有象者後天。先天者太極之一氣，後天者兩儀之陰陽，陰陽分而天地立，是為體象之祖，而物之最大者也。」〔註4〕又言：「太極本無極，無極即太極，象數未形而理已具，萬物所生之化原。……太極動而生陽，靜極而生陰；天生於動，地生於靜……，互為其根，分陰分陽，兩儀立焉。是為有象之始，因形以寓氣，因氣以化神，而為後天體象之祖也。」〔註5〕「體象之道，自無而有」，先天之氣，無聲無臭，象數未形而理已具；後天之形，有體有象，得以為人所感知。張景岳認為太極動而生陽，靜而生陰，陰陽既成乃為象

---

〔註1〕 見楊家駱主編，東漢·班固：《漢書·藝文志·六藝略》，頁1723：（臺北：鼎文書局，1981年），頁465。

〔註2〕 關於歷代「醫易會通」之相關著作及理論（至清朝），請參看何少初之《古代名醫解周易》，（北京：中國醫藥科技出版社，1993年）。

〔註3〕 見魏·王弼、晉·韓康伯，唐·孔穎達疏：《周易正義》卷七（臺北：藝文印書館，影印清嘉慶南昌府十三經注疏本），卷1，頁148。

〔註4〕 見清·紀昀編纂：《四庫全書》第七七六冊，頁690。

〔註5〕 同上註，頁962。

之始。易言變化，醫家言病變，《黃帝內經》視人爲一小天地，因而建立其理論嚴謹的五運六氣學說，其思想基礎與易理一脈相承。

所謂「天人合一」之《周易》，不只包括道德哲學、爲人處世之道，尚包括自然生命中身心的調適。《黃帝內經》便是根據《周易》自然生命調適身心的中國最早醫學書籍，內容包含了《素問》與《靈樞》二部分，在陰陽五行等符號系統上，建構了中國人體生命科學，奠定醫易互通的可能。

## 三、理象數術之養生研究

八卦是組成《周易》的基本圖象，象徵宇宙間八種最基本的圖像，是由陰爻（－－）與陽爻（－）組成，《周易‧繫辭上傳‧第五章》言：「一陰一陽之謂道。」〔註6〕這陰陽二爻不僅使卦得以形成，而且還被賦予特定的屬性、聯繫和變化，使其具備高度概括和象徵功能。八卦再自重爲六十四卦，六十四卦各有其象徵與卦辭、卦象；每卦由六畫構成，畫即爻，爻辭是說明闡釋每一爻所代表的意義。《周易》共有三百八十四爻，爻辭也共有三百八十四個。

由整個易學史發展來看，《周易》經文成書之後，大致循著「象數」與「義理」這二條脈絡來豐富卦爻的，自然生命調適的養生之道，即以此二條脈絡發展，後因先後天八卦、河洛理數、陰陽五行之說又發展了「術」的學問。

「象數」一詞，由「象」與「數」二個名詞並列而成。最早將「象」、「數」聯繫言之者，見於《左傳》僖公十五年的記載：「龜，象也；筮，數也。物生而後有象，象生而後有滋益，滋而後有數。」〔註7〕由此可知，一般意義的「象數」，乃是就形象與度量而言。隋代蕭吉故以辰爲五行之主。「若夫參辰伏見、日月盈虧、雷動虹出、雲行雨施，此天之象也；二八舍、內外諸官、七曜三光、星分歲次，此天之數也；山川水陸、高下平汙、嶽鎮河通、風迴露蒸，此地之象也；八極四海、三江五湖、九州百郡、千里萬頃，此地之數也；禮以節事、樂以和心、爵表彰旗、刑用革善，此人之象也；百官以治、萬人以

---

〔註6〕 見魏‧王弼、晉‧韓康伯，唐‧孔穎達疏：《周易正義》卷七（臺北：藝文印書館，影印清嘉慶南昌府十三經注疏本），卷1，頁148。以下文本依此，不另做註。

〔註7〕 見周‧左丘明傳、晉‧杜預注、唐‧孔穎達疏：《春秋左傳正義》六十卷，《十三經注疏（6）《左傳》》（江西南昌府學開雕，清‧嘉慶二十年；臺北：藝文印書館，1993年9月出版），頁234。

立、四郊脩文、七德閱武，此人之數也。」〔註8〕蕭吉從天、地、人三才談論「象數」，包括了天地萬物所展現的形象與度量，相較於《左傳》之語，範圍更廣泛。高亨曾對《周易》的「象數」之說，提出他的看法，他說：「何謂象數？簡言之，象有兩種：一曰卦象，包括卦位，即八卦與六十四卦所象之事物及其位置關係。二曰爻象，即陰陽兩爻所象之事物。數有兩種：一曰陰陽數，如奇數爲陽數，偶數爲陰數等是。二曰爻數，即爻位，以爻之位次表明事物之位置關係。」〔註9〕《周易》所謂的「象數」，乃是就《周易》卦爻所展現的卦象、爻象、陰陽數、爻數而言。每個卦爻都代表著一系列生命象數，藉由象徵性符號，展現生機躍如的大千世界。

象數學以理、氣、象、數爲主要內容，通過事物的象與數，推究其生成、存在、以及變化原理。按象數學的說法，理與氣需透過象數，藉由可知可感的形象與度量，把握抽象之理。易學中本有象數之說，而中國醫學理論亦得象數學的滋潤，豐厚其理論體系。在人體科學中，對於人之各種信息的預測，無論是用四柱預測法，抑是八卦預測等方法，皆是以陰陽變化爲原理、五行生剋制化爲法則。

若說「數」有「原理」或「事物的規定性」的指涉，則「術」顯然具有「技術」一類意涵。張永堂謂：「指以天干地支、陰陽五行生剋制化等數理，推測人事與社會的發展與吉凶者，總稱術數。」〔註10〕換言之，「術」指的是方法、技術；「數」指的是宇宙及人事的生滅發展規則，也可以說是氣數或命運。因此，術數即是以各種方法或技術推測個人或國家的氣數或命運。「五運六氣」說是《黃帝內經・素問》的主要理論之一。此是一種氣象醫學（meteorology of medicine）之理論，認爲氣象的變化與人體的健康和疾病有著密切關係，從而藉著對氣象的分析和預測，研判病理，進而加以治療或預防。「五運六氣」說是建基於天文、曆法、氣象及陰陽五行的醫學理論，並且是以陰陽五行思想作爲整個理論的基礎。由於個人機緣接觸《易經》，研究五術如中醫、命理、風水、姓名學、卜卦、氣功等，〔註11〕希望藉著「做中學」的論文工夫，在

〔註8〕 蕭吉：《五行大義》（臺北：新文豐出版公司，1987年台一版），頁1。
〔註9〕 高亨：《周易大傳今注》（濟南：齊魯書社，1998年），卷首，頁12。
〔註10〕 參見張永堂：〈中國古代術數的流傳與應用〉（《歷史月刊》，第38期，1993年），頁52。
〔註11〕 個人是先接觸、研究五術，後考入師大國文系教學研究所，先旁聽賴老師貴三教授碩博士班之「周易研討」課程，並蒙其指導碩士此篇論文，研三復修

爬梳典籍、文獻中，將理論貫通。

## 第二節　研究範圍、目的與限制及展望

本篇研究範圍將以《周易》與《黃帝內經》爲理象數術之養生研究與應用爲主，「養生」包括養身與養心，有形之形體養生與無形之精、氣、神與行爲等。其中有關《黃帝內經》版本前人論述甚多，本文大多參見前人論述並經查考。「易理」以「醫易會通」〔註12〕中之天人合一、陰陽調和、中庸之道、生生不息、乘時以變等作論述、闡發。所謂「象」，以六十四卦辭及各卦卦爻，作有關身心之養生闡發、論述，以筆者任教國中教學環境之師生身心健康爲主；「數術」則以「醫易會通」〔註13〕中有關陰陽五行、河洛理數、五運六氣、四季養生、十二經脈養生等數術理論之應用作闡發、論述及延續；經此杷梳、經驗理論相互印證後，期待對學校師生及大眾養生有所助益。由於氣功、風水僅學到中級，天文曆法、醫學素養也諸多欠缺，及限於篇幅、時間精力，醫學、命理、風水、氣功等僅能就自己所確實驗證或所知的論述或泛論，期待日後的努力。〔註14〕

## 第三節　研究方法

篇論文研究方法分別採用文獻研究法、哲學研究法及行動研究法。分述如下：

### 一、文獻研究法

文獻包括古籍、現在之期刊、論文、報紙、專著等，透過資料之歷史發展、比較歸納及分析演繹，將論文呈現。

---

賴老師之「群經大義」課程。

〔註12〕此處之「醫易會通」乃指《周易》與《黃帝內經》。

〔註13〕此處「醫易會通」之「醫」採取廣泛之定義，爲治療、爲預防，並不局限於《黃帝內經》之內容，但可視爲《周易》與《黃帝內經》中數術之闡發、延伸與應用。

〔註14〕由於五運六氣，尚待個人實際驗證，故將鄺芷人《陰陽五行及其體系》中之「五運六氣」部分照抄載下，以待日後驗證；「六十甲子納音」也待日後驗證。其他如經脈、舌診、脈象、命理、風水、運動等尚待時日操作而更爲熟稔與領悟。數術方面僅論及個人部份，國家部份更與個人命運及身心健康息息相關，但因能力及精力所限，本論文並無法處理，期待日後努力。

## 二、哲學研究法

體用合一：形上與形下、唯心與唯物。宇宙是本體，是形而上，是唯心；形而上者謂之道，形而下者謂之器。形體之養生是形而下之器，其養生哲學則來自形而上的宇宙論、本體論之生命哲學。「易理」及「象」是形而上之養生，「數術」則是形而下，透過經絡、食物、運動、命理、風水之養生。

## 三、行動研究法

透過個人經驗，將理論與個人經驗結合，謂之行動研究法。本篇論文之特色即是理論與實務並重，採用經驗法、實證法與調查訪問法，作養生之研究。所謂個人經驗方是最真切，體認最深。

# 第四節　研究脈絡、架構與本文使用版本

## 一、研究脈絡與架構

本論文易以《周易》為主，醫書以中國最早之《黃帝內經》為主，順延而下。因此在第二章中將此二書成書經過，作者探討、沿革及內容等作一概要交代。本文採用理象數術之次序，以構成之理為先，然後有象，繼之數術，純粹為本文架構脈絡之方便，〔註15〕故而形而下之數術放置最後，但無有輕忽數術之意。

論文第一章為緒論：第一節為研究動機，第二節為研究範圍、目的與限制，第三節為研究方法，第四節為研究脈絡、架構及使用版本，第五節為結語。

第二章為養生健康與中西醫學概論：第一節為《周易》概說，第二節為《黃帝內經》概說，第三節為中國歷代養生概論，第四節為中西醫學利弊，第五節為小節。

---

〔註15〕〈繫辭傳・上〉云：「參伍以變，錯綜其數，通其變，遂成天地之文；極其數，遂定天下之象。」乃由數而象而理；程子曰：「有理而後有象，有象而後有數。易因象而明理，由象以知數，得其易則象數在其中矣。」（《遺書》卷二十一上・北京：中華書局，2004年版・頁271）；四柱子平及紫微斗數等為宋朝後才逐漸發展出來，周易最初雖以卜筮為主，但其後以儒家義理為主，數術反則為小道，為周易之歧出，但其中必有可觀處。但由於天機或非為一般人所能領悟，且各人器機深淺不同，造成誤斷而有所影響；復因執業水準良誘不齊，恐為江湖術士詐財騙色工具，故而仍主張應以義理為主。

第三章爲易理養生：第一節爲醫易會通，包括爲天人合一，陰陽調和，中庸之道，生生不息，乘時以變，「神」之妙用六部份，第二節爲小結。

第四章爲象——《周易》六十四卦養生健康之理論與應用：第一節爲釋八卦，第二節爲《易經》之六十四卦，第三節爲六十四卦「象」之養生，第四節爲小節。

第五章爲數術養生之理論與應用：第一節爲經絡、穴道之養生，第二節爲運動養生，第三節爲飲食養生，第四節爲情緒養生，第五節爲小結，附錄壹爲前導，附錄貳爲命理養生，附錄參爲風水養生，附錄肆爲其他。《周易》最初雖爲卜筮之書，但自孔子講求義理，以人道合天道，象數反爲人避談，程伊川於《遺書》卷二十一上言：「有理而後有象，有象而後有數，《易》因象以明理，由象以知數，得其義，則象數在其中矣。必欲窮象之隱微，盡數之毫忽，乃尋流逐末，術家之所尚，非儒者之所務也」。後因先後天八卦、河洛理數、陰陽五行之說又發展了「術」的學問，但更因種種因素，「數術」淪入民間或僅爲皇家秘辛或糟糕的成爲江湖術士詐財騙色工具，無法躋身學術殿堂，故而本章將其置於附錄，因唯恐時人不察，不修義理而徒妄求「術」耳，但因確有此門學問，孔子言「不知命，無以爲君子」；吾師賴貴三教授於《孔孟月刊》〈孔子的《易教》（一）〉中言：「君子既要守道，又必須溝通天人；既要修德，還得明數。」〔註16〕高師大經研所所長黃忠天教授於其所著《《周易》程傳註評》〔註17〕書末特別刊載《四庫全書總目‧程頤易傳提要》（卷二）：「程子不信邵子之數，故邵子以數言《易》，而程子此《傳》則言理，一闡天道，一切人事。蓋古人著書，務抒所見而止，不妨各明一義，守門戶之見者，必堅護師說，尺寸不容逾越，亦異於先儒知本旨矣。」爲程子之不言象數，另有註解。因此仍衷心期望眞理能透過學術殿堂研究討論，理象數術兼備，順乎天、應乎人，以有益世人。

第六章爲結論。

## 二、本論文採用版本

前人關於《周易》、《黃帝內經》、養生健康及數術之論著甚多，〔註18〕但

---

〔註16〕見賴師貴三：〈孔子的《易教》（一）〉（臺北：《孔孟月刊》，第四十卷第五期，），頁10。

〔註17〕見黃忠天：《周易程傳註評》（高雄：復文圖書出版社，2000年），頁802。按：已有2004年最新版。

〔註18〕詳細請參閱書目部份及有關之各章節。

以養生爲主，以《周易》、《黃帝內經》做理象數術初探，象之部分以六十四卦來論現今學校師生養生健康之研究，所謂養生不僅爲身之養生，且包括心之養生，不僅爲飲食、藥物、運動等之養生，且包括修身養性及數術之趨吉避凶之養生，且中西會通，言其利弊以爲展望，本論文則或應屬首見。所謂繼承前賢，整理、貫通，不揣自陋，期能於世人有所裨益爾！

關於本論文採用版本如下：

（一）《周易》：採用之版本以臺北藝文印書館王弼、韓康伯注；孔穎達等正義、阮元審定之《周易正義》爲主，旁及其他。〔註19〕

《黃帝內經》：《黃帝內經素問》以藝文印書館影印之唐·王冰注，宋·林億、高寶衡等校正，《重廣補注黃帝內經素問》（四庫善本叢書子部），及國立中國醫藥研究所出版陳太羲、莊宏達之《黃帝內經素問新解》（上冊）（下冊）爲主，旁及其他；〔註20〕《靈樞經》則以上海商務印書館王雲五主編《四部重刊初編·子部》之宋·史崧校正並音釋爲主，並旁及其他。

（二）象之六十四卦養生：以臺北星光出版社孫振聲之《白話易經》及黑龍江科學技術出版社楊國安之《八卦與健康》爲主要藍本，並參考臺北里仁書局出版徐志銳之《周易大傳新著》上、下冊，及臺北萬卷樓圖書有限公司趙建偉之《出土簡帛《周易》疏證》等爲輔。

（三）數術部分，子平以吳俊民自費出版之《命理新論》上中下三冊爲主，及臺北武陵出版社黃春霖、湯鎮源之《實證八字命理學》爲主，旁及古籍及現今其他書籍爲輔；〔註21〕河洛紫微以1992梓元理數研究中心郭老師上課講義，及臺北時報文化公司慧心齋主之《紫微斗數新詮》，臺北林鬱文化公司吳豐隆之《紫微新探》，臺北大林出版社潘子漁之《紫微斗數心得》爲主，其他爲輔；〔註22〕風水以1998年中國命運大學余勝唐老師上課之講義爲主，旁及古籍及現今其他書籍爲輔；〔註23〕經絡、穴道之養生則以臺北元氣齋出版社李政育之《十二經脈飲食法》，及臺南西北出版社沈福道、張德福之《氣功健身指南》之穴道部分爲主，旁及其他；飲食則以李政育之《十二經脈飲食法》及中華民國中醫師公會聯合會《四季與時辰——中醫養生保健手冊》、

〔註19〕請參閱書目有關《周易》古籍及現今書籍部分。
〔註20〕請參閱書目有關《黃帝內經》部分。
〔註21〕請參閱書目數術有關子平部分。
〔註22〕請參閱書目有關紫微部分。
〔註23〕請參閱書目有關風水部分。

臺北薪傳出版社張德湖之《黃帝內經養生全書》爲主，旁及其他；運動篇及其他詳細請見內文。

　　本論文圖表按順序統一置於最後。

# 第五節　結　語

　　西方科技的日益千里，固然帶來了物質文明與生活便利，但也因人心的陷溺，帶來了犯罪與心靈的迷茫及種種生活上的恐懼，如水質的不安全，蔬菜含有農藥，空氣污染等；西醫雖然因醫學之技術進步，延長了人類的壽命，但也因西藥的副作用、開刀，誤診、西醫欠缺醫德、以賺錢爲主、醫病疏離、飲食、生活環境等，帶來許多文明慢性病，如糖尿病、癌症、中風、植物人等，使人們更生活的無尊嚴與痛苦，因此居六經之首、講求天人合一、順天而行，不止包括道德哲學、爲人處世之道，尚包括自然生命中身心的調適的周易，及根據周易自然生命調適身心的中國最早醫學書籍，內容包含了《素問》與《靈樞》二部分，在陰陽五行等符號系統上，建構了中國人體生命科學，奠定醫易互通的可能的《黃帝內經》便可解決西方的「工具性宰制」之科學文明與人際疏離產生的弊害，此爲本篇論文研究的動機。「形而上者謂之道，形而下者謂之器」以理象數術之脈絡，理論與應用兼具，除考察歷代文獻，也注重現時相關報紙、期刊與書籍及當代相關課程、講座與研討會、及實例探訪與親身經驗等；但限於時力不濟，或個人機緣契機，未圓滿處，只有期待來日，並望博雅君子及前輩不吝指教斧正。

# 第二章 養生健康與中西醫學概論

　　由於《周易》居六經之首、講求天人合一、順天而行，不止包括道德哲學、爲人處世之道，尚包括自然生命中身心的調適，而《黃帝內經》是中國第一本有系統代表中醫的鉅著，是根據周易自然生命調適身心的中國最早醫學書籍，內容包含了《素問》與《靈樞》二部分，在陰陽五行等符號系統上，建構了中國人體生命科學，奠定醫易互通的可能，可解決西方的「工具性宰制」之科學文明與人際疏離產生的弊害。本章第一二節將《周易》及《黃帝內經》其成書沿革，命名由來及內容性質與發展做一梗略介紹，第三節先將「養生」定義做一探討，繼之討論中國古代思想淵源及歷代養生概論；第四節爲中西方醫學的利弊分析，將西方醫學歷史發展做一梗概介紹，並對臺灣目前醫療環境提出檢討與發展策略之展望。

## 第一節　《周易》概說

　　本節分四部分，一爲《周易》的定義與演變，二爲作者與著代，三爲內容簡介，四爲派別及流變。以下分述之：

### 一、《周易》的定義與演變

#### （一）周　易

根據黃師慶萱教授於《周易縱橫談》一書中提到：

　　談到《周易》，最簡明的定義應該是：《周易》是「周」朝簡「易」

的筮法。〔註1〕

又說：

> 《周易》還代表著周朝人宇宙人生之周匝變易的現象，一種簡明、
> 周延而具永恆性的描述與判斷。〔註2〕

可能是《周易》最簡單明瞭的定義。《周易》主要分爲《易經》和《易傳》兩部分，《易經》是《周易》的原文，是一部信息預測學，〔註3〕分爲上下兩經，也簡稱爲《易》，本來是周代所通行的卜筮書，內容包括卦及卦辭、爻辭。到了戰國時期，討論的人多了，《易》的義蘊豐富了，價值也提高了，此本占筮書便進入經書的行列。《易》既成爲經，那麼許多說《易》的作品自然即成爲傳，這包括〈彖〉、〈象〉、〈文言〉、〈繫辭〉、〈說卦〉、〈序卦〉與〈雜卦〉。傳有七種，分爲十篇，因爲〈彖〉、〈象〉與〈繫辭〉各分上下傳一篇。漢人將此十篇《易傳》稱爲十翼。《周易》之名最早見於〈周禮·春官·大卜〉，其「掌三易之法」曰：

> 掌三易之灋，一曰《連山》，二曰《歸藏》，三曰《周易》，其經卦皆
> 八，其別則六十有四。〔註4〕

唐·孔穎達爲《周易正義》作疏，「於論三代易名」中，根據〈周禮·春官·大卜〉，「三易之法」曰：

> 案〈周禮·大卜〉「三易」云：一曰《連山》，二曰《歸藏》，三曰《周
> 易》。杜子春云：《連山》伏羲，《歸藏》黃帝。鄭玄《易贊》及《易
> 論》云：夏曰《連山》，殷曰《歸藏》，周曰《周易》。鄭玄又釋云《連
> 山》者象山之初雲，連連不絕。《歸藏》者，萬物莫不歸藏於其中。
> 《周易》者言易道周普，無所不備。雖有此釋，更無所據之文，先
> 儒因此遂爲文質之義。〔註5〕

從以上敘述可知，古代有三種《易》，即《連山》，《歸藏》，和《周易》，《連山》、《歸藏》相傳爲《周易》前的古《易》。《連山》以純艮開始，艮象徵山，

---

〔註1〕 黃師慶萱：《周易縱橫談》（臺北：東大圖書公司，1995年3月出版），頁1。
〔註2〕 同上註，頁5
〔註3〕 爲大陸之名詞，參見邵偉華：《周易與預測學》（臺北：立得出版社，1984年），頁15及頁69～70，以下同不另作註。
〔註4〕 漢·鄭玄注，唐·賈公彥疏：〈春官·大卜〉，《周禮注疏》（臺北：藝文印書館，《十三經注疏（3）》，1993年9月出版），卷24，頁11～12。
〔註5〕 魏·王弼、晉·韓康伯，唐·孔穎達疏：《周易正義·序》（臺北：藝文印書館，影印清嘉慶南昌府十三經注疏本），卷1，頁8，第三「論三代易名」。

「象山之初雲，連連不絕」，有人說是伏羲、神農或夏代的書。《歸藏》以純坤開始，坤象徵地，「萬物莫不歸藏於其中」，有人說是黃帝或殷代的書。時至今日，《連山》、《歸藏》不傳，只有《周易》行於世。

## （二）周

關於「周」的義蘊，唐‧孔穎達《周易正義》中引《易緯》的觀點以為「因代以題周」，將「周」字作朝代解，是「周朝」之意。除了「周朝」之外，還有「周普」、「周匝」之意。

「周普」此解釋是漢儒鄭玄提出的。孔穎達在《周易正義》中又引鄭玄《易贊》及《易論》說：「《周易》者，言易道周普，无所不備。」〔註6〕鄭玄以為《周易》含蓋萬物，天地之理盡包括於其中，所以具有周全普遍之意。所以「周」字又作「周普」解，〈繫辭傳〉：「《易》與天地準，故能彌綸天地之道。」

「周匝」此意是唐儒賈公彥提出的。其在為《周禮》作疏時，在〈春官‧大卜〉「掌三易之法」條下疏云：「《周易》以純乾為首，乾為天，天能周匝於四時，故名《易》為周也。」〔註7〕〈繫辭‧下〉：「《易》之為書也不可遠；為道也屢遷，變動不居，周流六虛，上下无常，剛柔相易，不可為典要，唯變所適。」周匝變易，終而復始。

綜上所言，「周」最常見之解釋有：周代、周普、周匝等。

## （三）易

《周易》的「易」，一名而含三義，《易緯》與鄭玄都提出此看法。唐‧孔穎達《周易正義》引《易緯》觀點說：「《易》一名而含三義，所謂易也，變易也，不易也。」〔註8〕又引鄭玄觀點說：「鄭玄依此義作《易贊》及《易論》云：《易》一名而含三義：易簡，一也；變易，二也；不易，三也。」〔註9〕以下分別從「簡易」、「變易」、「不易」三方面來談：

### 1. 簡易

〈繫辭上傳‧第一章〉首章即言：「天尊地卑，乾坤定矣。……乾知大始，

---

〔註6〕　註同上。

〔註7〕　漢‧鄭玄注，唐‧賈公彥疏：〈春官‧大卜〉，《周禮注疏》，卷24，頁12。

〔註8〕　同魏‧王弼、晉‧韓康伯，唐‧孔穎達疏：《周易正義‧序》，卷1，頁4，第一「論易之三名」

〔註9〕　同上註。以下參見各家版本不另作註。

坤作成物。乾以易知，坤以簡能。易則易知，簡則易從。……易簡而天下之理得矣，天下之理得，而成位乎其中矣。」萬事萬物變化無窮，但其本體與基本規律應爲簡單。太極一動，兩儀立焉，分陰分陽，由此生出四象、八卦，再相重爲六十四卦。整部《周易》六十四卦三百八十四爻皆是由此方式呈現，此種程序是自然造化之形成，故稱「簡易」。

### 2. 變　易

〈繫辭下傳〉云：「《易》之爲書也不可遠，爲道也屢遷。變動不居，周流六虛，上下無常，剛柔相易，不可爲典要，唯變所適。」《周易》六十四卦三百八十四爻都是在表現宇宙人事變動不居的現象。太極生兩儀，兩儀生四象，四象再生八卦，八卦再相重爲六十四卦，三百八十四爻，而後變化無窮，生生不息。

### 3. 不　易

「不易」是說《周易》所表示天地人生之理的永恆不變，是一本由卦爻辭之變化，以探討宇宙一切事物不變的書。欲明萬事萬物之源，必自太極始，此道之原理眞理，即「不易」之義。

《周易》在講「變」的同時，強調要從「變」中把握「不變」，「易」中把握「不易」。

## 二、作者與著作年代

《周易》是五經之首，但成於何時，爲何人所作？迄今尚未解決。高懷民先生於其所著《先秦易學史》〔註10〕中，將易學發展分爲三個時期：

### （一）第一期自伏羲氏畫卦至周文王──符號易時期

此一時期爲易學始創期，只有八組卦象，沒有文字，但其卦象所代表之哲學思想，成爲後來博大精深的大易哲學思想體系根本，此一時期歷時最久，約爲三千五百年。

### （二）第二期自周文王演易至孔子──筮術易時期

此一時期歷時約六百年，包括整個西周及東周春秋時代。八卦隨著歷史的演進，由天、地、雷、風……八種現象，漸發展爲八種動物，象人體八種

---

〔註10〕高懷民：《先秦易學史》（臺北：東吳大學，中國學術著作獎助委員會，1975年6月出版），頁36～47。

部位，象家庭中父母子女，此證明它漸漸由純哲學思想，向用之學此邊接近。至殷商時期，周文王發現其實用價值，並增演爲六十四卦，益以卦爻辭，變成「以神道設教」的筮術，易學乃由純粹哲學思想一變而加入用世之學行列。八卦是八種自然現象，六十四卦則在人事中打轉。需、訟、師、比等爲人事關係；謙、豫等爲個人修養；剝、復等爲人對事物現象的觀察；咸、姤等談到男女情感；家人、歸妹等談到家庭婚姻；革、鼎等言及國家興替。

### （三）第三期自孔子贊易以下——儒門易時期

此一時期人道思想取代神道思想，成爲時代思潮主流。孔子以「仁」爲中心，建立他的人道思想體系，「五十而知天命」，於是貫通天人，決定了晚年「贊易」的工作，《周易》由筮術之書變爲哲理之書。此種演變是順勢演變，「依天道思想→神道思想→人道思想」的自然趨向。

廖名春先生於整理一九七三年底，湖南長沙馬王堆三號漢墓出土的六篇帛書易傳，提出以下看法：

（一）伏羲作八卦及六十四卦：關於《周易》本經的作者及成書年代，傳統文獻中最早記載應是今本《易傳》，〈繫辭下傳・第二章〉云：「古者包羲氏之王天下也，仰則觀象於天，俯則觀法與地，觀鳥獸之文，與地之宜，近取諸身，遠取諸物，於是始作八卦，以通神明之德，以類萬物之情。作結繩而爲網罟，以佃以漁，蓋取諸離」這是說伏羲始作八卦，這是無疑的，但從「作結繩……蓋取諸離。」來看，六十四卦當時應產生。所以〈繫辭〉不但言伏羲作八卦，事實上也承認六十四卦爲伏羲所作。

（二）周文王排六十四卦卦序及撰作六十四卦之卦爻辭，周公再加改編、加工，最後形成《周易》本經。〈繫辭下傳〉說：「《易》之興也，其於中古乎？作《易》者其有憂患乎？」、「《易》之興也，其當殷之末世、周之盛德邪，當文王與紂之事邪？是故其辭危。危者使平，易者使傾……」從《周易》本經和兩漢、先秦如帛書〈衷〉和〈要〉等的文獻記載來看，《易》之興在「殷之末世，周之盛德」，作《易》「當文王與紂之事」，由帛書〈要〉：「文王仁，……。紂乃無道，文王作，……，然後《易》始興也」〔註11〕，帛書〈衷〉也有相似記載：「《易》之用也，段之无道、周之盛德也。……，文王之危。」〔註12〕「段」爲殷之誤。周文王囚於羑里時，可能對六十四卦

---

〔註11〕見上註，頁 240。
〔註12〕參見廖名春：《帛書《易傳》初探》（臺北：文史哲出版社，1996 年 11 月初版）

卦序作了一定編排，以致形成今日通行的卦序，此即為「演」；文王又將六十四卦繫以一定的卦辭和爻辭，此即所謂「增」。接下來，周公制禮作樂，對《周易》卦爻辭作改編加工，並非不可能。

班固在《漢書》中也表明同樣看法，提出「人更三聖，世歷三古」，所謂三聖即伏羲、文王、孔子。三聖作《周易》，自漢至宋幾成定論，古文學派多相信《十翼》之說，也即是孔子作《易傳》即《十翼》。宋代時疑古風勝，宋儒以為〈彖傳〉、〈象傳〉為孔子所作，其餘為孔子弟子和再傳弟子所作；高亨、張立文以為著成於戰國之世；李鏡池、馮友蘭以為著成於戰國末年至漢初；錢穆以為著成於秦火之後等等……，各家之見，莫衷一是。比較可能之解釋是：《易傳》非一時一地一人之作，從春秋、戰國乃至西漢期間，陸續對卦爻辭之補充發明。

## 三、內容簡介

《周易》主要分為《易經》和《易傳》兩部分，《易經》是《周易》的原文，是一部信息預測學，分為上下兩經，也簡稱為《易》。《易傳》是解說《易經》的最早作品，《易傳》解經，各有不同的重點：〈彖傳〉著重六十四卦卦名及卦辭，作者對此兩項加以解釋，並且論斷其中意義，所以稱為〈彖〉。〈象傳〉，後人又分為〈大象〉與〈小象〉。〈大象〉注重六十四卦的名義，〈小象〉注重三百八十六爻的爻辭。作者的解說，分別以卦象、爻象作為根據，所以稱為〈象〉。〈文言傳〉特別注重乾、坤兩卦，作者認為這兩卦是了解易道的關鍵，所以對他們的卦辭、爻辭加強闡釋與申論。〈繫辭傳〉著重《周易》的一般性問題，如占筮的方法、《易經》的成書、以及易道的義蘊等等，作者都有所論述；此外對於一些重要的觀念與爻辭也有所詮釋。這些論述與詮釋的言辭，繫在經後，可供參考，所以稱為〈繫辭〉。〈說卦傳〉注重乾、坤、震、巽、坎、離、艮、兌這八個單卦的問題，作者討論八卦的性質與功能，又廣泛地記述八卦的卦象，全篇宗旨都在解說八卦，所以稱為〈說卦〉。〈序卦傳〉注重六十四卦的排列順序，作者申說前後卦順序相聯的原因，所以稱為〈序卦〉。〈雜卦傳〉著重六十四卦的要義及特性，作者以兩卦為一組，用對比或連類的觀念來加以說明，組與組之間的次序，不按照經文排列大幅

---

頁 232～245。

更動結果，顯得錯綜多變化，所以稱為〈雜卦〉。

　　民國六十一年至六十三年（1972～1974），在中國大陸湖南省長沙市東部，發現三座約漢文帝十二年時（168B.C.）的漢墓，稱作「馬王堆」漢墓，有許多珍貴出土文物，是考古學上的一大成就。〔註13〕

　　　　在第三號漢墓中，發現有關《易》學的出土文獻，因以帛書方式書寫，一般遂以帛書《周易》稱之，計有殘本數篇：（1）六十四卦（2）易傳〈繫辭傳〉（3）〈二三子問〉、〈易之義〉、〈要〉、〈衷〉、〈繆和〉、〈昭力〉。帛書《周易》與今本《周易》的比較可看出：六十四卦卦名和今本偶異，論古音則相近或相同；但六十四卦之次第和今本不太一樣，也讓我們知道古代《易經》不只一種本子。〔註14〕

## 四、派別及流變 〔註15〕

　　自古以來，易學派別甚多，早在春秋之世，易學的研究已有象數與義理相互對立的二派六宗。象數派以卜筮為目的，有占卜宗、機祥宗、與圖書宗。象數派重在象數，「象」指卦象、爻象，「數」指大衍之數、揲蓍之數。《周易》本為卜筮之書，古人將其長期觀察、體驗得來之經驗與觀念融進《周易》之中，使其蘊含深遠的哲學思想；所謂「義理」是指六十四卦所蘊含之哲學內涵及智慧，義理派有老莊宗、儒理宗與史事宗。

---

〔註13〕長沙「馬王堆」漢墓出土的文物，是我國考古學上古代典籍的重大發現，尤其是三號墓中出土的大批帛書，在考古發現中實屬罕見。帛書質地為絲織細絹，書寫的字體有隸書、篆書與草篆，其內容涉及古代哲學、歷史、科技、和醫學等各方面；經整理共有二十八種書籍，計有十二萬字。除了《周易》、《老子》有今本傳世外，絕大多數是古佚書。諸子類有《老子》、《黃帝內經》；六藝類有《周易》、《戰國縱橫家書》；方術類有《五十二病方》；數術類有《五星占》等著作，在學術史上，具有極高研究價值。可參考黃石琳、朱乃誠著：《中國重要考古發現》（臺北：商務印書館，1994年2月初版）。本註引自戴妙全：《周易美學觀探微》（臺北：國立台灣師範大學國文研究所1999年碩士論文），頁8，註7。

〔註14〕關於對帛書《周易》的瞭解，許多學者的研究都有很好成績，例如嚴靈峰先生之《馬王堆帛書易經斠理》、張立文先生《周易帛書今註今譯》、廖名春先生《帛書《易傳》初探》、趙建偉先生《出土簡帛《周易》疏證》、鄧球柏《帛書周易校釋》等人，對此都有深入研究。

〔註15〕以下內容參見戴妙全：《周易美學觀探微》（臺北：國立台灣師範大學國文研究所1999年碩士論文），頁42～47。

## （一）象數派

象數派的發展，在漢代形成有系統的體系，「漢易」是其總稱。其代表人物有孟喜、焦延壽、京房、荀爽、鄭玄、虞翻等人。其治《易》特點是以卜筮爲目的，著重追求象數，若《周易》本身之象不夠用，無法找到象數根據，則常脫離《周易》另創新說，如卦氣、卦變、五行、納甲、互體、爻辰、飛伏、八宮、世歸遊魂、旁通、逸象、升降、之正諸說，繁瑣零碎；末流又衍爲陰陽五行，甚至與讖緯合流，與災異迷信相結合，極盡穿鑿附會。曹魏時代，王弼援老、莊思想注《易》，注重《周易》思想內涵之研究，一掃漢人象數之學，在王弼之衝擊下，象數派易學一度衰落，至宋方得以復興。唐人李鼎祚作《周易集解》，蒐羅殘餘，將象數家虞翻等人的《易》說保存下來，成爲後人研究「漢易」的重要資料來源。

至宋代象數派勢力又開始興盛，先後出現了陳摶、劉牧、周敦頤、邵雍等象數學家，他們在漢《易》基礎上又創「圖書易學」，並在術數上下功夫，興起一股易圖研究的風潮，如「河圖」、「洛書」、「先天圖」、「後天圖」等；邵雍在陳摶所提出之「先天圖」基礎上繼承發展，建立「先天象數之學」；朱熹廣泛蒐羅圖式秘式，在其著之《周易本義》一書中也列了九幅圖，且運用理學之觀點來解《易》，是象數與義理集大成者。宋代此種以「圖」、「書」等附會《易》義的學說，對後代易學發展產生深遠影響。

清代也有多位重視象數之學者，以漢學爲歸，如惠棟著《周易述》、《易例》、《易漢學》；張惠言治虞氏《易》，著《周易虞氏易》等書；焦循著《易章句》、《易通釋》、《易圖略》等著作。其影響一直延續至今。

## （二）義理派

傳統說法主張孔子作《易傳》，將《周易》藏在卜筮中的思想表達出來，使之成爲具有哲學意義的內容，奠定了義理派的理論基礎，所以孔子可爲義理派之代表，〈繫辭傳〉則開義理派之先河。漢代時，雖象數派大行，義理派式微，但仍有費直的古文易，及田何、司馬談與司馬遷父子等。至曹魏之世，王弼倡義理而廢象數，義理派又開始振興。晉人韓康伯亦發揚義理派《易》學；南北朝時代江左諸儒並傳王學。唐代孔穎達奉敕作《周易正義》採用王弼注本以作疏，義理派遂得以發展壯大，獨盛於世。

宋代象數之學雖大爲興盛，義理學之研究更有傑出成績。其中最重要的是北宋義理派大家程頤所著的《伊川易傳》，對義理派易學之發展有傑出貢

獻。此外尚有胡瑗、張載、朱熹、楊萬里、項安世等人亦均注重義理之發揮。明、清義理派易學家主要有王夫之、顧炎武、黃宗羲、李光地等人；清代時易學復盛，並出現漢宋學之爭，爲了調和「漢易」與「宋易」，康熙皇帝命李光地「採摭群言」，編撰《周易折中》，乾隆皇帝也命傳恆等人撰《周易述義》，因此，「象數」與「義理」二派在清代都得到了發展。民國以來研易也多注重義理上之發揮，認爲義理派代表《周易》研究之正確方向。

　　由以上可見「象數」與「義理」二派在易學史上各有消長。其實「義理」寓於「象數」，「象數」則表現「義理」，彼此相輔相成，猶如血脈與骨肉般的密切。〔註16〕黃師慶萱教授在《周易縱橫談》一書中也曾說過：

> 象數是義理的根柢，捨象數而專說義理，義理易流於無根的空談；
> 義理是象數的花朵，止於象數而不講義理，研究《周易》就不能開
> 花結果，一無所獲。〔註17〕

# 第二節　《黃帝內經》概說

　　本節分三部分，一爲書名意義，二爲《黃帝內經》沿革、作者與成書年代，三爲內容。以下分述之：

## 一、書名意義

### （一）黃　帝

　　黃帝乃有熊氏少典之子，姓公孫，名軒轅，因長於姬水，故又姓姬。《史記・五帝本紀》謂：「生而神靈，弱而能言，幼而徇齊，長而敦敏」。〔註18〕傳說是上古醫界之聖人，中醫理論的創造者，是他首先將古代哲學引入醫學，從而創立了「陰陽五行學說」。黃帝運用陰陽五行學說，來分析天地、四時、寒熱等自然現象，以及人體臟腑的生理功能和病理變化，闡述了人與自然環境的密切關係：

> 黃帝曰：陰陽者，天地之道也，萬物之綱紀，變化之父母，生殺之
> 本始，神明之府也。治病必求於本。故積陽爲天，積陰爲地。陰靜

〔註16〕參見張善文：《象數與易理》（臺北：洪葉文化事業有限公司，1997年），頁39。

〔註17〕同前註，見黃師慶萱：〈周易象數與義理〉，《周易縱橫談》，頁31。

〔註18〕見漢・司馬遷：《史記》（臺北：開放書城，1976年），頁1。

陽躁，陽生陰長，陽殺陰藏。陽化氣，陰成形。寒極生熱，熱極生寒。寒氣生濁，清氣生清；清氣在下，則生飧泄；濁氣在上，則生䐜脹。此陰陽反作，病之逆從也。故清陽在天，濁陰爲地。地氣上爲雲，天氣下爲雨；雨出地氣，雲出天氣。(《黃帝內經素問·陰陽應象大論》)

黃帝在此段中闡明陰陽學說的理論，說明陰陽宇宙萬物的總規律和統籌全盤的地位，或發宏篇大論，或提關鍵問題，可謂學海大家，醫林巨擘。

## （二）內　經

《漢書·藝文志·方技略》載有醫經共七家，除《黃帝內經》外，尚有《黃帝外經》、《扁鵲內經》、《扁鵲外經》、《白氏內經》、《白氏外經》……等。歷來有以「內」、「外」是相對而言，「內經」、「外經」只是別稱，並無多大涵義；〔註19〕吳崑以爲「陰陽謂之內，萬世宗法謂之經」；〔註20〕張介賓則以爲「內者，性命之道」，〔註21〕醫家載醫經之道，故以「經」爲名。以「內」之始義，看以上三種說法皆通，其中又以張、吳之說爲佳。蓋自醫者觀之，醫學以對人身的關切爲本位，若得以瞭解人體內在的運作之理，也就是某種程度理解了「性命之道」。又醫者研究人體奧秘，旨在面對養生需求及病痛施治，特別是施治的方法，多爲用藥行針以達到補抑精氣的效果。而「內」字本義即表示由事物本身之外「進入」事物本身之中，故「內」字也可意會爲醫者於「人體之外」行針用藥「入」於「身體之內」，即循人體內在運行之理，施之的醫療、養生等方法。

## （三）《黃帝內經》

《淮南子·修務訓》〔註22〕云：

世俗之人，多尊古而賤今，故爲道者必托之於神農、黃帝而後能入說。

我們可以做這種假設：《黃帝內經》的編彙者以紀錄黃帝與五臣（岐伯、伯高、少師、少俞、鬼臾區）的問答方式來整理其之前各派之說；以黃帝教雷公來記錄與其受業師之間的問答。整理《黃帝內經》之醫學團體即是以此方式編

---

〔註19〕參閱吳鴻洲、傅維康注：《黃帝內經》（四川：巴蜀書社，1996年），頁13。
〔註20〕見明·吳崑注：《內經素問吳注》（濟南：山東科技出版社，1984年）。
〔註21〕見明·張介賓著：《類經》，攝生類，名義條。
〔註22〕見劉文典：《淮南鴻烈集解·卷十九修務訓》（臺北：粹文堂書局，1921年），頁48。

纂此書。漢初崇尚黃老，黃老本又爲道家所宗。陰陽家思想至鄒衍而大備，鄒衍之學又推本於黃老，醫家繼承以氣、陰陽、五行諸概念演論醫理，黃老學術性格自然隨著陰陽、五行進入醫學論著核心。王莽更自稱「黃帝之後」，對當時醫書發展提供相當助力，《黃帝內經》大概就是在此學術文化背景與政權協助下，由當時的醫學團體博採各家醫經整理編匯而來。

## 二、《黃帝內經》沿革、作者與成書年代

### （一）《黃帝內經》沿革

　　《黃帝內經》之名，首見於班固《漢書・藝文志》，內載有「《黃帝內經》十八卷，外經三十七卷」，其書均未傳世。到了東漢，張仲景爲《傷寒論》作序時說：「撰用《素問》九卷。」〔註23〕至此方見《素問》之名。晉・皇甫謐序《黃帝針灸甲乙經》時亦謂：「《黃帝內經》十八卷，《鍼經》九卷，《素問》九卷，二九十八卷，即《內經》也。亦有所亡失。」此說除了首次將《素問》併爲《內經》的一部份，也指出此時《內經》部分內容已散失。因此，到了南北朝，齊、梁間全元起作《素問訓解》時已缺第七卷。此書今已亡佚，但在宋朝林億校正《黃帝內經素問》時，曾多次引用以正謬誤，可知宋時尚存。隋・楊上善撰注《黃帝內經太素》，此書同樣被林億等人多次引用，〔註24〕隨後失傳。直到清朝時，唐人手抄本才再次見於日本，〔註25〕觀其內容，乃合現今《素問》、《靈樞》之文，分類言之。唐・王冰鑽研《素問》，頗有心得，注《黃帝內經素問》時說：「班固《漢書藝文志》曰：『《黃帝內經》十八卷，

---

〔註23〕　見張仲景著、吳國定編《傷寒論》（臺北：國立編譯館，1983 年），頁 7。蕭延平校正《黃帝內經太素》時，於〈例言〉說：「漢・張機敍《傷寒》，歷論古醫經，于《素問》外，稱曰《九卷》，不標異名，存其實也。王脈和《脈經》同。」見蕭延平校正；隋・楊上善著《黃帝內經太素》（臺南：王家出版社，1995 年），頁 1。此註引自董家榮：《《黃帝內經》養生思想全書》（臺北：國立臺灣師範大學國文研究所 2003 年碩士論文），頁 9，註 28。

〔註24〕　蕭延平說：「全元起所注《素問》久亡，林億等新校正每引以糾正王冰註《素問》。」見《黃帝內經太素》，頁 5。引自董家榮：《《黃帝內經》，頁 9，註 30。

〔註25〕　蕭延平說：「新、舊《唐志》楊上善著《黃帝內經太素》三十卷。《宋志》僅存三卷，《宋史》修於元，其散佚當在南宋、金、元間，故自金、元已降，唯王履《溯洄集》一爲徵引，餘不多見，今則中國並《宋志》所載三卷亦不存，此書乃假楊惺吾氏所獲日本唐人卷子手抄影寫卷……尾間有以仁和寺宮御所藏本影寫字樣。」見《黃帝內經太素》，頁 2。此註引自董家榮《《黃帝內經》養生思想研究》，頁 9，註 32。

《素問》即其經之九卷，兼《靈樞》九卷，迺其數焉。』」〔註26〕此說首見《靈樞》之名，並認為《靈樞》就是《鍼經》。對此林億等人在校正此書時說：

> 詳王氏此說，蓋本皇甫士安（即皇甫謐）《甲乙經》之序，彼云：「〈七略〉、〈藝文志〉：『《黃帝內經》十八卷，今有《針（鍼）經》九卷，《素問》九卷，十八卷，即《內經》也。』」故王氏尊而用之。又《素問》外九卷，漢‧張仲景及西晉‧王叔和《脈經》，只謂之《九卷》，皇甫士安名為《針（鍼）經》亦專名《九卷》。楊玄操云：「《黃帝內經》二帙，帙各九卷，按《隋書‧經籍志》謂之《九靈》，王冰名為《靈樞》。」〔註27〕

此說由漢到唐，將歷史上對於《黃帝內經》名稱、內容的沿革作了總結。雖然《黃帝內經》在名稱上，分別有《素問》、《黃帝素問》、《黃帝內經素問》以及《九卷》、《鍼經》、《黃帝鍼經》、《九靈》、《黃帝九靈經》、《靈樞》、《內經靈樞經》等差異，〔註28〕但自此以後，《黃帝內經》通稱者，大抵從王冰之說，即指《素問》、《靈樞》二者而言。除了上述名稱差異外，據蔡璧名先生所寫，《黃帝內經》所流傳版本尚有以下分歧：

1. 篇次結構的殊異：《黃帝內經素問》為例，全元起本與王冰注本就有「篇名的差異」、「篇章次第的迥異」、「篇章結構分合的殊異」等不同。〔註29〕

2. 典籍整理者有意識的增削文字：以《黃帝內經素問》為例，王冰曾於序中自言，在為《素問》作注的同時，除了命篇、分篇之外，更對以往版本作了遷移段落、增刪、改動、別撰文字等工作；至於後世爭論不休的其所得「張公秘本」，將舊本所缺之〈天元紀大論〉、〈五運行大論〉、〈六微旨大論〉、〈氣交變大論〉、〈五常政大論〉、〈六元正紀大論〉、〈至真要大論〉等七篇補

---

〔註26〕見王冰注、林億等校正：《重廣補注黃帝內經素問》（臺北：文光圖書公，1992年）頁2；（四庫善本叢書子部，藝文印書館影印，第一冊），頁3。

〔註27〕同上註。

〔註28〕蔡璧名在《身體與自然——以《黃帝內經素問》為中心論古代思想傳統中的身體觀》（臺北：臺灣大學中國文學研究所1995年中國文學研究所博士論文），頁19說：「考林億《新校正》所云，與典籍見的稱謂略有出入，如：王叔和《脈經》除《九卷》外」並見《鍼經》之稱；《隋書‧經籍志》則稱《黃帝鍼經》而未見《九靈》之目，《舊‧新唐志》方見著錄靈寶註《黃帝九靈經》……王冰在注解行文中亦時稱《靈樞》為《鍼經》。凡此，皆與林億所言有所出入者，然由之得見典籍稱謂的分歧，則並無二致。」

〔註29〕同上註，頁20～23。

入，王冰認爲，此七篇大論正是舊本所缺之「卷七」。七篇大論是否爲《素問》之原文，尚有討論的空間，但就王冰對《素問》的增補，由於當今流傳的版本皆已黑字印行，王冰原本「凡所加字，皆朱書其文，使古今必分，字不雜揉」〔註30〕的美意，後人已無從辨識。

3. 齟齬並存的立說等歧異：如於不同篇章可見「五行配屬歧異」、「臟腑開竅說的歧異」、「誤刺臟死期說的歧異」等，據此亦可推定《內經》非成於一地一人一派之手。

### （二）作者與成書年代

關於《黃帝內經》的作者及成書年代，從《內經》書名首見於東漢班固《漢書·藝文志》，而《素問》、《九卷》之名，亦首見於東漢張仲景《傷寒論》序來看，主張本書的最後成書時代應爲西漢，乃西漢學者收集戰國先秦以來的醫學著作，加以編纂而成。總的來說，目前醫學界有如下共識：《黃帝內經》並非一人一時之作，而是戰國至秦漢時期，醫家們總結醫療經驗與理論探討，不斷予以整理修訂的結果；甚而其中有部分篇章尚經過魏晉南北朝至隋唐時期醫家的增補修訂。可以說，《黃帝內經》乃是醫家集思廣益而成的集體著述。

## 三、內　容

《黃帝內經》通稱者，大抵從王冰之說，即指《素問》、《靈樞》二者而言。南宋紹興年間，史崧參核諸書，校正家藏舊本《靈樞》九卷八十一篇，增修音釋，附於卷末，共成二十四卷。相傳史崧曾撰《靈樞集注》二十四卷，可惜已佚。此後《靈樞》始得以廣泛流傳。明代馬蒔《素問注證發微》、《靈樞注證發微》，清代張志聰撰《素問集注》、《靈樞集注》等等，都爲《黃帝內經》的研究做出了貢獻。

### （一）《素問》、《靈樞》的意義

#### 1.「素問」的意義

元·全元起曰：「素者，本也。問者，黃帝問岐伯也。方陳性情之源，五行之本，故曰素問。」〔註31〕

宋·高寶衡、林億等又根據《易緯·乾鑿度》申論《素問》之義云：「夫

---

〔註30〕《黃帝內經素問·序》。見《重廣補注黃帝內經素問》，頁3。
〔註31〕見宋·高寶橫、林億等撰：《重廣補注黃帝內經素問》卷頭語。

有形生於無形，固有太易、有太始、有太素。太易者，未見氣也；太始者，行之始也；太素者，質之始也。……氣形質具，而苛瘵由是萌生。故黃帝問此太素，質之始也；《素問》之名，義或由此。」〔註32〕「素」顯然指所問與天地宇宙的形成和人的根的根本生存問題有關，而天地有了形與質時，方有疾病發生。因此所謂《素問》就是生命形體中的疾病發問。

明・吳昆、張介賓等以爲《素問》即「平素所講問」，〔註33〕以爲其筆記書性質故名。

### 2.「靈樞」的意義

明・馬蒔解釋曰：「謂之曰《靈樞》者，正以樞爲門戶闔闢所繫，而靈乃至聖至玄之稱。」〔註34〕

明・張介賓以爲「神靈之樞要，是謂靈樞」。〔註35〕

或以爲《靈樞》之名爲王冰根據《隋書・經籍志》中的〈九靈〉，並與道家「玉樞」、「神樞」諸觀念聯繫命名而來。〔註36〕

在《易學與養生》〔註37〕中，以爲《靈樞》本是專講針灸之理。「靈」可能專指人體內「眞靈之氣」，「樞」可能指靈氣流動的控制和控制時的關鍵樞紐。

### （二）《素問》、《靈樞》的內容

自從唐王冰重撰《內經》以來，其編次已失原貌。本文如董家榮贊同蔡璧名先生說法，將《內經》視同「檔案」，〔註38〕將《內經》以主題方式，將相關內容整理、比較，重新展現其理論架構。

《內經》也有總論與各論，「天元紀、五運行、六微旨、氣交變、五常政、六元政紀、至眞要、陰陽應象、四氣調神」等九個大論，就是《內經》的總論。這是因爲：第一，它的內容十倍、二十倍於其他篇章。第二，皆重點談天文、氣象及醫學的大經大法。第三，九大論分之爲九，合之則一。天元紀

---

〔註32〕同上注。

〔註33〕見明・張介賓撰：《類經》卷一，攝生類，名義條。

〔註34〕見馬蒔：《黃帝內經注證發微》。

〔註35〕見明・張介賓撰：《類經》卷一。

〔註36〕參閱吳鴻洲、傅維康注：《黃帝內經導讀》，頁17。

〔註37〕劉長林、滕守堯合著：《易學與養生》（臺北：大展出版社，2001年10月初版），頁258。

〔註38〕見《身體與自然──以《黃帝內經素問》爲中心論古代思想傳統中的身體觀》，頁29～33。

爲九大論之總綱，其餘八大論在基本原理的闡述上各有側重。論中有關刺法，皆有師承，是理論與實踐相結合的論述。關於臟腑、經絡、病因、病機、診法、治則皆爲中醫理論到臨床的心法。

# 第三節　中國歷代養生概論

　　本節共分爲三點，一爲「養生」的定義，二爲中國古代養生思想淵源，三則爲中國歷代養生概論。以下分述之：

## 一、「養生」的定義

　　在《莊子‧養生主》中，文惠君說：「吾聞庖丁之言，得養生焉。」〔註39〕透過庖丁解牛所遵循的「依乎天理」、「因其固然」、「以無厚入有閒」的功夫，「緣督以爲經，可以保身，可以全生，可以盡年」，文惠君明白養生之道就在於：順自然之理，避免使自己受到傷害。

　　在《呂氏春秋‧節喪》中，「知生也者，不以害生，養生之謂也」。〔註40〕認爲養生即是不危害生命，並在〈本生〉、〈重己〉、〈貴生〉、〈情慾〉等篇中，詳盡說明了如何避免使生命受到傷害，並提出重視生命的看法。

　　何謂「養生」所謂「養」，許愼《說文解字》說：「養，供養也，從食，羊聲」；〔註41〕所謂「生」是指生命，包括了「形」與「神」兩方面。〔註42〕當人的生命結束，狀況就如《靈樞‧天年》所言「五藏皆虛，神氣皆去，形骸獨居而終。」〔註43〕在《素問‧上古天眞論》裡，如果明瞭養生之道，就能「形與神俱，而盡其終年」。〔註44〕

　　根據以上說法，個人認同董家榮在《《黃帝內經》養生思想研究》中，

〔註39〕見清‧郭慶藩輯：《莊子集釋》（臺北：河洛圖書出版社，1974年），頁124。以下有關莊子皆使用、參考此版本。

〔註40〕見張雙棣等註譯：《呂氏春秋譯注》（臺北：建宏出版社，1996年初版），頁89。

〔註41〕見許愼：《說文解字注》（臺北：黎明文化事業公司，1975年10月再版），頁222。

〔註42〕《史記‧太史公自序》：「神者，生之本；形者，生之具。」

〔註43〕見宋‧史嵩：《靈樞經‧十二卷》，四部叢刊子部（上海印書館縮印明趙府君敬堂本卷之八天年第五十四），頁91。

〔註44〕見陳太義、莊宏達：《黃帝內經素問新解》（上冊）（臺北：國立中國醫藥研究所出版，1995年）頁11。

〔註45〕認為「養生」應從兩方面來理解，但在第二項中將「身體」改為「身心」，因為正當、健康、開朗、積極、樂觀的心理及思想、情緒、心情也影響身體健康至鉅，另外「養」除了消極「供養」、「養護」外，應尚有積極之「調養」，即包含以下二者：

（一）所謂「養生」，最少應能維持生命之最基本需求。在人類尚未解決溫飽問題時，談養生是無意義的，唯有滿足此一根本需求，方能進一步探討如何使生命安養的更好。

（二）進一步說，「養生」即是避免身體受到傷害。當人們已能滿足生命基本所需之後，就可以思考如何讓自己更健康，並且避免身心受到傷害。

因此，所謂「養生」指的是：「養護生命」。養，即供養之意，也就是提供維持生命的基本需求，此外，積極方面亦有調養之意，即藉著飲食、休閒、休息、運動、藥補等使身體得以恢復及調節機能；護，乃保護之意，也就是避免使身心受到傷害，順應人事與天時，甚至積極掌握人事與天時，俾能盡其天年。

## 二、中國古代養生思想淵源

《尚書・洪範》中認為：「五福：一曰壽，二曰富，三曰康寧，四曰攸好德，五曰考終命。六極：一曰：凶短折，二曰疾，三曰憂，四曰貧，五曰惡，六曰弱。」〔註46〕在此，我國先民傾向將自己的幸福觀和價值觀同長壽、健康安寧、盡天年等相結合。與此相對應，夭折、疾病、體弱和憂患、貧窮和醜惡一樣，是人生最大痛苦。《詩經》中有不少祝福人健康長壽的篇章，其中《小雅・鴛鴦》整篇就是一首頌禱之辭，祝福人們長壽萬年，永享福祿。「君子萬年」，「萬壽無疆」等祝福之辭更是多次出現餘不同篇章。因此中國古代先民很早便將追求人生幸福、快樂與追求壽考、健康、安寧聯繫起來。

「民以食為天」，上古先民為求生存，不斷改善環境，由茹毛飲血，多疾病毒傷之害，因為火的發明，有了熟食，生病情形得以改善。居住環境由洞

---

〔註45〕參見董家榮：《《黃帝內經》養生思想研究》（臺北：國立臺灣師範大學國文研究所 2003 年碩士論文），頁 12～13。

〔註46〕見漢・孔安國傳、唐孔穎達等正義：《尚書正義》、《十三經注疏（1）》，（重刊宋本尚書注疏附校勘記，十三經注疏（6）《尚書》卷十二）頁 179，（江西南昌府學開雕，清・嘉慶二十年：臺北：藝文印書館），1993 年 9 月出版。

穴、搆木爲巢，以避免野獸傷害，至建構房舍，以避風雨。《易・繫辭傳下・第二章》說：「上古穴居而野處，後世聖人易之以宮室，上棟下宇，以待風雨。」穿著則由樹葉等遮蔽身體但無法禦寒，至衣服的出現，並配合氣候的變化，而有多暖夏涼的用途。

　　據《尚書・洪範》注云：「壽，百二十年。」可知我們祖先對人生壽命所提指標是很高的。據考在殷商時期的甲骨文中，已有了狀如洗澡的「浴」字和形同洗臉的「沬」字，展示了人們個人的衛生狀況。並且還有丁亥日清掃活動的記載，反應人們對衛生環境的重視。殷墟卜辭中，類似防治疾病的例子不少，據此可知當時已經有防病保健的思想萌芽。西周時，宮廷中設有專門的「食醫」，對四季飲食五味之所宜，食物食用的溫度（溫、熱、寒、涼）等方面均有規定，顯示周人對食療、食養問題極爲重視，這對保障健康，減少疾病很有意義。

## 三、中國歷代養生概論

　　以下包括儒家、道家、道教、佛教及其他如元代之《飲膳正要》及明代之《類經》、《類經圖翼》、《景岳全書》等之中國歷代養生理論概論。但其實無論歸於儒家的《周易》或春秋繁露，或歸在道教之《太平經》、《黃帝內經》、《抱朴子》、《備急千金要方》等，與《周易》、道家、陰陽家皆有相通之處。關於儒家、道家及道教之養生理論及分類參自王玉娟：《嵇康及其〈養生論〉研究》，頁 73～113。〔註47〕以下分述之：

### （一）儒家的養生觀

　　《論語・述而篇》記載：「子之所愼：齋、戰、疾。」說明孔子最謹愼小心者有三：一爲沐浴齋戒，虔誠敬奉鬼神之事；一爲兵凶戰危，不應重戰爭勝負，而應以民命爲人之事；一爲健身安體，預防疾病，愼用藥物之事。此段文字清楚表達孔子對養生問題的重視。《論語・鄉黨篇》：「食不厭精，膾不厭細。食饐而餲、魚餒而肉敗，不食；色惡，不食；臭惡，不食；失飪不食；割不正，不食；不得其醬，不食。肉雖多，不使勝食氣。爲酒無量；不及亂。沽酒、市脯，不食。不撤薑食；不多食。……。食不語；寢不言。雖疏食、菜羹瓜祭；必齊

〔註47〕王玉娟：《嵇康及其〈養生論〉研究》（臺北：私立華梵大學東方人文思想研究所 2001 年碩士論文）頁 73～113。

如也。席不正不坐。」孔子將飲食攝歸於禮教下，期能敦厚民情、善化風俗，而非執著於口腹之滿足。綜觀儒家之養生觀乃由自身之修養做起，以下以孔子之贊《易》及董仲舒之《春秋繁露》爲代表。

1. 《周易》〔註48〕

（1）內外兼修的養生哲學

《周易・繫辭上傳・第五章》「日新之謂盛德，生生之謂易。」《周易・繫辭下・第一章》言：「天地之大德曰生。」《周易・說卦傳・第二章》：「昔者聖人之作易也，將以順性命之理，是以立天之道曰陰與陽，立地之道曰剛與柔，立人之道曰仁與義。」〈繫辭下・第十章〉又言：「易之爲書也，廣大悉備，有天道焉，有人道焉，有地道焉」〈彖・乾〉說：「大哉乾元，萬物資始，……乾道變化，各正性命，保和太和乃利貞。」人和萬物的產生是來自於天地的賦予，人和萬物的品德謂「性」，同樣也是來自於天地的賦予。天地所賦予的性，即是生而應具備的道德原則和規範，亦即天地所具有無私生養萬物的品德，因而人類處於天地之間，上秉於天，形賦於地，應該不斷修養自身品德，成就生命價值，才能德配於天地。《論語・雍也》篇孔子說：「仁者壽」，因此《周易》的養生觀是講求先由內的人格修養，進而外的身體保健之理，循序而爲內外兼修的自身品德的圓滿。

（2）重社會規範與理智期待的養生哲學

《易經》第一卦〈乾卦・初九〉：「潛龍，勿用」，就告誡爲人處世應小心謹慎，當三思而後行，謀定而後動，儒家注重社會規範與理智期待。〈艮卦・彖〉曰：「艮，止也。時止則止，時行則行，動靜不失其宜，其道。」人生於世難免有風波險惡，遇事必須耐心等待時機，方能化險爲夷，度過人生難關。〈艮卦・初六〉：「艮其趾，无咎，利永貞。」細小微處也應妥善處理，以免事態進展一發不可收拾，災難臨身。

（3）盡命順天、反求諸己以趨吉避凶及節制欲望、飲食適中之養生哲學

〈蹇卦・象〉曰：「山上有水，蹇；君子以反身修德。」《孟子・盡心》也說：「反身而誠，樂莫大焉。」〔註59〕儒家重視德行修養，修養功夫在反

---

〔註48〕因孔子發揮《周易》之義理，提升《周易》的地位，所以儒門易爲易學的正統。而老子的道家易，只言道，不言易，對上而言，被視爲易學的別派；對下而言，則被視爲一門獨立學術，成爲道家。說見高懷民之《先秦易學史》頁358。

〔註59〕宋・朱熹：《四書集註・孟子》卷七〈盡心上〉（臺北：世界書局，1969 年 9

求自己。德行的涵養不僅促進個人修爲，也是處世趨吉避凶的法寶，更是社會行爲準則的道德規範。《論語·堯曰》：「不知命，無以爲君子」，〔註50〕吾師賴貴三教授在〈《周易》「命觀初探」〉一文中以爲所謂「知命」，即是瞭解人生的本能與生命的價值，而能知足的面對現實。〔註51〕〈損卦·象〉：「山下有澤，損。君子以懲忿窒欲。」君子應絕塞貪欲，培養自身道德，使天人相合。〈困卦·象〉：「澤无水，困。君子以致命遂志。」君子處困境，以「致命遂志」來因應，雖然命不可求，但可盡命順天，堅持理想和意志，盡己之力修養心性。《易傳·序卦》：「物蓄然後可養，故受之以頤，頤者養也。」可知〈頤卦〉內容是講述養生問題。〈頤卦〉卦辭：「頤，貞吉。觀頤，自求口實。」「實」爲食物之義。進食養生無法依賴他人進行，必須靠自己。〈頤卦·象〉：「頤貞吉，養正則吉也。」養生之道正確與否，在於自己對物欲的控制程度。

　　〈頤卦·象〉：「山下有雷，頤；君子以愼言語，節飲食。」頤卦是上艮下震。艮爲山，爲靜止意；震爲雷，爲萌動意；此卦卦象有動有靜，表示言行舉止、飲食應適中而不過。節制慾望，由內在心性影響外在言行，此皆應從日常生活中做起，也是養生必須遵從的原則。〈頤卦·初九〉：「舍爾靈龜，觀我朵頤，凶。」靈龜代表正道，捨棄正道，垂涎他人的東西，即是不務正業的無德表現。〈頤卦·六四〉：「顚頤吉，虎視眈眈，其欲逐逐，無咎。」不合理的私欲失卻內心平和之氣，也違反正確的養生之道，《孟子·盡心·下》言：「養心莫善於寡欲。……其爲人也多欲，雖有存焉者，寡矣。」〈頤卦·上九〉：「由頤，厲吉，利涉大川。」養生最終仍須回到修德內省與推己及人的自發上，因此儒家將養生視爲道德修養的一環，自我修養足夠，自然有益健康。《論語·述而》孔子說：「發憤忘食，樂以忘憂，不知老之將至云爾。」孔子承認有命運存在，但不能因此對人生有消極想法，反而更應努力去聞道、行道。他一生雖歷盡坎坷，常受飢餓之苦，由於能安貧樂道，達觀開朗，仍享有七十三高壽。《孟子·盡心·上》孟子言：「盡其者心者，知其性也；知其性，則知天矣。存其心，養其性，所以知天也。夭壽不貳修身以

---

月14版），頁189。
〔註50〕同上註，《四書集註·論語》卷十〈堯曰〉，頁139。
〔註51〕見賴貴三師：〈《周易》「命」觀初探〉（臺北：國立臺灣師範大學國文學系國文學報第三十期，2001，06），頁13。

俟之,所以立命也。」吾師賴貴三教授認為此更進一步闡發存心養性、修身立命,知命而順受其正,追求盡道而死的「正命」,並深入地詮釋人生的潛能與生存的意義,充分體現對生命自然深刻的認識,與對人生自覺主體性之積極肯定。〔註52〕

### 2. 《春秋繁露》

#### （1）「天人合一」,行止合於四時的攝生哲學

《春秋繁露》不僅有儒家思想要義,也兼之以道家、陰陽家之學,此書言養生之道的文章,在七十七篇的〈循天之道〉,〔註53〕〈循天之道〉推闡《中庸》書中所言「中和」的養生之理。

〈循天之道〉開宗明義即言:「循天之道以養其身,謂之道。」依照天道而養生,是以「天人合一」的基礎來論述養生之理。天依照一定時令運行不輟,人要配天以德,行止也須合於四時而不妄,治身合乎天道而為,能養「中和」之德,如此攝生方有其功效。其云:

> 天地之化,春氣生,而百物皆出,夏氣養,而百物皆長,秋氣殺,
> 而百物皆死,冬氣收,而百物皆藏。

#### （2）身心兼顧,養生即是養氣的養生哲學

天有四時之氣以化育萬物,萬物的生命活動,仰賴的是「氣」,人的生成亦是賴氣養之,因此董仲舒〈循天之道〉說:「物生,皆貴氣而養之……養生之大者,乃在愛氣。氣從神而成,神從意而出,心之所謂意。意勞者神擾,神擾者氣少,氣少者難久矣。故君子閑欲止惡以平意,平意以靜神,靜神以養氣。氣多而治,則養生之大者得矣。」董仲舒的養生即是養氣,而養氣重在養心,他認為身心的變化會影響「氣」的運行,因此養生之道必須身心兼顧,宜由居處、飲食、情緒上著手,太過或不及,皆違反「中和」之理。衣著不宜厚重,妨礙通風,飲食起居寧可「時欲常饑,體欲常勞」,不能過於安

---

〔註52〕 見賴貴三師:〈《周易》「命」觀初探〉(臺北:國立臺灣師範大學國文學系國文學報第三十期,2001,06),頁13。

〔註53〕 陳麗桂:「〈循天之道〉在《春秋繁露》中是很特殊的一篇,它是全書八十二篇中唯一專論養氣攝生之經的。不僅如此,繁露其餘八十一篇,不論是討論《春秋》精義,還是天人災異,五行生勝變數、祭祀禮制、心性問題、形名統御術等等,幾乎都是數篇一組,內容相關、相類,共通互濟。唯獨〈循天之道〉,幾乎以單篇獨論的形態,研討『中和』之理,與黃老養氣攝生之經。」〈《春秋繁露‧循天之道》所顯現的養生之理〉《中國學術年刊》第十七卷,1998年3月,頁162。

逸，要依四時變化、調節順時，即為養生之理。

## （二）道家的養生觀

老、莊道家一派，由於以「根深固柢，長生久視」為目的，對養生的影響更為直接，他們崇尚自然，要求反璞歸真，清靜無為，較儒家更為重視個體生命的圓融與順應天地的運轉，從而有利的推動和促進了中國傳統養生學的發展。

### 1. 老　子

老子姓李，名耳。著有《老子》，又名《道德經》，此書內容廣為後世道家與養生家學者所重視。

#### （1）「道」法自然；虛靜狀態的精神與形體兼養的養生哲學

《道德經》云：「人法地，地法天，天法道，道法自然。」〔註54〕老子認為養生的理想狀態是「復歸於嬰兒」的原始、純潔精神境界。養生的主要方法是「見素抱樸，少私寡欲」，以達「致虛靜，守靜篤」的境界。老子說：「致虛靜，守靜篤。萬物並作，吾以復觀。夫物芸芸，各復歸其根。歸根曰靜，是謂復命。復命曰常，知常曰明。」〔註55〕動是相對的，靜是絕對的。虛與靜才是一切事物的最根本狀態，也是天地萬物的常道，人的生命也該回復至本源之虛靜狀態，不受世俗外務干擾，通過心靈淨化，精神頤養，達到「載營魄抱一」的精神與形體兼養的目的。

#### （2）勞形傷身；超越生死，愛惜精神、節省智識，知足寡欲，順其自然的養生哲學

汲汲「貴生」，求生心重，保養太過，勞形傷身，反而易死，應超越生死，以不養為養，順其自然的養生觀為依歸。

> 天長地久，天地所以能長且久者，以其不自生，故能長生。是以聖人後其身而身先，外其身而身存。〔註56〕
>
> 五色令人目盲，五音令人耳聾，五味令人口爽，馳騁田獵，令人心發狂；難得之貨，令人形妨；是以聖人為腹不為目，故去彼取此。〔註57〕

---

〔註54〕林安梧譯著：《老子·道德經》第二十五章〈混成〉（宜蘭：讀冊文化事業有限司，2002年5月再版），頁91。

〔註55〕同上註，第十六章〈復命〉，頁54。

〔註56〕同上註，第七章〈無私〉，頁22。

〔註57〕郭慶藩輯：《莊子集釋》，（臺北：河洛圖書出版社，1974年3月一版），頁115。

治人事天莫若嗇，夫爲嗇是謂早服；早服謂之重積德，重積德則無不
克；無不克則莫知其極，……是謂深根固柢，長生久視之道。〔註58〕

愛惜精神、節省智識，知足寡欲而不妄求，從而達到養神以養形的目的。

## 2. 莊　子

莊子名周，戰國時期思想家，其著作《莊子》，內容集結其思想要點和養
生哲學。莊子的養生觀在其內七篇中的〈養生主〉一文，可窺其梗概，〈養生
主〉首段即言：

吾生也有涯，而知也無涯，以有涯隨無涯，殆已；已而爲知者，殆
而已矣。爲善无近名，爲惡无近刑。緣督以爲經，可以保身，可以
全生，可以養親，可以盡年。〔註59〕

養生的大問題即在人已有限生命盲目追求無盡知識，是捨本逐末、使內心失
主的錯誤行徑。莊子希望返回生命本源，提升智慧，「緣督以爲經」，順守中
道，依循自然，不爲外在物欲、善惡所困，方能保全生命，天性不受壓抑，
精神自在，自然可享受天年。過份追求形而下的感官刺激與享受，使人精神
喪失，爲了滿足更大欲求，人也就愈發自私，反而害了自己。〈養生主〉全篇
使用四個寓言說明養的道理。

（1）第一個寓言是「庖丁解牛」：物我兩忘，保養身心的養生哲學

「庖丁解牛」的過程是經過時間慢慢摸索而來的，直到庖丁瞭解「以神
欲而不以目視，官知止而神欲行」的道理，也就是合於道，依於天理，才讓
他在解牛時，可以無往而不利，因爲以「神遇」使他對牛隻整體結構瞭若指
掌而進步神速，因此《莊子·養生主》所說即是「養神」之理，其對「養神」
之方法見於〈大宗師〉的「心齋」和「坐忘」：

若一志，無聽之以耳而聽之以心，無聽之以心而聽之以氣。耳止於
聽，心止於符。氣也者，虛而待物者也。唯道集虛。虛者，心齋也。
墮肢體，黜聰明，離形去知，同於大通，此謂坐忘。

「心齋」是保持心志專一，不受外在干擾，維護內心清靜的修煉方法，「坐忘」
爲忘掉形軀的存在，遺棄智識。如此才能合於「大道」。莊子借庖丁的話，以
刀喻身說明養生的根本，借文惠君的結論「善哉！吾聞庖丁之言，得養生焉。」

---

以下皆採此版本，不另做註。

〔註58〕林安梧譯著：《老子·道德經》第五十九章〈長生〉，頁211～213。

〔註59〕郭慶藩輯：《莊子集釋》（臺北：河洛圖書出版社，1974年3月一版），頁115。

點出養生主旨。庖丁長年累月解牛，牛刀依然保存如新，即是順其自然之道，而能無損，正如生活中會遇到令身心繁雜冗累之事，應該靜心忘執，不要勞累到自己心神，不爲外務所役，進而達到物我兩忘的境界，才不會以物害生，如此才是保養身心，爲人處世的好方法。也就是莊子所說「緣督以爲經」。

（2）第二個寓言是「右師之介」：重視內在而非形體，隨遇而安的養生哲學

　　每一個人天生都有兩隻腳，但右師的一隻腳是被砍斷，是後天所致。右師雖然只有一隻腳，他卻相信是天生自然的，而安於天，無所怨懟，莊子旨在說明人應忘卻畸形體，因爲一切均是天命，正如《莊子・德充符》所言：「死生存亡、窮達貧富、賢與不肖、毀譽、饑寒渴暑、是事之變，命之行也。」人之生死、美醜，貧富、賢與不肖，並非人可以決定，一切皆是造化安排，人生際遇更非人所能掌握控制。莊子因此認爲人應隨順環境而隨遇而安，順其自然「緣督以爲經」，殘缺亦是全，重視人之內在性，樂則自來，而可全生。因爲〈養生主〉注重的是精神而非形體。

（3）第三個寓言是「澤雉啄飲」：去除私欲，適性而爲的養生哲學

　　　澤雉十步一啄，百步一飲，不蘄蓄乎樊中。神雖王，不善也。

生活在野外的澤雉，雖然必須艱辛的尋找食物，也不願被關在籠子裡，失去自由，因其追求的是逍遙；但人卻常常爲追求虛名，而失去自我。莊子認爲萬物的本質都是相同的，因此人去追求物質、強分彼此，只會傷神勞智，違反天性。如果長久壓抑本性，必然精神鬱悶，違害身心健康。莊子是藉此寓言說明養形養身亦必須適性而爲，勿多病不代表可以養生，反而害生，《莊子・逍遙遊》中的神人之所以能「乘雲氣，御飛龍，遊乎四海之外」，即因神人無多餘物欲，才能「不食五穀，吸風餐露」，因此去除嗜欲之私，與天地合德，方是順應自然的養生之道。

（4）第四個寓言是「秦失弔唁」：看破生死，體認生命無常、不爲所執的養生觀

　　老聃死，秦失祭悼老聃，靈前只哭三聲而出，弟子疑而不解，秦失回答之言，認爲老聃是應時而生，也應時而死，此爲順應天理。《莊子・大宗師》說：

　　　死生，命也；其有夜旦之常，天也。人之有所不得與，皆物之情也。

人的生死像日夜循環一樣，有生必有死，萬物皆同。死既是注定之事，就無

須哀傷、在意,因而善於養生的人,必能看破生死,體認生命變化之無常;
唯有順其變化,破除生死偏執,不被生死哀樂的情感所左右,明白養生之道,
才會有養生之自由、逍遙。〈養生主〉最後一段莊子總結說:

> 指窮於爲薪,火傳也,不知其盡也。

人的形體如薪柴會燒盡,但善於養生之人,不會過份注重形軀的欲求。《莊子·
刻意》說:

> 純素之道,爲神是守,守而勿失,與神爲一,一之精通,合於天倫。……
> 故素也者,謂其無所與雜也;純也者,謂其不虧其神也。能體純素,
> 謂之真人。

精神比形體重要,所以應該修養精神,明白生命的道理、明白天道,看破生
死迷關、超俗越情,才能養神全生,達到《莊子·齊物論》言:「天地與我並
生,而萬物與我爲一」的超凡境界。

### (三) 道教的養生觀

以漢代之《太平經》、《黃帝內經》,晉代之《抱朴子》及唐代之《千金藥
方》、《備急千金藥方》爲代表,內容皆有神仙之說。

### 1. 漢代之《太平經》

《太平經》思想取材於《易經》與儒家、道家思想,是道教早期經典,
是張角傳播太平道思想的要義,張陵也用於創五米教,其對後世道教發展及
道教思想影響非常重大。該書內容龐雜,非一人一時所作,內容不乏反映民
眾因貧疾之苦的民生思想,其中也多「巫覡見雜語」,以奉天地、順五行爲本,
強調「治國」和「治身」之道,在漢代以「身國並治」的理想,反映當時的
民生思潮,救治危亂災異的東漢社會。

### (1) 精、氣、神三氣合一的「太和」生命圓滿之養生觀

《太平經》的理論架構由氣化論展開,繼承漢代以來的陰陽氣化哲學,
認爲宇宙是由陰陽二氣合成生養的,陽主生,陰主養,天地萬物都可分爲一
正一反的對立面與作用面,不歸陽則歸陰人是萬物之,在陰陽二氣消長作用
中,必須陰陽配合,方能完成相生相養的任務。《太平經》在「二氣說」基礎
上又發展了「三氣說」,所謂第三氣是「中和之氣」,具有調節陰陽二氣的作
用。如若三氣會和則是「太和」,「太和」則達至生命圓滿的和諧境界。三氣
合方能使「萬物滋生,人民和調,王治太平」。《太平經》的〈令人壽治平法〉:

三氣共一，爲神根也。一爲精，一爲神，一爲氣。此三者，共一位
也，本天地人之氣。神者，受之於天，精者受之於地，氣者受之於
中和，相與共爲一道。故神者乘氣而行，精者居其中也，三者相助
爲治。故人欲壽者，乃當愛氣尊神重精也。〔註60〕

### （2）由生理與心理並重著手的養生觀

《太平經》因應時代潮流，將承襲《春秋繁露》中「天人相應」，以「人」
配「天」的思想，加入其宗教範疇，強調人與天通，三氣共修，以加強吸收
民心。《太平經》的養生方式從生理與心理二方面著手，生理上注重飲食和男
女之事的節制；心理上之養生，則要體現天道，要能自養、自愛，也就是要
學習自身養生保健之道，不斷在精神層面上自我突破，維持身心的動態平衡。
《太平經》將人的生命長短，分爲「三壽」，上壽也就是人的理想壽命是一百
二十歲，是人能相應於天地，「行善不止」而能安享天年。另外中壽八十和下
壽六十，雖無法盡天年，但能算可接受的歲數，沒有活到六十歲的「夭」，即
是「行惡不止」，天人不和，陰陽失調，導致氣不順而多病卒死。《太平經》
將人性之善惡當作能否「壽終」的因素，人的壽命生死來自於善惡報應的循
環，爲善則可延壽長生，造福後代；爲惡則短命早夭，並禍及子孫。正如《周
易・坤卦・文言》：「積善之家，必有餘慶，積不善之家，必有餘殃。」《太平
經》透過宗教力量散播善惡之報，以維護人世道德與社會秩序。

《太平經》中有比人類位階更高的神仙，神仙是不死不滅的，神仙之中
最高位階爲「無形委氣之神人」，由上而下分爲六「一爲神人，二爲眞人，三
爲仙人，四爲道人，五爲聖人，六爲賢人」，這些神仙的任務是輔助天地、維
持人間秩序，因此人應依附天道，體察天心，順陰陽之合，珍惜當下，追求
人身的健康長壽，讓生命得享天年。重視身體的保健與成就，開發人的潛能
與生命價值，在《太平經》中即以奠定此方向。

### 2. 《黃帝內經》：順應自然，強化生理與心理的養生觀

《黃帝內經》是中國現存最早的中醫基礎理論，《內經》養生思想的基礎，
是來自《周易》、道家和道教的思想。此書集結多人之手，思想雜陳多家結構
也有不一致和不連貫的現象，有醫學理論雜以陰陽五行之說，也有道家和道
教內容混而爲一的情形，如〈素問・上古天眞論第一〉篇：

黃帝曰：「余聞上古有眞人者，提挈天地，把握陰陽，呼吸精氣，獨

---

〔註60〕楊家駱主編：《太平經合校》（臺北：鼎文書局，1997 年），頁 728。

立守神，肌肉若一，故能壽敝天地，無有終時，此其道生。中古之
時，有至人者，淳德全道，和於陰陽，調於四時，去世離俗，積精
全神，遊行天地之間，視聽八達之外，此蓋益其壽命而強者也，亦
歸於真人。其次有聖人者，處天地之和，從八風之理，適嗜欲於世
俗之間，無恚嗔之心，行不欲離於世，被服章，舉不欲觀於俗，外
不勞形於事，內無思想之患，以恬愉為務，以自得為功，形體不敝，
精神不散，亦可以百數。其次有賢人者，法則天地，象似日月，辨
列星辰，逆從陰陽，分別四時，將從上古，合同於道，亦可使益壽
而有極時。」

從這段文字敘述中可見道家思想的恬靜寡欲，順應自然之道；亦可見道教文
字的運用，如「積精全神」的精與神是道教的修練，「合同於道」是不死而成
為神仙的境界，將精於養生之術的人分等，也是道教與道家的養生觀。道家
和道教相互混融之跡，也可見於《素問・六微旨大論》：

岐伯曰：「出入廢則神機化滅，升降息則氣立孤危。故非出入則無以
升降壯老已；非升降則無以生長化收藏，是以升降出入，無器不有，
故器者，生化之宇；器散則分之，生化息矣！故無不出入，無不升
降，化有小大，期有遠近；四者之有，而貴常守，反常則災害至矣！
故曰無形無患，此之謂也。」帝曰：「善！有不生化乎？」岐伯曰：
「悉乎哉問也！與道合同，惟真人也。」帝曰：「善」。

「無形無患」同老子《道德經》第十三章「吾所以有大患者，為吾有身，及
無吾身，吾有何患？」之意。「不生不化」到「與道合同」等詞則是由道家轉
入道教之語。養生思想，不但是雜揉多家而成，且與道教有密切關係。

　　《內經》的養生觀強調人處在天地自然界中，受到自然規律所支配，天
地生長萬物，唯獨對人厚之。《素問・寶命全形論》：

天覆地載，萬物悉備，莫貴於人。人以天地之氣生，四時之法成。

因而人必須和天地、日月相互照應，以順自然之道養其生，故〈靈樞・本神〉
言：「智者之養生，必順四時而寒暑。」《內經》依據自然的「春生」、「夏長」、
「秋收」、「冬藏」四時變化，使人體依據「四氣」來調養精神，使人體中氣
息充沛、流動。適量運動加上恬淡寡欲的道德修養，以強化生理與心理機能，
配合環境氣候調節飲食起居，以順應自然；真氣流通充滿人體，精神便會煥
發，精神長存，得享天年。

### 3. 晉代之《抱朴子》：恬愉淡泊、導引行氣的養生觀

《抱朴子》為晉代道教學者和煉丹家葛洪所作，內容受《周易》和老莊思想影響，分內外篇，集古代神仙方術之大成，多論神仙養生之大法，醫藥金丹之大道，其中亦參雜許多易理，開啟後世道教養生中持續不斷的氣功及煉丹試驗。

《抱朴子》是一部富有宗教哲學、煉丹化學和科學養生內容的書。其中外丹的妄求神仙的迷信觀念，已成為歷史陳跡，但他記錄的一些化學反應的具體過程，卻成為有關化學技術的史料。這類研究也使葛洪對自然界物類變化有比較深刻的認識。內丹，即借喻外丹燒煉之術語，以人身練丹之鼎爐，以身中精氣為藥物，以神（意念）為火候，進行修煉，使精、氣、神三寶凝聚不散而成內丹，實際上是綜合靜養、吐納、導引、服食乃至房中諸種方法之大成，其總旨歸在保障體內陰陽的平衡與中和之態。他在《抱朴子‧地真》〔註61〕中認為：內修即「守一」，〔註62〕「守一存真，乃得通神」，〔註63〕這是叫修道之人，灌注全副精神在人體的丹田部位，精誠的思念這個「一」。葛洪主張恬愉淡泊，滌除嗜欲，以保精，習胎息，效導引以行氣。並從生活起居、心理情緒等提出養生之法，認為過「極」就傷，而在《極言》〔註64〕中認為「養生以不傷為本」，〔註65〕如「才所不逮而困思之，傷也；力所不勝而強舉之，傷也；悲哀憔悴，傷也；喜樂過差，傷也；汲汲所欲，傷也。」〔註66〕「不欲極飢而食，食不過飽；不欲極渴而飲，飲不過多。……不欲甚勞甚逸。」〔註67〕「凡言傷者，亦不便覺也，謂久則壽損耳。」〔註68〕

### 4. 唐代之《備急千金要方》、《千金翼方》：抑情節欲，依時攝養、注重飲食的養生觀

唐初著名醫學家孫思邈因為是道士，也被稱為孫真人。其所著《備急千金要方》、《千金翼方》是我國醫學史上被稱為第一部的臨床醫學百科全醫

〔註61〕 見晉‧葛洪著、丘風俠注譯：《抱朴子》（北京：中國社會科學出版社，1996年初版），頁229～230。
〔註62〕 同上註
〔註63〕 同上註，頁230。
〔註64〕 同上註，頁216～229。
〔註65〕 同上註，頁226。
〔註66〕 同上註，頁227。
〔註67〕 同上註，頁227。
〔註68〕 同上註。

書。他將前人醫學成就加以整理，並將多年醫療積累的經驗，由生理、病理、藥物、方劑等基礎理論，到內、外、兒、婦、針灸、按摩等臨床各科，全面進行整理，寫成第一部醫學巨著——《備急千金要方》三十卷，包括臨床各科診治方法，飲食療法及預防、衛生等。三十年後又在此部著作基處上，寫成了《千金翼方》三十卷，補充發展了前書內容，最突出是對本草、傷寒、中風、染病和瘡癰之論述十分詳細。此二部書內容豐富，廣收博采，集唐代中國醫學之大成。其內容在養生方面亦承襲《黃帝內經》主張抑情節欲，但不禁欲；常欲小勞，依時攝養，及注重飲食等。孫思邈十分重視養生防病知識的普及工作，他將養生方法編成通俗易懂，易讀易記的口訣，流傳極廣，爲人民所樂誦。如《衛生歌》、《枕中記》、《養生銘》等，摘錄數段於下：

> 侵晨一盤粥，夜飯莫教足。撞動景陽鐘，叩齒三十六。
> 大寒與大熱，且莫貪色欲。坐臥莫當風，頻于暖處欲。
> 食飽行百步，常以手磨腹。酸味傷於筋，苦爲傷於骨，
> 甘即不益肉，鹹多促人壽，不得偏耽嗜。春夏少施泄，
> 秋冬固陽事。獨臥是守眞，愼靜最爲貴。怒甚偏傷氣，
> 思多太損神。神疲心易役，氣弱病相縈。務使悲觀極，
> 當令飲食均。在三妨夜醉，第一戒晨嗔。安神宜悅樂，
> 惜氣保和存。壽夭修論命，修行在各人。若能尊此理，
> 平地可朝眞。〔註69〕

### （四）佛教的養生觀

佛教起源於公元前三世紀之古印度，於漢代初期傳入中國，歷經魏晉，隨著佛經的翻譯、僧尼人數及寺院的增加，佛教逐漸在中國紮根，與儒道相融，於隋唐進入鼎盛期，一些中國信佛醫家接受醫佛學的理論，將佛教中四大說、五蘊、緣起論引入中醫理論中，在中醫學史上產生了一定的影響。

#### 1. 不斷修習、歸於涅槃、超脫生死的養生觀

佛教創始人釋迦牟尼將因果論與輪迴學說統一起來，提出了業報輪迴說，說明眾生不同的命運。業爲造作，指一切身心活動；人有三業：身之所作爲身業，口之所語爲口業，意之所思爲意業。佛教以爲此三業都能引起果

---

〔註69〕見姚偉鈞：《中華養生術》（臺北：文津出版社，1995 年 3 月初版），頁 182～185。

報。佛教以爲人有三世，前生作業，今生或來生受果，今生作業，來生受報。業因指善惡果報的原因；果報爲應於善惡業因的苦樂果報。業因和果報合稱爲業。業報轉迴說認爲眾生死後，肉體雖死，但死者的靈魂將依據前世所做的身口意三業的總和業力，轉身爲另一新的形體，在六道中輪迴生死。六道是指天、人、阿修羅、畜生、餓鬼、地獄等六處輪迴處所。其中天道爲最高境界，無人道中生老病死的苦惱。唯有不斷修習，歸於涅槃，方能超脫生死輪迴，獲得永恆幸福。

### 2. 戒殺生及茹素的養生觀

佛教以爲殺生是殘忍的罪惡行爲，主張眾生同具佛性，都能成佛，主張平等博愛，殺生將帶來種種惡報。因此佛家不可吃葷，主張茹素。因殺生時，動物的恐怖、怨恨等在其體內產生的毒素，人類吃進肚裡，毒素將在體內肆掠、發酵而引發種種疾病，輕者如高血壓、膽固醇過高等，嚴重如因免疫失調產生之登革熱、腸病毒、大瀉、禽流感等。茹素則可使血液清淨，身心清暢，保持健康。

### 3. 緣起性空、般若智慧、超脫世間的養生觀

佛法的緣起性空論認爲一切宇宙事物是沒有自存性、不變性和實在性，即所有事相的本性是本然空寂、虛幻不眞的。我們所見的事相，都是一定條件下，各種因緣合和而成的「假有」，也就是說凡所有存在的事物，其本性是空而不眞的。即《金剛經》所說：「一切有爲法，如夢幻泡影，如露亦如電，應作如是觀」，〔註70〕亦如佛教中觀學派創始人龍樹所著《中論·四諦品》中：「眾因緣生法，我說即是空，亦爲是假名，亦是中道義。」〔註71〕佛教以爲人們所瞭解的世界，只是其感官世界所造成的世界，是整個宇宙中極小的一部分，在整個認識活動中，都是依意生識，意識是身心交感、認識活動的泉源。如果意識中有所沾染，有我執、我見的存在，那麼認識過程是永遠無法達到圓滿，唯有當阻礙人類原有本能（如來智慧）的障礙消除後，方能依智不依識，轉識成智，以般若智慧（性空緣起觀、中道觀）徹底明瞭宇宙人生的眞如實相。如此便能超脫世間情愛、名利、生死之苦，不斤斤於

---

〔註70〕 見姚秦三藏法師鳩摩羅什譯，江味農居士校正本：《金剛般若波羅密經》（臺南：和裕出版社，2002年最新修訂版），頁77。

〔註71〕 龍樹原著，鳩摩羅什譯，蕭振士今譯：《中論》（臺北：恩楷有限公司，2002年），頁306。

生活瑣事與現實際遇，而有較豁達之心胸與人生觀。

### 4. 種子薰習與轉識成智，建立清靜無垢識的養生哲學

種子是藏在阿賴耶識裡面的，這即是阿賴耶識又稱為藏識緣故。種子是譬喻詞，因其能生長，所以叫種子。〔註72〕在沒有生長以前，它在潛伏狀態，一旦開始生長，叫做種子的現行。就像穀類的種子一樣，它的生長需要土壤、水分等外在的條件，這條件唯識學稱為薰習。種子遇緣生現行，種子是因，現行是果，如此因生果、果生因，循環不已。〔註73〕人生一切妄執煩惱生死輪迴，它的根源既皆由於識，這個識是指第八根本識；因人間一切有為法、一切有情妄執，根源上皆依賴耶而起，賴耶為萬法所依；轉識成智，就是要轉變這個所依，使原先染污的識本體，轉變為清淨的無垢識，建立新的所依，這清淨的無垢識，唯識家即稱之為智。〔註74〕

### 5. 戒律、禪定與涅槃的養生觀

「三學」是指戒、定、慧三種修持方式，戒是戒律，定是禪定，慧是智慧。戒律在佛教中占有重要地位。佛教戒律眾多，但一定包含五戒：不殺生、不偷盜、不邪淫、不妄語、不飲酒。戒律讓人們守身自好，不殺生使人心地慈悲，茹素更是有益身心健康，不與人結仇，不放蕩邪淫、養精保形，避免精血耗損及性病，不觸法網，避免災難，不飲酒以免酒精傷身與誤事等。禪定即屏除雜念，專心致志，進入沈靜，超脫苦樂，忘卻自身的存在，達到思念清靜的境界；慧指智慧，由無欲而見真，體會諸行無常，諸法無我，諸行是苦，由定生慧，屏除一切慾望與煩惱，領悟佛法，證悟真理，而達涅槃。

## （五）其 他

### 1. 西漢之神農本草經：上藥養命以應天；中藥養性以應人；下藥治病以應地

現存最早的本草專著為《神農本草經》。關於《神農本草經》的著者與成書年代，歷來說法很多。一說為神農氏所著，我國自古即有神農嘗百草的傳說，由於我們的祖先述有尊古之風，正如《淮南子‧修務訓》所言「世俗之人多尊古而賤今，故為道者，必托於神農、黃帝而後始入說。」故《本草經》

---

〔註72〕見韋政通：《中國思想史》下冊（臺北：水牛出版社，1998年第十一版），頁881。

〔註73〕同上註。

〔註74〕同上註，頁886。

冠以神農和《內經》托名黃帝一樣，乃是社會風氣使然。

　　由於本草之名始於漢平帝紀及樓蘭傳，因此較有說服力的為《神農本草經》定稿於西漢末年的一次大型學術盛會，〔註75〕以扁鵲弟子所著的《子儀本草經》、及偽託三世醫書之一的《神農本草》為藍本集體修訂。內容中對每種藥物，陳述了性、味、功用、有無毒性、主治、異名、出產環境等。關於本草之內容可謂已較完整。它是中國現存最古老的一本本草專著，系統匯集了漢代以前中國醫療用藥的經驗，奠定了本草學用藥之基礎，以四氣五味概括藥性及功能，以有無毒性分藥物為上、中、下三品，倡七情和合，君臣佐使之說。其後之歷朝藥典及個人本草專著，皆是以《神農本草經》的載述為基礎，補充修訂而成，為後世藥物學與方劑學發展的基礎。

　　2. 東漢之《難經》：是我國繼《黃帝內經》後又一部醫學理論經典著作

　　是《內經》醫學理論的再發展，又稱《黃帝八十一難經》。《難經》之難是問難之意。全書設問答八十一題，闡述醫學各種問題，包括脈學、經絡、臟腑、疾病、腧穴和針法幾個方面，闡解內經，創論命門、原氣、三焦功能，尤強調獨取切口為切脈之標準部位，與內經同為中國醫學理論基礎。

　　3. 東漢張機之《傷寒雜病論》：為古代醫學理論與臨床實驗經驗的成功結合

　　發展《內經》與《難經》的醫學理論，匯整東漢前之經方研究，發揚辨證論治的診療原則。由於戰亂，該書散失，經後人蒐集整理，分編為《傷寒論》與《金匱要略》傳世。《傷寒論》中治療急性外感熱病是原書之內容，創立六經辨證之診療方法，針對傷寒熱病變化之全部過程，形成完整治療體系，是其最重要貢獻。以六經來表示疾病的病位、寒熱、邪正消長、病程轉變、病情緩急及病勢進退等，不但適用外感病，後世於雜病的治療中，亦常取決於六經辨證。《金匱要略》治療雜病是原書的內容，以病類分篇，以臟腑辨證，是辨證論治的又一重要方法，呈現中醫診療疾病之整體觀念，是《內經》藏象、經絡、病因、病機、四診、八綱在醫療實踐中的集中體現，是繼《周禮》後，疾病分科的又一進步。

〔註75〕詳請參見魏子孝・聶莉芳之《中醫中藥史》（臺北：文津出版社，1994 年），頁 96～97。

### 4. 元代之《飲膳正要》：〔註76〕飲食烹調與營養衛生的預防養生觀

任何一個民族的存在和發展，都離不開日常的飲食營養。《飲膳正要》深受《黃帝內經》及古代各家《本草》影響，就詳細記載獨具特色的蒙古飲食養生方法。爲元代飲膳太醫忽思慧向朝廷所上獻，受到元朝皇帝讚賞，刊刻印刷、普及於世間。清代《四庫全書總目》也將此書收錄進去。一九三四年上海商務印書館又據明代景泰本將此書鉛印成冊，成爲現代通行本。綜觀此書全書內容，共有三個主要特點：

第一：它是我國最早從飲養衛生和健康長壽角度來論烹飪調和的一部典籍，此書不僅爲元代食譜，也是古代食療專著，它除闡述各種飲饌的烹調方法外，還特別闡述各種飲饌的性味與滋補作用，也就是飲食與營養衛生的關係。

第二：此書蒙漢飲食療法兼收並蓄，所述用料獸品以牛羊居先，既有歷史特色，亦有民族特色。

第三：此書較之從前食療著作，最突出貢獻在作者根據元代人民的飲食習慣和特點，結合中國傳統醫學理論，從營養衛生學角度提出不少關係健康的重要觀點，特別是在自序中提出以預防爲主的思想，「即治未病，不治已病」，因而此書在中國養生學史上佔有十分重要的地位。

### 5. 明代之《類經》、《類經圖翼》、《景岳全書》

#### （1）陽中求陰，陰中求陽；辯證施治，不離易理的養生觀

明代張介賓不僅醫理精通，醫道高超，而且著述豐富，是我國醫學史上富有影響的大醫學家。其醫學成就主要得益自《周易》的苦心研讀及融會貫通，其早年著作《類經》，主要是運用易醫相通道理注釋《黃帝內經》，其後的《類經圖翼》則仿照《易經》圖符形式用簡明圖像表達深奧道理。晚年著成之巨著《景岳全書》六十四卷本，更是集醫易之大成。其醫易相通的理論和實踐如下：（a）人生之理，無不涉及陰陽（b）辯證施治，不離易理（c）陽中求陰，陰中求陽。〔註77〕

#### （2）後天積極調養，保惜、補益精血，可改變先天遺傳基因

張介賓認爲所謂養生，實質上就是保養形體，形體又分爲內形與外形二種。內形爲神氣，外形則爲肢體。而精血則爲產生形體與維持形體不衰的基礎。保養精血有二種方法：（1）保惜精血，不使有傷。保惜精血主要方法則

---

〔註76〕以下內容參見見姚偉鈞：《中華養生術》，頁 187～190。
〔註77〕參見劉長林、滕守堯合著：《易學與養生》，頁 337～344

在節慾。（2）補益精血，使之充盛。張介賓列舉一些補益精血藥物如：人參、
當歸、枸杞、熟地、杜仲等。除此張介賓還特別強調後天調養可改變先天遺
傳，積極養生可改變因遺傳所致的短壽基因。〔註78〕

# 第四節　中西方醫學利弊分析

中醫和西醫是二種不同科學和文化下的產物。中醫學對生理、病理、藥
理方面皆以「人」為一個整體系統為治療重點；西醫則是以探討體內器官、
組織、細胞、分子等局部性的疾病為主。中國傳統醫學是以陰陽五行為理論
基礎的經驗醫學，西方醫學則是以嚴謹的生理學、解剖學為基礎的實證醫學。
中國的《黃帝內經》是很偉大的一部醫學著作，可惜中國儒生的知識結構側
重於人倫道德、政治哲學、社會歷史與文學等，崇經尊經復又視醫術為小道，
以致未能建立自然科學之醫學知識。滿清末年西方挾其船堅炮利，不僅使中
國門戶洞開，民族自信心也一併喪失，國人崇洋媚外，鄙視固有文化，唯西
方之馬首是瞻，以致臺灣數十年來醫療資源西醫獨大，產生許多弊病，但在
陳立夫先生極力提倡維護下，尚有中國醫藥學院中醫系保存，其後復有長庚
大學中醫系之設立及陽明醫學院之傳統醫藥學研究所、國立臺北護理學院中
西醫結合護理研究所、佛光大學生命學研究所等發揚中醫，或作中西醫整合
研究；在醫療方面復又開放中醫之健保給付，使臺灣人民能有較多選擇，以
維護身體健康。

## 一、中西方醫學之利

中國醫學有預防及天人合一之利，西方醫學則有：1. 疫苗注射與傳染病
防治。2. 臨床醫學與科學診斷儀器與檢驗的發明與使用。3. 公共衛生、健康
教育與營養，4. 器官移植與最新醫學技術發展。以上歸納之四點之利。以下
分述之：

### （一）中國醫學之利

#### 1. 預　防

《易·繫辭下傳·第七章》說：「《易》之興也，其於中古乎？作《易》

---

〔註78〕參見姚偉鈞：《中華養生術》，頁251。

者其有憂患乎？」，《周易‧既濟》說：「君子思患而預防之」，《老子‧六十三章》說：「天下難事必作於易，天下大事必作於細。」〈六十四章〉又說：「為之於未有，治之於未亂。合抱之木，生於豪莫；九層之台，起於累土；千里之行，始於足下。」《黃帝內經》也提出了「治未病」的主張，《素問‧四氣調神大論》說：

> 聖人不治已病治未病，不治已亂治未亂。夫病已成而後藥之，亂已
>
> 成而後治之，譬猶渴而穿井，鬥而鑄錐，不亦晚乎？

這裡，《內經》提出了「預防重於治療」的觀念，等到疾病形成再尋求治療，恐為時已晚，治療將費時費力，是下下策。況且藥有毒性，難免傷身，增加身體負擔。至於如何預防呢？則可從生活起居、飲食、衣著、情緒、運動等著手，配合時辰、四季、作五藏之保養、鍛鍊加強。

## 2. 天人合一

人生於天地之間，其生命活動並非孤立、封閉過程，《素問‧至真要大論》說：「天地合氣……而萬物化生矣。」《荀子‧禮論》云：「天地合而萬物生，陰陽接而變化起。」〔註 79〕〈象〉：「泰……天地交而萬物通也。」、「否……天地不交而萬物不通也。」《素問‧寶命全形論》說：「人以天地之氣生，四時之法成。」人既是由天地合氣而生，天地遂有相應的變化，《靈樞‧歲露》說：

> 人與天地相參也，與日月相應也。

《黃帝內經》總是一再強調「上合之於天，下合之於地，中合之於人」〔註80〕之類的看法，中醫家始終認為「自然」也就是天地，必定與人體發生關係，並影響人的生命活動，並以「氣」來解釋天地一切生命現象。天地生化萬物乃是透過「春生、夏長、秋收、冬藏」的順序，循環不止。此外，五季又可配五臟，《靈樞‧本藏》說：

> 五藏者，所以參天地，副陰陽，而連四時，化五節者也。

在對疾病預測上，由於在五藏、五行、五季搭配下，發病的季節與五藏也有相應的關係，《素問‧金匱真言論》說：「春，病在肝……夏，病在心……秋，病在肺，……冬，病在腎……中央為土，病在脾。」在李政育醫師所著《十

---

〔註79〕 王忠林註譯：《新譯荀子讀本》（臺北：三民書局，1977 年再版），頁 290。

〔註80〕 《靈樞‧玉版》卷九玉版六十 95

二經脈飲食法》中，〔註81〕將天人合一作如此敘述：

> 人體是一個小宇宙。內有有形的五藏六腑、八大系統（神經、消化、呼吸與循環、泌尿生殖、骨骼肌肉、淋巴、內分泌），以及無形的十二經脈、奇經八脈，無數的小脈絡，錯綜複雜、遍佈全身，形成一個完整的能量系統，並與外在的環境相聯繫、相影響。外在關係最受人重視的莫過於天干、地支，那是二個上下最大的能量場，天干分為甲、乙、丙、丁、戊、己、庚、辛、壬、癸；地支分為子、丑、寅、卯、辰、巳、午、未、申、酉、戌、亥十二項，根據古聖先賢簽百年來的研究、實證，已經了解到，人體的時二經脈系統與十二時辰息息相關，並對應於五藏六腑之上。不僅如此，人類也無可避免地要和三才（天地人）、四時（四季及一天理的四時）、五運、六氣、七情、八風相互影響，甚至與五音（宮、商、角、徵、羽）、五穀、五果、五蓄，或眼、耳、鼻、舌、身、意「六識」形成互動。我們可以說天、地、人三才是宇宙能量的節律，人體經落系統是宇宙陰陽能量的本質，五行則使人體發生質變的總綱；而以十二經脈和五藏六腑最為重要。十二經脈聯繫全身各組織、系統，縱橫交錯，運行氣血、調節整體功能，並與一日十二時辰相應變化，與人體健康關係至巨。
>
> 再進一步分析，則陰陽五行為中醫的基本思想，也是最高指導原則，萬物均在宇宙能量軌道中規律變化，陰陽平衡，則四時成焉，萬物生機盎然；人體陰陽平衡，則五脈泰和，活力充沛。陰陽不調則一切病象於焉產生。

## （二）西方醫學之利〔註82〕

### 1. 疫苗注射與傳染病防治〔註83〕

約在十一世紀中國人即曉得用天花的痂磨粉噴入健康人鼻內，以防止天花，可惜未能進一步研究，只停留在原始階段。接著中東波斯灣土耳其人也

---

〔註81〕李政育：《十二經脈飲食法》（臺北：元氣齋出版社，2002 年 7 月初版），頁12～14。

〔註82〕以下內容參見葉頌壽、葉頌熙醫生合譯：西方醫學史（臺北：當代醫學雜誌社，1978 年 6 月初版）。

〔註83〕同上註，見（附錄三：陳定信，《免疫學發展史》），頁 138～144 及頁 92～93。

曉得此種技術，十八世紀一位土耳其夫人分別為其兒子、女兒種人痘，因而此法後來普及英國及美國大陸，十八世紀中葉並傳遍歐洲。此種人痘接種，時會因操作不良及其他原因導致受種者發病死亡，不久英國一位鄉村醫生Edward Jenner（1794～1823）藉著對牛痘和天花二十多年的觀察，開始在一感染天花人的手上的牛痘病灶上取得一些物質種在一位少年手上，並且直接由天花膿皰上取出膿汁種在少年手上，結果並不發病。由於他的貢獻，使得天花在世界比較進步國家中得以消除。

　　Jenner之後將近有一個世紀，在免疫方面沒有進一步的進展。當時對病原體才有初步一點觀念，但何種疾病由何種病原體引起仍然混淆不清，培養技術也剛開始，對微生物的瞭解更是少。直到十九世紀才出現了一位對免疫方面貢獻很大的人物，就是Louis Pasteur（1822～1895）。他在進行實驗中偶然發現二種使病原體減弱毒性的方法；他發現雞霍亂菌培養一段時間再種到雞身上，不會發病，如果在使它感染新鮮的菌種，本來會發病的，竟也不再發病，此種減弱活病原體致病力的方法與原理對於以後對抗結核、小兒麻痺症及其他重病的疫苗有很大的幫助。Pasteur將此種免疫方法命名為"vaccination"，中文名也就是當今對疾病預防很重要的「預防接種」（vacca拉丁文為牛之意），以紀念Jenner在牛痘接種方面的偉大成就。Pasteur另一重大貢獻是狂犬病的預防，他將有病的脊髓抽取物質置於室溫乾燥幾天，乾燥時間愈久，愈失去其感染性，此一狂犬病實驗使它贏得了「免疫學之父」的美名。〔以上參見葉頌壽、葉頌熙醫生合譯：西方醫學史（附錄三：陳定信，《免疫學發展史》頁138～144）〔註84〕差不多和Pasteur同時俄國動物學家Elie Metchnikoff（1845～1916），他認為免疫力完全仰賴人體內的某些細胞，叫做吞噬細胞。Behring在1890年敘述白喉和破傷風的免疫，全賴血液中能抑制這二種細菌的細胞外毒素（exotoxin），1901年由於血清抗毒素療法的研究，使他成為第一位諾貝爾醫學及生理獎得主。

　　一九二八年蘇格蘭的一位藥劑師佛來敏（Alexander Fleming）於實驗室中研究各種葡萄菌時，無意中發現培養皿中掉進了空氣中的黴菌，此黴菌會分泌一種毒素，吃掉那些葡萄菌，而在其周圍形成一空白地帶，由於它能抑制許多普通病菌的繁殖，遂命名為盤尼西林。一九四三年Waksman博士和其助手，由土壤黴菌中得到一種黴素的抗生素，他可以破壞某些對盤尼西林有抵

〔註84〕同上註。

抗力的病菌，接著各種廣效抗生素也陸續發現與應用，給醫學帶來新的革命與成就。隨著西方近代各種疫苗的相繼出現，人類得以控制及預防許多傳染病，使人們的生命得到許多保障。〔以上同上，參見頁92～93〕

2. 臨床醫學與科學診斷儀器與檢驗的發明與使用

（1）上古時期巫師時代〔註85〕

遠在上古時期第一位醫生乃是人類自己。人們經由對著傷口本能地舌舐、吮吸、呼氣而自我治癒。意外或打鬥傷口，宰割野獸及人類自相殘食等均使得人對體內器官有了概念，當人類開始吞食獸類器官後，雛形的器官療法原則於是誕生。原做為武器的工具已被用來切割肌肉及鋸穿顱骨，同時抽血、切痕、截肢以及用石器施行外科手術也取代了舌舐與吮吸。經由仿效猿猴之用泥巴來裹覆傷口，於泥巴乾後，形成第一個天然「石膏」。接著火的發明也產了燒烙術。疾病產生的原因與目前所知的一樣：生長及代謝的改變、腫瘤、創傷及感染。在希臘文明前，無論是呼吸道、股關節、胃腸、外傷、動脈硬化、感染或心智上的毛病，如果是小恙，則採用仿效野獸而來的家庭療法（飲食、藥草、膏藥、按摩）。如果是重症如天花、精神病、嚴重骨折等，病人不是被殺死，就是召集「醫生」會診，而所謂醫生即是會巫術的巫師。「巫術」是科學的前身，是人類最先用來瞭解大自然的方法，巫師的主要方法是基於消除外物的「接觸」魔法；還有需特別儀式來遏止病魔的直接法術，治療原則為基於前述外物入侵或靈魂脫離軀殼的觀念，如果是因外物侵入，就以法術、吮吸、抽血儀式、按摩、沐浴或草藥來治療，如果是幽靈在體內作祟，就利用驅邪、抽血及符咒來治療。因此草藥專家與預言家逐與巫師並存於原始混沌的幾千年前，它不像現代科學靠著合理觀察，只能依賴巫師自身情緒狀況所體驗到的感覺，而其尋求經由器械性及心理性的巫法儀式來治癒人為或超自然的病因，乃是依據推論而非實驗。

（2）希臘文明時期〔註86〕

以為聯繫肉體與心靈的大腦為人類最高的工具，柏拉圖在其「饗宴」（Symposium）一書中，藉著醫生之言道出了醫學乃是「瞭解人體各器官之息息相關的藝術」。他的學生亞裡斯多德引導醫學回到生物學領域裡，他的老師

---

〔註85〕同上註，頁1～4。
〔註86〕同上註，頁22。

柏拉圖認爲一切知識皆發自「內心」，亞裡斯多德卻認爲萬事萬物都來自「外界」，並經由感覺及認知所吸收。偉大與高貴是吾人得自希臘的遺產，客觀的觀察病人，疾病乃是自然產生過程，且可經由自然治癒，同時創造了新的醫生典型──一個人道主義及博愛主意者瞭解其自身的任務與所負使命。

### （3）文藝復興時期的醫學〔註 87〕

文藝復興時期安得烈‧偉沙流斯（Andreas Vesalius）其醫學巨著「關於人體的結構」，引導醫生進入文藝復興醫學輝煌時代。企望回到古典希臘拉丁底智識泉源的人文主義，由於重新體會與欣賞赤裸人體的美感，產生對肌肉骨骼等外型的興趣，並進而研究人身內部之構造，而大大的推動了解剖學與醫學的進步。臨床病史不斷進展變化，往日那種在封建制度下與修道院裡的生活所產生的典型中世紀之「集體」性疾病，也逐漸演變成一種新的「個體」性疾病──例如班疹、傷寒與麻疹。第一位流行病學家拉卡斯多羅創建了一套動力的流行病學，並且提出事實：傳染乃是直接或間接由一個人傳給另一人。帕拉西塞斯遺給後世一套動力病理學理論，他指出疾病常常是由於「外在因素」而產生，他創用一種治療用的藥酒與金屬，使他成爲藥用化學的先驅。由於火砲引起的創傷，增加了新的困擾。一位善良仁慈的波斯人伯萊（Ambroise）在當過理髮學徒與軍醫生涯中，獲得了豐富的外科經驗。他對於整個外科之貢獻乃是首先使用糊藥油（具殺死細菌之效）敷裹感染的燒傷創口；並且創用動脈結紮法以取代炙燒，同時改進了許多手術方法。偉沙流斯的後繼者法羅彼爾（Fallopius）發現輸卵管及最先切開心臟靜脈瓣的Fabricius，由於他們以及其他學者的成就，使得人體解剖學進入一嶄新里程碑。

### （4）巴洛克時代的醫學──生命之光〔註 88〕

十七世紀一位英國青年威廉哈維（William Harvey）終其一生研究人體的二種基本運動──脈搏與呼吸──，並且最後指出血液的流動及其循環流動，他使靜態解剖學獲得動態的觀念，並創立了現代生理學。後來顯微解剖學先驅，意大利人馬色羅馬匹吉（Marcello Malpighi）描繪了交錯如網的微血管及他們的循環，因而解決了哈維所遺下動脈與靜脈之間如何交通的難題，……。法國偉大哲人笛卡兒提倡「我思故我在」，發揚科學的懷疑精神，揭示了「人如機器」的機械觀，以及心身二元論。他的思想開近代哲學先河，

〔註 87〕同上註，頁 52～57。
〔註 88〕同上註，頁 52～56。

他終生信服生理學的醫學觀。同時英國哲學家培根及約翰洛克也強調科學上實驗方法的重要值值；伽利略及牛頓的動態宇宙觀取代了哥白尼的靜態宇宙觀，解釋大自然的形上學說爲科學的測量方法所取代，科學開始傾向實驗觀察及理性。許多著名醫生正孜孜不息地探討人體器官的奧妙構造，如法蘭西葛立森研究肝臟的構造及作用，維森發現了胰管，尼爾史坦生發現了腮腺。當時時代風氣瀰漫著對運動及情緒的崇拜，受到那時流行的巴洛克藝術的跳躍變幻莫測的風格所影響，從而獲得了巴洛克時代之名，他們發現世界的無限動態性，他們對物的存在不感興趣，只對物的動作有所偏愛。巴洛克時代臨床醫學可由以下三種醫學思潮所表現：醫藥生理學、醫藥化學及系統醫學。醫藥生理學學派——是伽利略及哈維的崇拜者——認爲人體是一架機器，依照此一機械觀點來解釋它的生理構造。此一學派出色醫生山科托里斯（Sanctorius）奉獻其三十年生涯，詳細記錄他在不同時刻或狀況下的體重，例如在不同情緒或生理狀態下，如睡眠、憤怒、性慾衝動、憂愁及悲傷的時候，因而開啓了朝向現代的新陳代謝觀念之道。醫藥化學派認爲人體是一間實驗室，器官的運動乃是器官的發酵作用所引起。赫爾蒙（Helmont）認爲水是人體的基本物質，空氣則是維持生命的中樞。系統醫學學者湯瑪斯席田漢（Thamas Sydenham）他信服自然主義派的臨床觀察法，捨棄空洞的書本知識，他以肉眼觀察活生生的人體，研究病人的全身以及疾病的「種類」，他將疾病史引入了對病人的個案研究中。他將疾病分成二大類：急性的，生物學上的或動物上的（病因學的研究）；以及慢性的，生理的或人體的（心身醫學的探討）。巴洛克時代醫生們對藥物研究殊少興趣，但自西班牙人征南美洲帶入了奎寧及土根樹，醫生們開始使用手術鉗及輸血。

（5）十八世紀的醫學——星光燦爛〔註99〕

要完全瞭解啓明時代的醫學精神，經過三十年努力完成的法國百科全書，反映了啓明時代醫學先驅觀念的形象。這是一本以科學及技術爲主題的辭典，在此本書之前，所有知識只是存留在人的記憶之中，結果往往造成混亂。百科全書從笛卡兒主義中汲取哲學靈感，從醫生兼哲學家洛克的經驗主義中獲取思想上的營養，從牛頓的物理學觀念，從伏爾泰對知識的信仰之理性主義中，以及盧梭對人民的主權自主之熱烈言論中，汲取思想的啓發。因

〔註99〕同上註，頁67～77。

為「百科全書」強調技術及機械的藝術，其對醫學影響的典型實例，是外科醫學的進展，並提高了外科醫生的社會地位。其尊重理性的思想，影響了美國人的政治思想，促成了獨立戰爭，使美國誕生，成為美國立國的主要思想基礎，並產生了一個偉大的醫學哲學體系。這種注重時效的「機械式」的時代精神，激發了在比較學上及形態學上的外科解剖學的進展，他從法羅比（Fallopius）的「肌理說」（texture）進展到比查（Bichat）的「組織說」。其中最著名的是莫干尼（Morgani）在其著作「動物學解剖大全」中含有他寫給一位年輕朋友的七十封信（當時缺乏專門期刊，醫學知識藉信札傳播）中，遺留給後人無數屍體解剖的寶藏。他指出每一種疾病皆有其特殊器官的一定部位，器官的病理變態是大多數病徵的原因。生理學由於瑞士的巨人哈拉（A·Von Haller）而得到蓬勃發展，他是西方世界第一本生理學教本的著作者，專門研究肌肉的動作及生物實驗。他主張感應力乃是動物生活的基本現象，是肌肉由於刺激而發生收縮的特性，至於感覺性則是神經對於刺激的天然表現。

安布魯格（Leopold Auenbragger）在維也納音樂之都身兼音樂學家與醫生二職，由於自童年就常常看到經營葡萄酒店的父親，以手指或酒瓶敲酒桶來衡量判斷酒的成分多少，因此他發現可以用手指敲打病人的胸部，來聽它們聲音之不同，以作為診斷胸腔正常與否的方法。此發現是人類疾病聲音之「音樂化」。專門專醫逐漸發展，由於盧梭及裴斯塔洛琪的著作引起人們對兒童的興趣，因此小兒科尤其熱門。

### （6）十九世紀醫學——百家爭鳴〔註90〕

正當歐洲人在為民族獨立而戰時，他們生活其中的世界以被一連串發明而改變：瓦特（Watt）的蒸汽機、富爾頓（Fulton）的汽船，史蒂文生（Stephenson）的火車頭，卡爾賓士（Karl Benz）的內燃機，貝爾（Bell）的電話以及馬可尼（Marconi）的無線電一這些發明也間接促成了現代醫學的發展。

現代組織學與部位解剖學（Topographical anatomy）奠基於法國的解剖學學者畢夏（Xavier Bichat）。他認為疾病的發生並非源於整個人體器官，而是侷限於一特殊的體內組織受到傷害。他更進一步證明同類的組織，不論其在哪一個器官內，都能發生同樣的病態，而得到同樣的疾病。

在美國，一項偉大成就乃是麻醉術的發明，也由於麻醉醫學的進步使得

---

〔註90〕同上註，頁 79～89。

更多外科手術成爲可能。臨床醫學則因爲一位法國醫生雷內克發明聽診器而進步更爲快速。在此之前，醫生已懂得用胸腔扣診方法來測定心肺的變化。有一次雷內克診視一年輕患有心藏病的肥胖婦人，他用扣診方法，甚至以耳直天胸部，也聽不到病人心跳的聲音；他憶起曾在街上看到一群小孩玩遊戲，有一個小孩用手輕扣一根長木樑的一端，另一小孩則把耳朵貼在另一端傾聽。雷內克遂以一塊紙板捲成長筒狀，將一端置於婦人胸部，附耳傾聽於另一端，而得以很清晰地聽到心跳聲音。由於這聽診氣得發明，從此醫生可以直接聽到疾病的各種雜音，進而加以診斷與對症下藥。其他方面進展包括：疾病之細胞學概念；代謝與作爲有機器官調節中樞之神經系統之功能及身心相互關係的研究；免疫學以新式器械之阿展；引起感染之微生物來源觀念；而人體也分別從空間（形態學與人類學）及時間（遺傳學與胚胎學）兩個角度分別加以研究。

　　在此一時期的其他進展包括：酶的發現、臨床計溫學（Thermometry）、熱力學、生理記錄儀器的發明、以及公共衛生學的成長。僧侶孟德爾（Gregor Mendel）於培植豌豆時發現了遺傳定律，德國人 Roentgen 發現了放射線的功用。同樣是德國人 Rudolf Virchow 提出了「細胞病理學」之概念，將疾病視爲是細胞對於異常刺激的反應。Clande Bernard 是一位生理學家，他引導醫學進入「實驗生理學」的領域，並發現肝臟的作用。同時他又提出了生理實驗的三大原則：觀察、假說與實驗。細菌學理論則是由一位法國化學家研究酒精發酵原理及微生物的學者路易士・巴斯德（Louis Pasteur）他證明了前人之「接觸感染」理論的正確，並且說主要是因爲微生物感染，還有另外一位德國醫生致力於細菌感染研究而發現肺結核病菌。其他醫生陸續還有毒素與抗毒素的研究、使用血清、疫苗、抗生素、吞噬細胞等新阿生物治療法之發現以及殺菌與消毒藥品的創用等。同時，PaulEhrlick 在其研究中發現使用的化學治療藥物，以及各種新藥品，使得「藥庫」更加豐富充實。醫學也愈來愈趨向生理病理學與生理化學。一八八零年代維也納醫生佛洛伊德（Freud）所開創的精神分析學，使得聞名世界中的精神病患治療深受其惠。他潛心探討人類內在心靈之活動與潛意識之原始衝動，並且將病人致病原因，以其整個生活史加以綜合分析，創立了一套新穎的治療方法，並且採用與病人交談的治療方式。

　　這一世紀「防腐消毒法是外科學上偉大的成就一英國外科醫生李斯特（Joseph Lister）首先使用石碳酸來消毒器械與傷口，後來又經過改良而發展出一套「無菌技術」的觀念，使得外科手術不再死於病菌感染。從此，無菌

消毒法與麻醉術征服了自古以來即為外科手術的二大頑敵一感染與痛苦。

（7）二十世紀的醫學〔註91〕

二十世紀有許多驚人發明與發現，例如：飛機、收音機、電視、原子爐、雷達、電視、電話、洗衣機、微波爐、電腦以及太空衛星等。物理學也藉著電子顯微鏡和新穎的技術觀察檢驗以前從未看到和測量到的物質，因此促成醫學研究的技術化。新的醫學器具與方法，包括：電泳法、顯微分光鏡、腎盂照相術、腦室攝影術、冠狀動脈攝影術、X 光、超音波、斷層掃描等也應運而生，透過先進之診斷器具，它能很快偵查出病灶所在，化學更是與物理學相結合。解剖學也發展了新的血管注射方法與解剖學影片的放映。生理學則致力於荷爾蒙內分泌的調節、酶以及腎上腺一腦下垂體一下視丘之間相互關係的研究。人類學也因古代化石及不同種族之血型、Rh 因素之研究而大為進步。同時心理學也由於佛洛伊德、阿德勒、容格之體系，以及經神醫學、精神生物學、心身醫學、醫學人類學以及心理分析之嶄新理論與研究而得以進步。二十世紀的醫學主要是在實驗室中發展，並且愈來愈變成一門精巧的技術。臨床治療也大有民心身健康的人。於是醫學遂成為一門利用自然科學之方法，去研究發展的社會科學。核子醫學也開始萌芽，並提供了摧毀壞死組織的放射能力。

3. 公共衛生、健康教育與營養〔註92〕

中世紀前之羅馬帝國對公共衛生很重視，中世紀時也創立遍布各地的大學醫學院、公共衛生制度以及公立醫院。十九世紀以來隨著各種疫苗、抗生素之發明，為防範各種傳染病，注重環境及個人衛生的公共衛生日益受到重視，二十世紀初霍浦金斯（Gowland Hopkins）創立了食物中所含成分乃是生命與健康所必須的學說。一九一一年芬克將這些成分命名為「維他命」，從此治療與預防又寫下了嶄新的一頁。在健康教育教材裡則教導注重個人生活起居與衛生、人的身體結構及如何保養與攝取所需食物營養，各階段生理與心理發展，同時教導青少年青春期生理與心理的健康知識……等。

4. 器官移植與最新醫學技術發展

「器官移植」是二十一世紀目前最值得稱道與神奇的醫學技術，它在臨

---

〔註91〕同上註，頁 88～95。
〔註92〕同上註，頁 92。

床上需結合多學科進行，例如免疫學、現代分子生物學、生命醫學、胚胎學、機械學、自動控制學、信息學等，此一技術發展日益進步，成功案例愈來愈多，幾乎已成為平常之手術。除了器官移植外，以胚胎植入方式複製器官以獲得器官移植來源；新幹細胞培植、植入，以使細胞活化；新生嬰兒臍帶血之儲存，以治療直系親屬或自己未來各種嚴重疾病如癱瘓、帕金森症、各種腫瘤、……等，藉著自體細胞較無排斥問題，且孕育新細胞、修復受損組織能力強，這些都是正在發展、實驗中的最新醫療技術。

## 二、中西方醫學之弊與中西醫學互補

### （一）中國醫學之弊

西方醫學之利，也正是中國醫學之弊：如西方疫苗注射與傳染病的防治、臨床醫學與科學診斷儀器之進步、公共衛生與健康教育之推展、食物營養成分與維他命之發明、器官移植等醫學技術發展……。因此當西方醫學逐漸傳入中國時，人們由懷疑至驚訝其醫學技術之神奇，至五四運動時中國人為救亡圖存，積極學習西方之科學，反而視中國之文化為毒蛇猛獸，視中國醫學為落伍、為不科學。

### （二）西方醫學之弊

其實西方醫學發展至今也產生許多後遺症，諸如：

#### 1. 資本主義掛帥

西方在資本主義發展下，大部份醫生以利益為主，醫院經營也以利潤為最高目標，外科醫生為追求業績，常為人民動不需要之手術，甚至容易因個人因素或醫學技術等手術失敗，而造成病人終生遺憾，此醫療傷害糾紛案件極多、比例極大。

#### 2. 醫病關係疏離與醫藥危險性

在西方科學工具式宰制與機械化下，人與人之間人際疏離，醫病關係更是如此，在台灣看病所謂「三長兩短」〔註93〕更為人所詬。去醫院看病是一件充滿危險與辛苦的事，尤其大醫院，許多人視去醫院看病為畏途，而且醫院充滿了病菌傳染與誤診、誤給藥、誤打錯針……等的種種危險性；冷冰冰

---

〔註93〕所謂「三長」是：掛號時間長、等候看病時間長、拿藥時間長；所謂「兩短」是：醫生問診時間短、病人陳述病情時間短。

的醫護態度，更令人思之卻步。其他如開刀或西藥因其爲化學藥品非天然物質如類固醇、消炎藥等皆容易產生很大副作用而造成人體極大傷害。

### （三）中西醫互補

西醫注重在形，中醫則注重在神；西醫治療偏重局部，頭痛醫頭，腳痛醫腳，中醫則注重整體治療；西醫注重器官組織細胞之病理變化，中醫則側重在陰陽五行之調和；急症找西醫，身體調養則找中醫；……；中西醫宜互補也。

## 三、中西醫之教育與醫療政策、環境之現況與展望

### （一）臺灣中西醫醫療環境發展中醫師與西醫師人力養成沿革〔註94〕

中醫是我國傳統醫學，臺灣割讓日本以前，中醫一直是臺灣醫療的主流，日本統治期間，日本政府採行西醫爲醫療主流，台灣光復後，政府改採中西醫並存政策，台灣開始進入中西醫療體系並存的時代，但是無論在教育、醫療政策，醫療環境上仍是西醫獨大的局面，中醫只是處在邊陲地帶，備受忽視與打壓。國民政府時代，幸賴陳立夫先生大力提倡中華文化及推動中醫，在醫療教育上，幾乎清一色是西醫醫療教育體系，僅有台中中國醫藥學院培養中醫人才，延續中醫教育，由於整個醫療體系以西醫爲主，在就業市場上無論收入、社會地位等中醫都無法與西醫相比，中國醫藥學院中醫系學生在學期間也可修西醫學程，畢業後僅能擇一執業，因此中國醫藥學院中醫系其養成學生，大多選擇西醫就業。在日本統治台灣前，臺灣並沒有任何訓練中醫師或西醫師的正式學校，1899 年台灣建立第一所西醫學校，即總督府醫學校，除了訓練西醫師的養成外，1907 年後也負責中醫師訓練。當時的中醫師執照被歸類爲 C 級人員，而西醫爲 A 級人員，因此日本乃以西醫逐漸取代中醫。從 1899 年至 1945 年，日本政府在台灣大量培養約 2800 名西醫師，但在1945 年日本政府戰敗時，臺灣有執照的中醫師上不足 20 人。

1945 年後，臺灣回歸中國，當時中醫政策與中國大陸一樣，採取中西醫並存政策。中國政府放鬆原本在台灣的嚴格中醫政策，但也只提供非常有限的資源來提供中醫現代化的發展。放鬆後的政策使得只要經過自學或學徒出生者即可報考中醫師執照而沒有任何學歷上的限制。此一門戶大開的考照制

---

〔註94〕 參見關巧婷：《臺灣西學中醫師養成制度之研究》（臺中：中國醫藥學院醫務
　　　　 管理研究所 1999 年碩士論文），頁 8～12。

度，使得中醫師的社會地位與社會形象大受影響。中醫師數目也增加至 1600 人左右，1980 年一直維持此數目。在臺灣取得中醫師執照有二種途徑：（1）中醫師檢核考試。由正規教育的中醫系參加（西醫系畢業生加修 45 個中醫學分亦可報考此項）（2）中醫師特種考試，沒有教育獲訓練之資格限制。在中醫診所內執業的中醫師執照取得方式以特考最多，但自民國 84 年全民健保開放，將中醫門診納入給付，1996 年行政院衛生署研究計畫之中醫師養成之特考用分析指出，執業中醫師中有 56.8%是特考及格或甄訓合格取得中醫師證書的，相較於 1989 年時的 66 %已經大幅下降，而檢覈考試及格的比率則從 1989 年時的 33.7%增加到 1996 年時的 9.5%，顯示中醫醫療市場已經逐漸吸引中醫系畢業生回流執業中醫。自中醫納入全民健保後，人們有較多的選擇，對自己健康的維護也較有利。本來採用西醫療法的，在慢性病、骨折、內臟疾病、神經疼痛、癌症等採用中醫療法的逐漸增多，一般人之所以採用中醫療法，是認為中藥副作用較低或中藥有調節身體機能與補身的作用。除採用中醫療法，另有甚大比例的人們，採取複式就醫，也就是中西醫皆採用。許多西醫診療無病，但病人確實不舒服，經由中醫把脈調理，可獲得改善；但亦有許多疾病中醫無法把出症兆而對症下藥，西醫透過科學儀器，能診斷出病兆所在而對症下藥；因此許多人西醫就診，中醫調理。

臺灣目前正式醫療體系應是中西醫雙重的醫療體系，但無論在教育制度、科學研究、醫療政策上等皆非一個整合體系，臺灣的中醫發展可說是相當有限與資源貧乏，它一直被拒於正統的西醫系統之外，僅有少數藥學及少數個人研究受到重視，中醫長久以來都處於正統醫療的邊陲地位。由於健保規定，中西醫的給付有差別待遇，且無中醫住院給付，所以臺灣對於中醫的政策是"與西醫共存"，而非整合。此與世界衛生組織呼籲將傳統醫療方式整合於醫療體系內，尚有一段距離。

## （二）WHO 全球傳統醫學發展策略〔註95〕

1. 各國應視具體情況制定一套適合本國國情的政策，忌忽冷忽熱或感情用事。
2. 各國應設立國家傳統醫學委員會，負責為政府提供發展本國傳統醫學的計畫和策略。

〔註95〕同上註，頁 13。

3. 各國應建完善傳統醫學研究機構，使期能納入正常的科學研究軌道。

4. 各國應注意培養既瞭解傳統醫學又能掌握現代醫學的結合性人才，這是發展傳統醫學的方向。

### （三）展望臺灣未來醫療發展策略

既然中醫醫療對人們健康維護有極大幫助，無論是飲食養生、運動養生、十二經脈養生、藥物治療等，政府即有責任培養、制訂有利中醫環境發展的政策，例如培養公立、或公費中醫師，增設中醫學系；增設或培養中醫教育環境管道；政府衛生官員提拔中醫體系人員，增加中醫背景人員參與醫療決策；全民健保醫療給付應中西醫並重，給付費用相等，給付中西醫住院會診項目；給予與西醫等同之中醫現代化研究經費，促進中醫現代化；為促進中西醫會通，減少西醫對中醫之排斥、輕視與誤解，應增加西醫修習中醫學分課程，以促進中西醫彼此之了解；在政策上應開放擁有中西醫執照的醫師，可使用西醫診斷儀器，並可選擇採用對病人較有利方式進行醫治……等；唯有在教育上、政策上等改進醫療環境，中西醫並重，才對人們的健康有更大保障，才是人們健康之道，才符合人們應有的醫療人權。

## 第五節　小　結

所謂「養生」指的是：「養護生命」。養，即供養之意，也就是提供維持生命的基本需求，此外，積極方面亦有調養之意，即藉著飲食、休閒、休息、運動、藥補等使身體得以恢復及調節機能；護，乃保護之意，也就是避免使身心受到傷害，順應人事與天時，甚至積極掌握人事與天時，俾能盡其天年。《周易》居六經之首、講求天人合一、順天而行，不止包括道德哲學、為人處世之道，尚包括自然生命中身心的調適，而《黃帝內經》是中國第一本有系統代表中醫的鉅著，是根據周易自然生命調適身心的中國最早醫學書籍，內容包含了《素問》與《靈樞》二部分，在陰陽五行等符號系統上，建構了中國人體生命科學，奠定醫易互通的可能，可解決西方的「工具性宰制」之科學文明與人際疏離產生的弊害。

自古以來，易學派別甚多。早在春秋之世，易學的研究已有象數與義理相互對立的二派六宗。象數派以卜筮為目的，有占卜宗、機祥宗、與圖書宗。象數派重在象數，「象」指卦象、爻象，「數」指大衍之數、揲蓍之數。《周易》

本爲卜筮之書，古人將其長期觀察、體驗得來之經驗與觀念融進《周易》之中，使其蘊含深遠的哲學思想；所謂「義理」是指六十四卦所蘊含之哲學內涵及智慧，義理派有老莊宗、儒理宗與史事宗。「象數」與「義理」二派在易學史上各有消長。其實「義理」寓於「象數」，「象數」則表現「義理」，彼此相輔相成，猶如血脈與骨肉般的密切。〔註96〕黃慶萱先生在《周易縱橫談》一書中也曾說過：「象數是義理的根柢，捨象數而專說義理，義理易流於無根的空談；義理是象數的花朵，止於象數而不講義理，研究《周易》就不能開花結果，一無所獲。」

漢初崇尚黃老，黃老本又爲道家所宗。陰陽家思想至鄒衍而大備，鄒衍之學又推本於黃老，醫家繼承以氣、陰陽、五行諸概念演論醫理，黃老學術性格自然隨著陰陽、五行進入醫學論著核心。王莽更自稱「黃帝之後」，對當時醫書發展提供相當助力，《黃帝內經》大概就是在此學術文化背景與政權協助下，由當時的醫學團體博採各家醫經整理編匯而來。

融合儒、釋、道三家思想特點的養生學，至晉、唐時經葛洪、陶弘景、孫思邈等醫家的總匯，其體系已基本完成，其後雖代有養生著作，然皆不脫其範疇。中國的《黃帝內經》是很偉大的一部醫學著作，可惜中國儒生的知識結構側重於人倫道德、政治哲學、社會歷史與文學等，崇經尊經復又視醫術爲小道，以致未能建立自然科學之醫學知識。滿清末年西方挾其船堅炮利，不僅使中國門戶洞開，民族自信心也一併喪失，國人崇洋媚外，鄙視固有文化，唯西方之馬首是瞻，以致臺灣數十年來醫療資源西醫獨大，產生許多弊病。但在陳立夫先生極力提倡維護下，尚有中國醫藥學院中醫系保存，其後復有長庚大學中醫系之設立及陽明醫學院之傳統醫藥學研究所、國立臺北護理學院中西醫結合護理研究所、佛光大學生命學研究所等發揚中醫，或作中西醫整合研究；在醫療方面復又開放中醫之健保給付，使臺灣人民能有較多選擇，以維護身體健康。

中醫和西醫是二種不同科學和文化下的產物。中醫學對生理、病理、藥理方面皆以「人」爲一個整體系統爲治療重點；西醫則是以探討體內器官、組織、細胞、分子等局部性的疾病爲主。中國傳統醫學是以陰陽五行爲理論基礎的經驗醫學，西方醫學則是以嚴謹的生理學、解剖學爲基礎的實證醫學。中西醫各有其利弊，唯有在教育上、政策上等改進醫療環境，中西醫並重，才對人們的健康有更大保障，才是人們健康之道，才符合人們應有的醫療人權。

---

〔註96〕參見張善文：《象數與易理》（臺北：洪葉文化事業有限公司，1997年），頁39。

# 第三章　易理養生

　　本章共有二節，第一節爲醫易會通，將其會通處分爲六點陳述，第二節爲小結，在此節中將中國歷代醫易會通之重要人物及其重點概爲略述，作爲結束。

## 第一節　醫易會通

　　就生命角度而言，易學展現了中國生命哲學的智慧，中醫學則展現了中國生命科學的精華。易學與中醫這兩個不同領域的學科，在天地人的整體觀照中，有其內在的相關性與一致性。《黃帝內經》是中醫與易學會通的經典著作，講五運六氣、天人合一、陰陽五行、臟腑經絡以及各種病症產生和變化的原理、治療的原則。這些基本原理原則，都根據易學所發現的一整套自然規律而來。古代無文字，於是有用圖畫表示的，如太極圖；有用符號表示的，如八卦圖；有用數字表示的，如河洛圖等。這些都是古人對宇宙俯仰觀察，由天文、氣象中得出的基本法則。

　　《素問‧第二十卷‧氣交變大論六十九章》說：「夫道者，上知天文，下知地理，中知人事，可以長久。」古人站在高處，發現天覆於上，地在於下，人在中間，得出天地人三才的概念。古人觀察到天體運行不息，而感覺不出大地的運轉，因此以地爲靜點，而得出天動地靜的概念。又觀察到天地中間還有雷電風雨雲露等變化，還有湖泊、高山、水火等存在，所以繼乾爲天、坤爲地之後，而有雷風相搏，山澤通氣，水火不相射之論。

　　在宋榮章編著之《易學入門——醫學篇》中第一章《易學與內經理論的

匯通》開頭說：「古人還從觀察中發現太陽的運行關係到氣候寒熱溫涼的變化，萬物的生長收藏，於是得出四時氣化的概念。……。由於太陽軌跡成三百六十度圓，週而復始，因此得出循環的概念。太陽見於白天有光有熱，月亮見於夜間有光無熱，而得出晝夜、寒熱等概念。日體常圓，月有圓缺，而得出虛實、盈虧、陰陽等概念。並從天地萬物是有形的，氣化活動是無形的，而無形的氣化活動總是以有形的物體爲基礎進行的，因此得出『氣附於形』，人們必須「『因形察氣』的方法，中醫的診斷學、藥理學即本此而建立。

醫學家和易學家還建立不少觀測標準，以觀測天體和人身。如以日月運行，一寒一暑以觀測天人之間的陰陽變化；以五星正變，四時氣候轉移，而審五行之象；以五紀盈虛而審五運之歲；以六氣代謝，而審季節時令；以八方衰旺而審八卦之位；以八門開合而審八風之氣；以甲子紀年而審歲運等等。」

綜上所述，可看出中醫學與易學的密切關係了。以下將就易理養生中之「醫易會通」之處分爲六點：一爲天人合一，二爲陰陽調和，三爲中庸之道，四爲生生不息，五爲乘時以變，六爲「神」之妙用。――陳述之：

## 一、天人合一

《內經》特別提到其「天人感應說」，是站在《易經》咸卦立場來闡述其天文現象、氣候學以及人的生命現象互動交感當中，而實際觀察所體悟的內容，確有其獨到見解。《易經‧咸卦‧象》曰：「咸，感也。柔上而剛下，二氣感應以相與，止而說，男下女，是以亨，利貞，取女吉也。天地感而萬物化生，聖人感人心而天下和平。觀其所感，而天地萬物之情可見矣。」此卦說明自然界陰陽二氣相互交感，而使天地感應變通、生化不已。《內經》的「天地相應說」強調宇宙運行有秩序、有規律，而人的生活起居也相應於天地之有秩序、有規律活動。人如果不效法天地好生之德的剛健精神，人就無法與天地相應互通，導致人身心靈不和諧，生病了。此種說法提醒人不可孤立起來，必須放在大自然界的整體脈絡來看待。因爲人是自然界整體中的一部分，絕不可違背大自然規律與運行。

《內經‧素問‧寶命全形論‧第二十五‧第一章》云：「人以天地之氣生，四時之法成。」其意是說人要注意人體的生理活動，要配合春夏秋冬四時之變化而適應的變化。又云：《金匱真言篇第四》：「東風生於春，病在肝，南風生於夏，病在心；西風生於秋，病在肝；北風生於冬，病在腎。」這確切說

明人想要延年益壽，就必須順應自然界的變化規律進行養生，同時亦利用自然界變化規律來治療疾病。因此，《內經》「天人相應說」是眞實地建立在科學實驗基礎之上，不是憑空杜撰。

　　《素問》七篇大論──〈天元紀〉、〈五運行〉、〈六微旨〉、〈氣交變〉、〈五常政〉、〈六元正紀〉、〈至眞要〉，以六十甲子爲週期的「氣象醫學」，與「易緯」卦氣說，都肯定「人與天地相應」的整體觀念，認爲生活於天地之間的人們，在漫長歲月中，逐漸適應大自然節候的步調，發展出相應的生理規律。此外《周易》取類比象的方法論及陰陽學說，更爲中醫學探討人體生理時，提供理論依據與結構模型等參考價值。

## 二、陰陽調和

　　《黃帝內經》以陰陽爲總綱；捨陰陽不談則無《黃帝內經》。而陰陽之義導源於《易經》，陰陽要調和，陰陽若不調和，疾病就會產生。以下將由「氣化宇宙論」陰陽之氣和合而化生萬物說起。

### （一）氣化宇宙論

　　「養生」也就是養護生命，而自然也就是天地，必定與人體發生關係，並影響人的生命活動，而人的生命不可能永遠存在，會隨著年齡逐漸衰老，衰老的原因和體內之「氣」有密切關係，《素問・陰陽應象大論第四章》說：

　　　　年四十而陰氣〔註1〕自半矣，起居衰矣；年五十，體重，耳目不聰
　　　　矣；年六十，陰痿，氣大衰，九竅不利，下虛上實，涕泣俱出矣。

人如果不善加保養身體，到了四十歲時，就會精氣漸衰，六十歲時大衰。可知體內之「氣」和人的衰老有密切的關係。

### 1. 氣化宇宙論的核心：「道」與「氣」

《老子》第二十五章與四十二章分別曰：

　　　　有物混成，先天地生。……可以爲天下母。吾不知其名，字之曰道，
　　　　強爲之名曰大，大曰逝，逝曰遠，遠曰反。（〈第二十五章〉）
　　　　道生一，一生二，二生三，三生萬物。萬物負陰而抱陽，沖氣以爲
　　　　和。（〈四十二章〉）

〔註1〕　張志聰曰：「陰氣，腎氣、精氣也。」見《黃帝內經素問集註》（臺南：王家
　　　　出版社，1996年），頁25。

　　老子以爲「道」是宇宙萬物的根源，宇宙萬物內皆含著氣，但並未看出「道」必須必須透過「氣」來化生萬物。《莊子》則進一步提出「道」的創生作用，表現在「氣」的聚散變化上；有了「氣」的聚散變化，才有宇宙萬物的產生。《莊子・至樂》曰：

> 觀其始而本無生；非徒無生也，而本無形；非徒無形也，而本無氣。雜乎芒芴之間，變而有氣，氣變而有形，形變而有生。今又變而之死。是相與爲春夏秋冬也。（〈至樂〉）

「道」在《黃帝內經》中，以「太虛」來表現，除了指廣遠無窮的宇宙外，也用來稱述生化的本源。

> 太虛寥廓，肇基化元，萬物資始，五運終天，布氣眞靈，總統坤元，九星懸朗，七曜周旋，曰陰曰陽，曰柔曰剛，幽顯既位，寒暑弛張，生生化化，品物咸章。（《素問・天元紀大論・六十六章》）

此處「太虛」也就是周敦頤《太極圖說》中之「太極」，由無極而太極，太極動而生陽，靜而生陰，有了天地，繼而生五行、萬物。「太虛」即氣，必須分化成天地，才能生化萬物。

> 是故，易有太極，是生兩儀，兩儀生四象，四象生八卦，八卦定吉凶，吉凶生大業。

萬物的生成是由天地間的陰陽二氣所交感生發出來的，乾和坤分別代表陽和陰，而陰陽之交互流行是化生萬物的運動方式。《素問・天元紀大論，第六十六章》說：

> 寒、暑、燥、濕、風、火，天之陰陽也，三陰三陽上奉之：木、火、土、金、水、火，地之陰陽也，生、長、化、收、藏下應之。

這種生化萬物的表現，在天爲「無形」的風、熱、暑、濕、燥、寒之「六氣」，在地則成「有形」之木、火、土、金、水之「五行」。《素問・天元紀大論・第六十六章》因此說：

> 曰陰曰陽，曰柔曰剛，幽顯既位，寒暑弛張，生生化化，品物咸章。

藉由天地陰陽之氣的交合、作用，使得世界有了晝夜、寒暑的變化，也因此產生了萬物。

　　宇宙萬有均爲太極所生，一分爲二，陰陽和合，化生萬物。太極是理、是體，是形而上之道；化生爲陰陽、爲氣、爲用。所謂「理一分殊」，宇宙有太極，物物皆有太極，此太極在人身即爲「命門」、即爲腎水，此造化之化，

亦爲「元氣」所在，爲先天元氣。元氣健行不已，一分爲陰陽二氣，再分爲太少陰陽四氣，木、火、土、金、水五氣，所謂風、寒、暑、濕、燥、火六氣。《靈樞・刺節眞邪篇》說：「眞氣者，所受於天，與穀氣并而充身也。」穀氣，無疑是指後天水穀之氣，換言之，也就是受於天之眞氣，與後天水穀之氣相合，而運行於全身。

### （二）陰陽和合

#### 1. 陰陽的概念

陰陽概念起源很早，在原始社會已經有了。朝南向陽地方稱「陽」；朝北背陽地方稱「陰」。「陽」代表積極、進取、剛強等特性，一般來說，凡是活動的、上升的、外在的、明亮的、亢進的等事物與現象，統屬於陽的範疇；「陰」代表著消極、退守、柔弱的特性，沈靜的、內在的、寒冷的、功能衰減的等事物與現象，統屬於陰的範疇。人與動物有乾坤，雌雄之別，而天爲陽，爲動；地爲陰，主靜。水寒潤下爲陰，火熱炎上爲陽。

#### 2. 陰陽相互依存、對立及轉化

陰陽是指對自然界相互關聯的某些事物和現象又互相對立的概括，用陰陽來說明事物的屬性，這些事物必須是互相聯繫而非毫不相關的。如男、女二者是對立的統一體。陰陽對立統一是宇宙的普通規律、是一切生物生長、發展、變化的根源。《易繫辭上傳》說：「一陰一陽之謂道。」《易》有兩極，生兩儀、四象、八卦，以致六十四卦，均由一陰一陽二個最簡明的符號邏輯所組成，而且又相反相對。每卦六爻，六十四爻共三百八十四爻，陰爻與陽爻各居其半，因爲基本符號是相對相反的，乾與坤對，震與巽對，坎與離對，艮與兌對，六十四卦分爲三十二對，所以能相生相剋，生生不息；陰陽亦可作爲表達藏腑之綱紀，例如《內經・素問・金匱眞言》云：「夫言人之陰陽，則外爲陽，內爲陰。言人身之陰陽，則背爲陽，腹爲陰。言人身之藏腑之陰陽，則藏者爲陰，腑者爲陽。肝心脾腎五藏皆爲陰，腸胃大腸小腸膀胱三焦六腑皆爲陽。故背爲陽，陽中之陽，心也。背爲陽，陽中之陰，肺也。腹爲陰，陰中之陰，腎也。腹爲陰，陰中之陽，肝也。腹爲陰，陰中之至陰，脾也。」由上所述五藏爲陰，六腑爲陽，五藏又再分陰陽，心與肺爲陽，肝、脾、腎爲陰，在心與肺中，「心」又稱爲陽中之陽；「肺」又稱爲陽中之陰。《內經》不僅用陰陽來劃分萬物的類別，同時又在陰中再分出陰陽，在陽中再分

出陰陽。陰陽二者不是截然不同的對立關係，而是對立統一的關係。

陽極生陰，陰極生陽，物極必反，萬物循著陰陽對立互動統一原理而化生不已。

### 3. 陰陽調和、化生萬物

《易·繫辭上傳·第五章》「一陰一陽之謂道」宇宙間的一切現象變化，無不是相戶對應的陰與陽的作用。例如天與地、明與暗、剛與柔、強與弱、男與女等，有陰必有陽，有陽必有陰，界線明確，但必須相互會合，在陰陽交錯往來中，陰退陽進，陽顯陰隱，多少雖不一致，但必然交互作用，循環不已。《象傳·乾》：「乾道變化，各正性命，保合太合，乃利貞。首出庶物，萬國咸寧。」天道正常運行發揮作用，萬物各自秉受其性，得天賦之命，始終維持協調平和的關係。此種狀態有利於萬物生存、發展。

《靈樞·天年篇》說：「血氣已和，血氣已通，五藏已成，神氣舍心，魂魄必具，乃成為人。」（卷八第五十四 90）血氣和，血氣方能暢通，五藏方能形成，神者乃是陰陽合德之義，魂魄具，方成為人。陰陽平衡以充實形體，如果身體之陰陽失去平衡，藏腑經絡為邪氣所傷，身體就會產生病變。

## 三、中庸之道

《禮記·中庸》說：

> 喜怒哀樂之未發，謂之中；發而皆中節，謂之和。中也者，天下之
> 大本也；和也者，天下之達道也。致中和，天地位焉，萬物育焉。

《易經·坤卦》六五爻辭：「黃裳，元吉。」文言曰：「君子黃中通理，正位居體」。八卦為三劃，由八卦初象上言，坎卦☵象水，離卦☲象火，是取動象居中之義，天地人三才思想也是三劃卦的思想，到了重八卦為六十四卦後，二、五爻居中，承繼了八卦「中」的思想，此就內外卦象而言；另就全卦象言，是指三、四爻，是以三才位而言。（高懷民：先秦易學史，191～192）「中」象徵得位，為吉，也就是卦爻剛柔的表現恰當；大過卦，初、上為陰爻，二至五為陽爻，陽四陰二，陽爻是陰爻的二倍，陽為大，陰為小，故稱為「大過」，「棟橈」指屋子棟梁彎曲，原因是「本末弱」，「本末弱」是指初、上之陰爻各一，比中間的四陽爻少，這顯示陰陽不均衡，房屋可能倒塌，大過卦顯示「不中」之情形應改善。

### （一）養生首在保養五臟

《靈樞・本神》說：「五藏，主藏精者也，不可傷，傷則失守而陰虛，陰虛則無氣，無氣則死矣。」五臟主藏精氣，一方面爲人體氣之來源，一方面又可滋養形體，五臟精氣充足，形體得到茲養，最後因而達到「形氣相任」的平衡狀態，所以長壽；相反，「形勝氣」之人，五臟精氣不足，形體無法得到滋養，難免身體日益衰弱，故早夭。五臟分屬五行，五行必須均衡，一臟失衡，他臟將引起病變。人之八字五行若不均衡，亦易引起病變。

### （二）適欲與全生

凡事太過與不及，會使人失去平衡而生病早衰。口味嗜欲太過會傷形；情緒起伏太過會傷神；氣候變動過大，人體來不及適應，會傷精。形、神、精是人之本，不可傷此三者，應從此三方面去調養身體，達到養生的目的。

《老子・十二章》說：「五色令人目盲，五音令人耳聾，五味令人口爽，馳騁畋獵令人心發狂，難得之貨令人行妨，是以聖人爲腹不爲目，故去彼取此。」過多的欲望會妨害生、會妨害性。聖人所爲只在滿足基本需求，不去追求無窮的欲望，以免對生命造成傷害。當人們沒有不當欲望時，內心自然容易滿足，心緒和諧，也就能遠離災禍，而得以養生。《素問・六微旨大論》說：「貴常守，反常則災害至。」一旦違反「常」道，也就是人體正常需求，就會對人的生命造成傷害。因此人要懂得節欲，保持「中庸」之道，無論在飲食、男女等，這是立身處世與養生的基本之道，也是當今人們面對五光十色、萬花筒世界的重要課題。

## 四、生生不息

《易・繫辭下傳・第一章》說：「天地之大德曰生。」《易・繫辭下傳・第五章》；「天地氤氳，萬物化醇；男女構精，萬物化生。」《易・繫辭上傳・第六章》又說：「夫乾，其靜也專，其動也直，是以大生焉；夫坤，其靜也翕，其動也辟，是以廣生焉。」陰陽合才能化生。根據先秦兩漢典籍對「周」字的使用可知，「周」在當時具有「環」、「旋」、「繞」、「復」等義，《易・繫辭下傳・第八章》說：「變動不居，周流六虛，上下無常，剛柔相易。」此中「周」字即作「環」、「繞」解釋。其意是陰爻和陽爻在六個爻位上環轉流行，終而復始，運動不止；「易」的解釋很多，據《易・繫辭傳》：「《易》者，象也。」、

「在天成象，在地成形。」、「縣象者明莫大乎日月。」可見「易」作爲「象」，是表示日月的運行。《繫辭・下傳・第五章》說：「日往則月來，月往則日來，日月相推而明生焉；寒往而暑來，暑往而寒來，寒暑相推而歲成焉。往者屈也，來者信也，屈信相感而利生焉。」此段表明萬物生生不已，在日月、寒暑、即陰陽的往復循環中得以實現，而人及動、植物也在男女、雌雄結合後，生養、繁殖後代而生生不息。

　　《內經》承繼《易經》之圓道思想，認爲男女因精子、卵子結合而化生生命，有生命始，氣即在體內運行，加之後天食穀五味之氣，有血有肉、有骨，有五臟六腑及形體，五行相生相剋，循環不止，十二經脈運行亦順著一定軌道，運行不已，呼吸不停，生命因而生生不息。

## 五、乘時以變

### （一）窮則變，變則通。

　　《易繫辭上傳・第十二章》說：「化而裁之謂之變，推而行之謂之通」「一闔一辟謂之變，往來不窮謂之通」「化而裁之」意思是陰陽一方增長到一定程度，會受到另一方的裁節，而被對方代替；「一闔一辟」也是同樣意思。《易・繫辭下傳・第二章》說：「易窮則變，變則通，通則久。」《易經》以乾坤二卦爲始，既濟、未濟二卦爲終，逐漸展開六十四卦，而包含了宇宙全部信息。它們所具有的六爻結構，邏輯地反應宇宙由太極至兩儀，至四象，至八卦，至全部吉凶的演進過程。從空間方面，每一別卦又隱藏著其餘六十三卦陰陽推盪剛柔相摩的全部變化。《易・繫辭下傳・第十二章》說：「因而重之，爻在其中矣。剛柔相推，變在其中矣。」《易・繫辭下傳・第八章》：「變動不居，周流六虛。上下無常，剛柔相易。」「六虛」是指六個爻位，任何一卦由於陰陽二爻的自由相推，都有變出六十四爻的可能性。《易經》六十四卦可以視爲一由六根合爻不斷翻轉，不斷變換的無限循環過程。人體的發育生長，氣血流通，與宇宙萬物的運化一樣，是朝著一定方向，遵循一定程序的，人生既然是一個小宇宙，其周身氣血和各部機能，必然與天地相應而構成自身的循環。《靈樞・營衛生會・卷四第十八》說：「人受氣於穀，穀入於胃，以傳於肺，五藏六府，皆已受氣。其清者爲營，濁者爲衛，營在脈中，衛在脈外，營周不休，五十而復，大會陰陽，相貫如環。」

（二）時行時止，順應而為。

《易‧象傳‧豐》曰：「日中則昃，月盈則食。天地盈虛，與時消息。」強調天地萬物的運變皆隨時間而進行。時間序列主要表現爲一個年周期分佈爲春夏秋冬四時，天地萬物在四時遞嬗中生長收藏，周而復始。〈象傳‧大有〉：「應乎天而時行，是以元亨。」這裡天是覆蓋大地的穹蒼，包括日月星辰，雲氣風雨，天與時是相容的。《象傳‧艮》：「時止則止，時行則行，動靜不失其時，其道光明。」一切變通，須看時機是否成熟。行止順逐時宜，會有好的結果。「乘時以變」的養生觀是：對於外在環境的變動，要戒愼小心，避免傷害，並且順著變化因應，以爲通逐；對於內在生命的變動，要居安思危，避免早衰，並且順其時序之變動，以爲養生。

人體氣化和宇宙流行相應相通，有統一的節律，機體的生理病理與時間密切相關，所以養生須與時間因素相適應。人體結構中，肝、心、脾、肺、腎五臟分屬五時。肝屬春，心屬夏，脾屬長夏，肺屬秋，腎屬冬，眞氣沿經脈循行周身，也與晝夜、四時、十二月有密切對應關係。因此，中醫診斷學、治療學、針灸學、養生學等都會認眞考慮時間因素的影響。《內經》中依四時之氣的不同，起居、勞作、志意、調養和各種社會行爲，都應按春、夏、秋、冬不同節令的特點，相應安排。

# 六、「神」之妙用

## （一）「道」、「氣」及「神」

《易‧說卦傳‧第五章》云：「神也者，妙萬物而爲言者也。動萬物者，莫疾乎雷。撓萬物者，莫疾乎風。燥萬物者，莫疾乎火。說萬物者，莫說乎澤。潤萬物者，莫潤乎水。終萬物始萬物者，莫盛乎艮。故水火相逮，雷風不相悖，山澤通氣，然後能變化，既成萬物也。」動、撓、燥、說、潤、終、始等，都是指萬物變化的某種功能，也就是「神」的具體表現，統稱爲「妙」，「妙萬物」即神奇的運化萬物，此即爲「神」。氣是宇宙萬物的根源，氣具而成萬物，而有形體，而有「神」。《易‧繫辭上傳‧第五章》說：「一陰一陽之謂道。」「陰陽不測之謂神」這說明道與神都以陰陽爲本質。道側重陰陽往來的開闔和對萬物的支配；神則突出描述陰陽變化的巧妙及難以捉摸，如果道是指宇宙本體，神則是本體之功能表現。《易‧繫辭上傳‧第九章》又說：「顯道，神德行」「知變化之道者，其知神之所爲乎！」因此神的運作，也就是道的推行。

易學和中國哲學稱宇宙萬物的運變功能爲神，同時稱人的心神爲神，其最大特點是接傳和加工信息，並利用信息達到對人體系統的控制。當古人以神來標示宇宙萬物的運變功能時，此點又與神即氣，氣可傳遞信息的思想相聯繫。由此，易學中的「神妙萬物」和神「神不囿於形」實際上是將「氣」之信息作用，統攝於「神」中了。綜上所述，可知神是道或太極的功能顯現，是宇宙萬物內含的能動因素，神能主導和控制物，決定物如何變易，但不在物外。在神的推動下，神和物的統一體有可能超越自己，而實現演化。

### （二）「形」與「神」

《內經・靈樞・卷二・本神第八》說：「故生之來，謂之精，兩精相搏謂之神。」《素問・六節藏象・第四章》又說：「五味入口，藏於腸胃，味有所藏，以養五氣，氣和而生，津液相成，神乃自生。」精是構成人的形體的主要成分，是化生臟腑氣血的根基，是生命之本，而神爲精所生。

形是生命的物質基礎，神則是生命的動力即主宰。氣功養生和中醫學所說的人體之神，包括一般生命機能，也包括思維、情志；而與神相對的形，則包括臟腑器官，筋肉百骸、血脈精髓、津液皮毛等。神對形至關重要，《內經・素問・第二十卷・五常政大論七十》說：「根於中者，命曰神機，神去則機息。」《靈樞・天年》又說：「失神者死，得神者至。」由於陰陽互根，所以養形依養養神，養神需要養形。《內經・素問・八正神明》說：「血氣者，人之神，不可不謹慎。」可見養形有利於養神，精、氣是神之元。如果縱情聲色，不知養神，同時也就損耗精氣，戕害身體，以致早衰。如果能夠遵守養生規律，使形神二方面都得到很好的養護，就會健康長壽。

## 第二節　小　結

孫思邈云：「凡欲爲太醫，必須諳《素問》……。又須妙解灼龜、五兆、《周易》……並須精熟如此，乃得爲大醫」〔註2〕由此可知易理與中醫的關係了。《黃帝內經・素問》援醫入易，可謂爲開先河者。其中有太極、陰陽、象數、生化、氣化等相關理論學說，書中將陰陽和四時、人體結合，提出四時五臟陰陽之觀點；根據醫療之臨床，先天象與臟象相聯繫，效法卦象以論病

---

〔註2〕　見孫思邈：《備急千金要方・卷第一・大醫習業第一》（臺北：國立中國醫藥研究所，1980年）

象，創立了中醫臟象學說，爲中醫診斷學之依據；在太極陰陽氣化學說之基礎上，發展了中醫之運氣學說和氣機升降學說，以說明天時、地理與疾病之相互關係。其後有漢代張仲景之《傷寒論》，其六經辨證是以《周易》卦的六位爲基礎，其陰陽變化之辨證是以《周易》之陰陽變化爲先導；其後華佗根據《內經》的經絡學說，運用"易"理，將眼部按後天八卦分爲八個經區，左眼以順時針，右眼以逆時針，根據此些經區的變化，測知相對應之病變，形成以《周易》思想爲指導的眼診法。王叔和的《脈經》歸納出二十四種脈象，在診脈部位上，強調了《難經》之寸、關、尺三部之寸口診脈法，且進一步發展爲左右寸、關、尺六部份，屬臟腑運用《周易》象之診察方法。隋唐巢元方之《諸病源候論》——中醫學第一部病因病機專著，將《周易》的陰陽消長盛衰之規律，應用於人體的生理、病理中，且將《周易》的陰陽剛柔理論應用於導引養生。其後經過唐代醫家孫思邈，在其《千金要方》與《千金翼方》著作中，醫理與易理融會貫通。宋代以前歷代醫家關於醫易論述多將易"理融於醫理中，完整之「醫易會通」論述並不多見，自金元後方有專門及較完整論述，如劉完素在《素問玄機原病式》中，首創"火熱論"，主張"降心火、益腎水"，其理論源於《周易》"乾剛坤柔"、"損剛益柔"，十分重視運氣學說在醫學理論中的作用，爲中醫溫熱學派與寒涼學派的形成開先河；其他尚有張元素的以養正爲前提，重視脾胃內傷，注意補氣也注意補血（胃陰）及張從正的攻邪派，攻邪的目的是爲了元氣恢復，主張無病不要亂補，邪積未去應先攻邪而後再議補；李杲的補土派，認爲內傷病的形成爲元氣不足，元氣不足由於脾胃損傷，因此防治內傷病的首務爲調理脾胃，並且以"易"理闡述藥理，融"易"理於藥中；朱震亨是將理學結合於醫學理論中之首者，「太極」、「理氣」、「先天」、「後天」等名詞開始常出現於醫學理論中，此後醫家皆很重視理學對醫學的指導作用，是繼先秦後第二次哲學深入影響醫學，推動醫學之發展，如丹溪滋陰學派及明代溫補學派之形成，朱震亨在理論上創立了「陽常有餘陰不足論」、「相火論」，提示人們在生活上要節慾、在治療上要重視滋陰；他認爲相火是產生於命門的一種無形之氣，天體日中常滿，月常虧，若相火妄動則會成爲病態之火而損耗陰氣，因此必須以理學的倫理觀念，亦即「道心」來節制。明代孫一奎開創性的提出人身的太極是兩腎間的命門原氣，即動氣；原氣爲太極之體，動氣爲太極之用，兩腎又是太極所以立的基礎，原氣屬陽，陽動則生；兩腎屬陰，陰靜則化，

人身其他臟腑即於此生化中形成。他認為命門有如坎卦，一陽陷入二陰之中，為坎中之陽，為生命的本始，他認為呼吸根源於腎間動氣，而此即為生生不息之根，有動則生，無動則亡，此為孫一奎運用《周易》原理於醫理之一大貢獻，並提出對前人成就之繼承應因時、因地制宜，要有正確態度，不可生硬死用；越獻可，撰有《醫貫》，是明代擅於將易理貫通於醫學的著名醫家，其中《陰陽論》及《相火龍雷論》被視為論述醫易同源的重要文獻，《內經》言：心為君官之主，主不明則十二官危。他卻認為二腎間的命門是一身的太極，是無形之火，是主宰五臟六腑的真君主，十二官之主是命門而非心。兩腎由於命門相火的作用，方能化氣而有生命，命門之火涵養於腎水中，相依而不相離，彼此相調，若火有餘則腎水不足，當補水以配火，有餘之火自然潛降。他通過乾坤二卦闡明陰陽之理，變化無窮；通過泰否二卦之陰陽交感，闡明藥物的陰陽升降；重視陰陽轉化之關係，並將其運用於臨床；以震卦、復卦、隨卦、頤卦來闡明“相火不藥自伏”之理。飲食入胃非火不熟，脾能化食，源於三焦相火蒸腐，方能運化，故主張「補脾不如補腎」；「醫易」經約二千年之發展，至明張介賓方形成一門醫易學，在《類經圖翼》中有《醫易義》、《真陰論》、《太極圖論》、《陰陽體象》等篇，他主張理、法、方、藥，在臨症中要靈活變通，他法《周易》之卦象，以之觀測病象，豐富了中醫臟象學說之內容。他認為五行變化雖無窮，但不出陰陽，而陰陽之用不離乎水火。他由形與氣、寒與熱、水與火三方面陳述「陰以陽為主」，所以陽常不足故需溫化，陰本無餘故需滋陰補血，由於陰陽互根，強調善補陽者必於陰中求陽，善補陰者必於陽中求陰，如此方能生化無窮，此種「陰陽相濟」之治療思想，深厚影響後世研究陰陽虛損病之治療。清代章楠的《論易理》中，強調陰陽不可稍偏，並對張景岳（介賓）之「陰以陽為主」提出批判；清代邵同珍在其所著《醫易一理》中將人的全體配合八卦，繪圖說明，補前人所未及，他以脾胃為太極，為先天，為主宰，中宮為太極，為後天，為流行之氣；清代邵宗海提出中西匯通，認為中醫要吸收一些西方解剖生理學知識，並試圖以西醫知識來解釋中醫的基本理論，力圖證明中醫並非不科學，在其所著《醫易通說》中，不僅對《周易》作概論，在醫易相關方面，比較詳盡地闡明《周易》八卦與人身八卦的理論及人體器官的生理功能，對心腎與坎離的關係，著重由生理、病理與治療上加以論述，如在坎卦（腎），論述腎與耳之治療關係及滋陰潛陽在坎卦之應用，在離卦（心）則提出離心與目的治

療關係及抑離陽卦的治則，他特別重視《周易》中交感的變易形式，如坎離交泰，其中對河圖、洛書的考辨，七色與八卦方位之關係，天干地支，先後天八卦方位之關係等，均見其學問之廣博與獨立思考，將醫易關係說得更深入，可謂言前人之所未言。

# 第四章　象──《周易》六十四卦養生健康之理論與應用

　　在本論文第二章第三節提出「養生」之定義：所謂「養生」指的是：「養護生命」。養，即供養之意，也就是提供維持生命的基本需求，此外，積極方面亦有調養之意，即藉著飲食、休閒、休息、運動、藥補等使身體得以恢復及調節機能；護，乃保護之意，也就是避免使身心受到傷害，順應人事與天時，甚至積極掌握人事與天時，俾能盡其天年。

　　《易・繫辭上傳》：「八卦成列，象在其中矣。因而重之，爻在其中矣。剛柔相推，變在其中矣。繫辭焉而命之，動在其中矣。吉凶悔吝者，生乎動者也。剛柔者，立本者也。變通者，趣時者也。」又云：「聖人有以見天下之賾，而擬諸形容，象其物宜；是故謂之象。聖人有以見天下之動，而觀其會通，以行其典禮。繫辭焉以斷其吉凶；是故謂之爻。」《易・說卦傳》云：「昔者聖人之作《易》也，幽贊於神明而生蓍，參天兩地而倚數，觀變於陰陽，而立卦；發揮於剛柔，而生爻；和順於道德，而理於義；窮理盡性以致於命。」又云：「昔者聖人之作易也，將以順性命之理。是以立天之道，曰陰與陽；立地之道，曰柔與剛；立人之道，曰仁與義；兼三才而兩之，故《易》六畫而成卦。分陰分陽，迭用剛柔，故《易》六位而成章。」《素問・氣交變大論》：「夫道者，上知天文，下知地理，中知人事，可以長久。」吾師賴貴三教授以為「天時地位與人事德業，須相提並論，由『觀天』始能《察時》，由「察時」始能明時，而以『時中為原則』。」〔註1〕

―――――――――――――――――

〔註1〕　見賴貴三師：〈《周易》「命」觀初探〉（臺北：國立臺灣師範大學國文學系國

　　此章將以《易經》六十四卦來作爲以學校師生爲主之養生健康理論的論述與應用之闡發。《周易》由太極而兩儀、四象、八卦，重疊爲六十四卦，分爲三百八十四爻，代表著萬物時空中演進的秩序和系統，卦爻辭和《十翼》即依據此種秩序與系統而有所闡釋，啓示人們如何順應時空，掌握時空，窮理盡性以致於命。第一節爲釋八卦，第二節爲《易經》之六十四卦，第三節爲六十四卦「象」之養生，第四節爲小結。所謂儒家「易」之修養品德，及道家「易」之順應人事與天時，亦爲養護生命之養生耳。

# 第一節　釋八卦

　　本節分爲三點，一爲八卦的定名，二爲八卦的屬性，三爲八卦的生命現象。以下分述之：

## 一、八卦的定名

　　八卦有先後天八卦，以下分述之：

### （一）先天八卦

　　關於八卦的由來，已於前面述及是由伏羲氏觀察天地所得。而其定名，爲讓眾人容易明白，及便於記憶，再將日常見之自然物作爲取象，如乾天（☰）、坤地（☷）、坎水（☵）、離火（☲）、艮山（☶）、兌澤（☱）、巽風（☴）、雷震（☳）等八個物象。宋代朱熹在《周易本義》中編了一首《八卦取象歌》，將卦名與卦畫很形象的連成一體，便於記憶。其歌訣是：〔註2〕

　　　　乾三連，坤六斷，震仰盂，艮覆碗；離中虛，坎中滿；兌上缺，巽

　　　　下斷。

八卦歌訣取象表請見附圖4-1-1（此即先天八卦圖）〔註3〕

　　《易・繫辭上傳・第十一章》說：「易有太極，是生兩儀，兩儀生四象，四象生八卦。」它既解釋八卦的生成和演變過程，也是宇宙生成的模擬。

　　「兩儀」，它以（—）表示陽，（--）表示陰。對宇宙而言，太陽爲陽，月亮爲陰；對生命而言，雄爲陽，雌爲陰。陰陽交合，則生「四象」。兩陽爻

---

　　　文學報第三十期，2001年6月），頁2。

〔註2〕　宋・朱熹著：《周易本義》（臺北：大安出版社出版1999年7月初版），頁11。

〔註3〕　圖表一律按順序統一置於論文最後附圖表區。

相重（⚎）爲太陽，兩陰爻相重（☷）爲太陰，陽爻在下與陰爻交合（☲）爲少陰，陰爻在下與陽爻交合（☵）爲少陽，四象代表四季變化，少陽爲春，太陽爲夏，少陰爲秋，太陰爲冬，陽儀之爻和陰儀之爻分別與四象相重，就構成了「八卦」。《易・說卦第三章》：「天地定位，山澤通氣，雷風相薄，水火不相射，八卦相錯，數往者順，知來者逆；是故易逆數也。」八卦所以能夠互相變通，是因爲乾☰與坤☷、艮☶與兌☱、震☳與巽☴坎☵與離☲卦形上各爻陰陽恰好相反，相互成爲「錯卦」，亦即「旁通」的關係。因而天地雷風等現象，相互交錯，森羅萬象皆具備於六十四卦中。可用來了解過去，預知未來。了解過去，可以依發展順序往後順推，所以言「順」；判斷未來，由已知逆測未知，向前倒算，故言之「逆」。過去人人皆能知道，但預測未來，依據《易》之卦爻來判斷；所以言《易》乃「逆數」，亦即追溯以往推測未來。宋代學者依據此一章，畫了「先天八卦圖」，也稱「伏羲八卦圖」，其中相對的各卦，陰陽爻恰好兩兩相反。宇宙現象，周而復始，循環不已，所以八卦圖畫成圓形。由一至四反時針方向，順序爲乾、兌、離、震四卦；乾象徵天，在最上方，亦即南方；由五至八，順時針方向，巽、坎、艮、坤四卦，坤象徵地，在最上方，亦即北方。相對兩卦，陰陽爻相反爲錯卦，序數和是九。

## （二）後天八卦

　　《易・說卦・第五章》：「帝出乎震，齊乎巽，相見乎離，致役乎坤，說言乎兌，戰乎乾，勞乎坎，成言乎艮。萬物出震，震東方也。齊乎巽，巽東南也。齊也者，言萬物之潔齊也。離也者，明也，萬物皆相見，南方之卦也，聖人南面而聽天下，嚮明而治，蓋取諸此也。坤也者地也，萬物皆致養焉，故曰致役乎坤。兌正秋也，萬物之所說也，故曰說言乎兌。戰乎乾，乾西北之卦也，言陰陽相薄也。坎者水也，正北方之卦也，勞卦也，萬物之所歸也，故曰勞乎坎。艮東北之卦也，萬物之所成終而所成始也，故曰成言乎艮。」帝即造物主，由震卦開始，創造萬物，因爲震卦代表東方，太陽由東方升起，照耀萬物；以季節來說，相當於春天。到巽卦使萬物整齊，因爲巽卦代表東南方，這時太陽已經昇起，普照東南方，使萬物鮮明，齊一生長；以季節來說，相當於春夏之間。離卦象徵光明，當日正當中時，照耀南方，使萬物顯明都可以看到，是代表南方的卦；以季節來說，相當於夏天；聖人成爲帝王，坐在北方，面對南方聽取天下政務，象徵面對光明，治理天下。坤卦象徵地，養育萬物，所以造物主將此一使命，交付給地；以方位而言，代表西南；以

季節來說，相當夏秋之間。兌卦象徵秋天，正式結實纍纍，萬物喜悅的季節；以方位來說，相當於西方。造物主於乾卦時，發生鬥爭現象，乾卦代表西北方，太陽在此方位西沈，明與暗，陰與陽，正處掙扎交替；以季節而言，相當於秋冬之間。坎卦象徵水，水不停地流動，是勞苦的形象；坎卦代表正北方，太陽於此時，以西沈，一片黑暗，正為萬物勞累，回去休息時辰；以季節而言，約當於冬天。艮卦代表東北方，此一方位正當黎明，黑暗即將過去，光明即將到來，萬物於此刻，表示一天的結束，也是另一天的重新開始，因此在艮卦完成一切；以季節而言，相當於冬春之間。

　　以上〈說卦〉第五章是以方位及季節，說明八卦的象徵。宋代學者依據此章繪製了「後天八卦圖」。先天八卦圖是依照天、地、山、澤、雷、風、水、火，相互交錯的自然現象排列，是主體（見附圖 4-1-1）；後天八卦圖則以順時針方向，依方位與季節排列，是屬應用。（見附圖 4-1-2）

## 二、八卦屬性

　　《易‧說卦‧第七章》：「乾，健也；坤，順也；震，動也；巽，入也；坎，陷也；離，麗也；艮，止也；兌，說也」〈第八章〉：「乾為馬，坤為牛，震為龍，巽為雞，坎為豕，離為雉，艮為狗，兌為羊。」〈第九章〉：「乾為首，坤為腹，震為足，巽為股，坎為耳，離為目，艮為手，兌為口。」〈第十章〉：「乾天也，故稱乎父，坤地也，故稱乎母；震一索而得男，故謂之長男；巽一索而得女，故謂之長女；坎再索而得男，故謂之中男；離再索而得女，故謂之中女；艮三索而得男；故謂之少男；兌三索而得女，故謂之少女。」乾卦代表天，坤卦代表地，天地創生萬物，如同父母。坤卦☷的母親，向乾卦☰的父親索取男，生下男孩，最先得到一陽的震卦☳是長男，其次得到一陽的坎卦☵是中男，最後得到一陽的艮卦☶是少男。父親向母親索取陰，生下女孩，最先得到一陰的巽卦☴是長女，其次得到一陰的離卦☲是中女，最後得到一陰的兌卦☱是少女。

## 三、八卦的生命現象

　　八卦最初僅代表世間萬物的八種基本屬性和物象，但實際上，人世間客觀事物的變化是渾沌的。陰陽交合在萬變中又有不變之理，於是後人借助卦畫而生其義，將八卦賦予更多的含意。北宋邵康節即以「萬物類象」的原理

劃分各類事物所屬的卦象，並以《梅花易數》傳之於世。人生活於宇宙之中，生命健康與「萬物類象」息息相關，我們了解八卦的萬物類象，對生命健康具有一定之參考價值。於下為重點輯錄與人體生命健康直接關聯的生命類象，〔註4〕其圖則分別見附圖4-1-3、4-1-4、4-1-5：

## （一）後天八卦時令

中國古時以五行配方位，尚書洪範列陳五行：「一曰水，二曰火，三曰木，四曰金，五曰土。」中國古時認為萬物的生成演化，是由於陰陽五行的交感，因為五者之氣隨天時之轉變而流行，所以稱作「行」。這和公元前五世紀希臘人以水、火、土、空氣、四者認為組成萬物的元素，頗為相似。後天八卦配五行，四正之位，按春、夏、秋、冬配木、火、金、水。四隅之位以東南配木，西北配金，西南東北配土。雖然《易經》、《易傳》中未加說明，但按《說卦》、《易傳》各卦所象，在參考《易緯》，便可明白。後天八卦時令圖。（見附圖4-1-2）。按八卦分值十二個月，每卦各當一個月又半個月，並包含三個節氣，現就後天八卦方位圖來分析：震統二和三月上半月，包含驚蟄、春分、清明三個節氣。巽統三月下半月和四月，包含穀雨、立夏、小滿三個節氣。離統五月和六月上半月，包含芒種、夏至、小暑三個節氣。坤統六月下半和七月，包含大暑、立秋、處暑三個節氣。兌統八月和九月上半月，包含白露、秋分、寒露三個節氣。乾統九月下半和十月，包含霜降、立冬、小雪三個節氣。坎統十一月和十二月上半月，包含大雪、冬至、小寒三個節氣。艮統十二月下半月及翌年正月，包含大寒、立春、雨水三個節氣。（見附圖4-1-3）

## （二）六　氣

六氣由陰陽所化，仍不離陰陽之體。所以寒屬陰，火屬陽；風為陰中之陽；暑是陽中之陰；濕為陰與火合，所以稱為暑；風火合則化熱燥屬陽，風與寒合則化清燥屬於陰。此乃陰陽變化而成六氣之異。如合五行且配四時，則風木主春，火主夏，燥金主秋，寒水主冬。濕土貫四季，而主令於長夏末月。土木是先天太極的根源，後天萬物之母；故通慣四節氣而以中為主。以六氣配一歲，則最初之氣為風木，第二之氣君火，第三氣相火，第四氣濕土，第五氣燥金，第六氣寒水。每氣各主六十日，全部合一歲。（見附圖4-1-4）

---

〔註4〕　參見楊國安：《八卦與健康》（中國：黑龍江科學技術出版社，1995年4月初版），頁8～12。

### （三）十二經脈與八卦（見附圖 4-1-5）

人為三才之一，位居天地之中，本與天地相肖，所謂河圖洛書八卦，道理與人身相通，《易》所謂近取諸身，乾首、坤腹、震足、巽股、坎耳、艮手、兌口。

#### 1. 乾卦（督脈）與坤卦（任脈）

人身有督脈——由下體二陰之間，遇尾閭循背脊而上，至顛頂，鼻入人中，止於唇之上；人身有任脈，由前陰循腹而上，至於口唇之下。此二脈即人身之乾坤，督脈統一身之陽，任脈統一身之陰。不獨人身如此，鳥獸蟲魚、果實之類也是如此。

乾代表天、陽、動、父、頭、晚秋至初冬、督脈，於疾病則為大熱病、頭面部疾病等、方位為西北。

坤代表地、陰、靜、母、腹部、消化器官、脾等、晚夏至初秋、任脈，於疾病為腹疾、消化不良等、方位為西南。

#### 2. 艮卦（足陽明胃與足太陰脾）與兌卦（手太陰肺與手陽明大腸）

艮土，足陽明胃，由頭走足、足太陰脾由足走肺，脾與胃相表裡。

兌金，手太陰肺，由臟走手；手陽明大腸，由手走頭，肺與大腸相表裡。

兌金為澤、喜悅、少女、口、肺、大腸、中秋八月、手太陰肺與手陽明大腸。

艮土，代表山、停止不動、阻礙、少男、鼻、背、手、晚冬至初春、足陽明胃與足太陰脾，疾病為關節痛、手部疾病、鼻腔疾病等、方位為東北。

#### 3. 離卦（手太陰心與手太陽小腸）與坎卦（足太陽膀胱與足少陰腎）

離火，手太陰心由臟走手，手太陽小腸由手走頭，心與小腸相表裡。

坎水，足太陽膀胱由頭走足、足少陰腎由足走腹，腎與膀胱相表裡。

離代表火、電、次女、眼、心藏、夏、五月、手太陰心與手太陽小腸、疾病為中暑、心藏疾病、眼疾等、方位為南方。

坎為水、次男、耳、腎臟、肛門、冬十一月、足太陽膀胱與足少陰腎、疾病為耳疾、腎疾等、方位為北方。

#### 4. 震卦（手厥陰心包絡與手少陽三焦）與巽卦（足少陽膽與足厥陰肝）

震陽木，為手厥陰心包絡，由臟走手、手少陽三焦，由手走頭，心包絡與三焦相表裡。

巽陰木，足少陽膽，由頭走足、足厥陰肝，由足走腹，肝與膽相表裡。

震爲雷、爲地震、長男、足、咽喉、春三月、手厥陰心包絡與手少陽三焦、疾病爲肝膽、外傷、突發疾病等、方位爲東方。

巽爲風、長女、春夏之交、足少陽膽與足厥陰肝，疾病爲傷風、中風、呼吸道疾病、股肱之疾等、方位爲東南。

督任二脈是人身的「天地定位」；肺金脾土，大腸金、胃土者是人身的「山澤通氣」；心火腎水，小腸火、膀胱水者，是人身的「水火不相射」；心包絡三焦之相火，肝膽之陰木，是人身的「雷風相薄」人身與天地創造化育相符如此，而兌、離、震爲陽儀之卦，其脈行於手；巽、坎、艮陰儀之卦，其脈行於足，此乃自然之理。十二經脈起於手太陰肺，終於足厥陰肝。順序爲兌與艮，離與坎，震與巽，合乎排序，循環周流。《素問·陰陽應象大全·第一章》：「陰陽者天地之道也，萬物之綱也，變化之父母，生殺之本始，神明之府也，治病必求於本。」內經言六氣者，風、寒、暑、濕、燥、火，六氣各異，不外乎陰陽，六氣乃一之六爻，陰陽相生，六氣變化，八封轉旋，而萬物生、長、收、藏，以致疾病產生，好像易之陰陽相交，六爻變動而至八卦、六十四卦、三百八四爻，錯綜交易，而產生吉、凶、悔、吝之兆。伏羲作八卦以垂象，軒岐論六氣以明病，同出於太極。

# 第二節　《易經》之六十四卦

本節包括二部分，一爲六十四卦之排序，二爲六十四卦之本質，以下分述之：

## 一、六十四卦排序

六十四卦在不同的地方其排列次序不同，以下爲其排列方式：

### （一）帛書《易經》中的六十四卦排列次序

帛書六十四卦是以上卦：乾、艮、坎、震、坤、兌、離、巽的次序，配以下卦：乾、坤、艮、兌、坎、離、震、巽的次序而來。例如，帛書《易經》前八卦分別是：乾、否、遯、履、訟、同人、無妄、姤，此一至八卦，即事先固定上卦的乾，在分別配以下卦的乾、坤、艮、兌、坎、離、震、巽而成；皆下來九至十六卦，也是先固定上卦的艮，並將下卦的艮提至此組的第一卦，在分

別配以乾、坤、艮、兌、坎、離、震、巽而成艮、大蓄、剝、損、蒙、賁、頤、蠱八卦，爲接續的九至十六卦；以此方式不斷類推而成帛書《易經》的卦序。因此，帛書《易經》前三十二卦，事先固定上卦乾、艮、坎、震四陽卦，在依序配以下卦乾、坤、艮、兌、坎、離、震、巽八卦而成；後三十二卦亦事先固定坤、兌、離、巽四陰卦，同樣依序配以下卦乾、坤、艮、兌、坎、離、震、巽八卦而成。如此，組成帛書始於乾卦，終於益卦的六十四卦卦序。

### （二）通行本《易經》六十四卦排列次序

通行本六十四卦序，依照〈序卦傳〉所言，是以乾、坤二卦爲始，而後爲屯、蒙、需等卦，以至於既濟、未濟爲終。此種排列方式，體現了事物產生、發展、強盛和轉化的過程。上經三十卦，下經三十四卦的排列，乃由天地萬物之生成揭開序幕，而至於男女、夫婦、父子、君臣、朋友五倫之禮義相錯，顯示出卦與卦間相承相受的連續性與發展性。其次，相鄰二卦多以卦象顛倒做爲相承的次序，例如屯卦☷倒置來看成了蒙卦☶，需卦☱顛倒來看成了訟卦☴，此種現象孔穎達以「覆卦」稱之，在《易經》六十四卦中依此方式就有五十六卦，其餘八卦，由於顛倒後卦象仍然不變，因此以相鄰二卦同位之爻，陰陽互變爲序，例如，乾卦☰與坤卦☷，頤卦☶與大過卦☱，坎卦☵與離卦☲，中孚卦☴與小過卦☶，孔穎達以「變卦」稱之。〔註5〕因此「非覆即變」也就成了通行本《易經》卦序的組成方式之一。這種組成方式，蘊藏著萬事萬物間相反相持，循環不以的變化哲理。

大體而言，通行本的卦序是由義理出發，先天地萬物而後及於人世，層層下遞；帛書本則是依據上卦與下卦的排列順序，然後再將上下二卦相重而成。

## 二、六十四卦的本質

《周易‧說卦第二章》曰：「易六畫而成卦；分陰與陽，迭用柔剛，故易六位而成章。」單獨的八卦是不能用來占卜的，它只是事物類像的標誌。占卜採用六爻組成的六十四卦，它們使事物的變化更具動態。如八卦中震☳爲雷，巽☴爲風，若兩相重疊爲益☴，風在上，雷在下，表示風送雷聲，雷藉

---

〔註5〕 孔穎達《周易正義》卷十言：「今驗六十四卦，二二相耦，非覆即變。覆者，表裡視之，遂成兩卦，屯、蒙、需、訟、師、比之類是也；變者，反覆爲成一卦，則變以對之，乾、坤、坎、離、大過、頤、中孚、小過之類是也。」見《周易》（藝文印書館：《十三經注疏》本，1960年），頁186~187。

風勢，風雷互相增益，爲增益的象徵；若相疊爲恆䷟，雷在上，風在下，則表示雷乘風行，風因雷增勢，既是順著自然規律而動，又是恆久的常理；……。古人就可用此六十四卦，包含宇宙天地間所有一切變化。（通行本六十四卦次序表和六十四卦畫表分別見附表 4-2 及圖 4-2）

## 第三節　六十四卦「象」之養生

本節之六十四卦養生次序係採用通行本《周易》之次序來一一論述，義理與身體養生兼顧。並以上（乾卦至離卦三十卦）、下經（咸卦至未濟卦三十四卦）分十卦、十卦論述，取其圓滿之意，下經最後四卦則代表未濟。《易·繫辭傳·第一章》：「天尊地卑，乾坤定矣。卑高以陳，貴賤位矣。動靜有常，剛柔斷矣。方以類聚，物以群分，吉凶生矣。在天成象，在地成形，變化見矣，是故剛柔相摩，八卦相盪。鼓之以雷霆，潤之以風月，日月運行，一寒一暑，乾道成男，坤道成女。乾知大始，坤作成物。乾以易知，坤以簡能。易則易知，簡則易從。易知則有親，易從則有功。有親則可久，有功則可大。可久則賢人之德，可大則賢人之業。易簡，而天下之理得矣，天下之理得，而成位乎其中矣。」了解易與簡易的道理，即已領悟天下一切事物的道理，如此即能在天地間，確立人的地位，與天地並立。《易·繫辭傳·第二章》：「聖人設卦觀象，繫辭焉而明吉凶，剛柔相推而生變化。是故吉凶者，失得之象也。悔吝者，憂慮之象也。變化者，進退之象也；剛柔者，晝夜之象也。六爻之動，三極之道也。」「是故，君子居則觀其象而玩其辭；動則觀其變而玩其占，是以天自佑之，吉無不利。」君子平時觀察卦爻的象徵，玩味所附的文辭；行動時，觀察卦爻的變化，吉凶的占斷，即能把握動靜進退的原則，如此即能得到天之保佑，趨吉避凶、無往不利。《易·說卦傳·第二章》：「昔者聖人之作易也，將以順性命之理。是以，立天之道，曰陰與陽；立地之道，曰柔與剛；立人之道，曰仁與義。兼三才而兩之，故易六畫而成卦；分陰分陽，迭用柔剛，故易六位而成章。」八卦兼備天、地、人三才的道理，所以將二個三畫的八卦，重疊成六畫的六十四卦；由下往上數，初爻與二爻是地道、三爻與四爻是人道、五爻與上爻是天道；將二爻與四爻、上爻與初爻、三爻與五爻，一三五爲陽、二四六爲陰，分別成陰位與陽位；一與四相應，二與五相應，三與六相應，以六個不同的位置，建立成有條理的體系。

在黃師慶萱教授的〈《周易》時觀初探〉〔註6〕、〈《周易》位觀初探〉〔註7〕中，特別討論《周易》「周流變易」之時觀與「系統結構」、「人生德業」之位觀，「六爻代表一種較小規模的周流變易」，「六十四卦本身，始於乾、坤，終於既濟而未濟，也代表一種較大規模的周流變易」，因此吾師賴貴三教授在〈《周易》「命」觀初探〉中言：「《周易》由太極而兩儀、四象、八卦，重疊為六十四卦，分為三百八十四爻，代表著萬物時空中演進的秩序和系統，卦爻辭和《十翼》即依據此種秩序與系統而有所闡釋，啟示人們如何順應時空，掌握時空，窮理盡性以致於命。」《易・繫辭傳》云：「夫《易》，所以極深而研幾也。唯深也，故能通天下之志；唯幾也，故能成天下之務。」「君子藏器於身，待時而動。」「子曰『知幾其神乎？』君子上交不諂，下交不瀆。其知幾乎？幾者，動之微，吉凶之先見者也。君子見幾而作，不俟終日。」君子體認事物的變化，與時偕行，透過經驗、學習與吸收知識等，掌握與運用時間，方能避免隨時間變化而遭淘汰，進而為自己創造有利之存在意義與價值。由智達德，以學養智，趨時應事，〔註8〕縱使失位亦可由旁通、相錯，知幾以變通之，而達「元、亨、利、貞」生命中道、命、性、情、才、教之理想身心境界。〔註9〕

## 一、《周易・上經》〔註10〕

〔註6〕 見黃師慶萱教授：《周易縱橫談》（臺北：東大圖書公司，1995年3月初版），頁99～125。

〔註7〕 見黃師慶萱教授：〈《周易》位觀初探〉（臺大：「兩岸周易學術研討會」，1995年），頁1～22

〔註8〕 詳細可參見劉佳雯：《焦循之「權」論研究》（彰化：國立彰化師範大學國文研究所2004年碩士論文），頁331～341。

〔註9〕 詳細可參見賴師貴三：《焦循雕菰樓易學研究》（臺北：里仁書局，1994年），第二章：焦循之「旁通」易學及第四章焦循之「時行」易學。

〔註10〕 內容分別參見孔穎達：《周易正義》（藝文印書館：《十三經注疏》本，1960年）。
孫星光：《白話易經》（臺北：星光出版社，1981年9月初版）。
楊國安：《八卦與健康》（中國：黑龍江科學技術出版社，1995年4月初版）。
徐志銳：《周易大傳新著（上）（下）》（臺北：里仁書局，1995年10月初版）。
黃忠天：《周易程傳注評》（高雄：復文圖書出版社，2000年9月初版），已有2004年最新版本。
宋・朱熹著：《周易本易》（臺北：大安出版社，1999年7月初版）。
〈續上〉趙建偉：《出土簡帛《周易》疏證》（臺北：萬卷樓圖書有限公司，2000年元月初版）。

## （一）1～10卦（乾、坤、屯、蒙、需、訟、師、比、小畜、履卦）

### 1. 乾卦 ䷀ 乾為天 乾上 乾下　剛健積極　自強不息

**乾：元，亨，利，貞。**

「乾：元，亨，利，貞。」是乾卦的「卦辭」，是此卦判斷吉凶之斷語。「乾」是卦名，亦即天之功能，天之法則。「元」有大與始之意。「亨」為通，「利」是祥和，「貞」為正與固之意。原意為：「天之功能，為萬物創始之偉大根源，通行無阻，祥和有益，無所不正，而且執著。」執著最為重要，如果不能持續，最後結果仍不得圓滿。青年學子立志讀書皆應執著，方能有所成。對生命而言，健康乃人類生命之根元，有健康方能使人生暢通無阻。健康是人們自強不息的根本保證，因此應遵循生命節律的變化。

**初九：潛龍，勿用。**

「潛龍，勿用」乃爻辭，這一爻說明在潛伏時期，應當隱忍待機，不可妄動；如果生命節律處於低潮，就應如潛龍勿用，應學會靜處不動。

**九二：見龍在田，利見大人。**

在下卦中央，得中，是有利位置，這一爻表示「初九」潛藏的龍，雖尚未得到權勢，但剛健又具備中庸德行的偉大人物已經上昇在田野，已由隱忍中出現；生命節律始盛，可開始行動了。

**九三：君子終日乾乾，夕惕若厲，无咎。**

「三」是奇數的陽位，陽爻陽位，因而陽剛得正，過分剛正，反而有危險，必須戒慎恐懼，奮發努力，以防災禍；青年學子或老師們無論讀書等，奮勉前進，但要注意身體健康，才能避免危險，避免疾病。

**九四：或躍在淵，无咎。**

已至躍躍欲試之時期，決定進退應把握最有利時機；勞而有逸、進退慎重，方為為保持健康的良策。

**九五：飛龍在天，利見大人。**

「五」在上卦居中，又是陽爻在奇數的陽位得正；乃最佳位置，「爻辭」也最吉祥。此爻說明應是大展鴻圖時刻，應當選賢與能；身體健康、有活力，可積極發展、向前。

上九：亢龍有悔。

盛極必衰，是大自然的常則，應當警惕與節制；物極必反，生命節律處於興奮狀態，如果不慎重，便會遭致禍患或疾病。

用九：見群龍無首，吉。

乾卦陽極陰生，全卦與各爻勢在必變，陽剛勢極，必然變爲陰柔，才會安定。必須超然於事物之外，客觀觀察分析，運用法則而不爲法則拘束，剛柔相濟，唯有冷靜、客觀、不逞強、不妄動，通權達變，方能無往不利。

養生建言：青年學子於求學期間，應努力充實自己，把握時光，進德修業，自強不息。不要好出風頭，要懂得潛沈，並且結交益友，相互切磋，以待來日貢獻、服務社會；行政領導各級主管們、教師在經營學校、班級時，亦應雲從龍、風從虎，向下紮根，以誠信爲本，寬厚待人，不要給下面太大壓力，因應時機而作決策。工作或讀書壓力不可過重，以免造成精神失常，或造成成人心臟病、高血壓、胃潰瘍、免疫系統失調等；學子讀書、教師處理班務、行政領導各級主管們處理校務亦不可熬夜；青少年運動要適當，以免造成運動傷害。

2. **坤卦** ䷁ 坤爲地　坤上　坤下　柔順安靜　無邊無際

坤：元，亨，利牝馬之貞。君子有攸往，先迷後得主，主利。西南得朋，東北喪朋。安貞，吉。

坤爲地，它是純粹的「陰」，象徵大地之無邊無際，和女子的柔靜。就像母馬溫順柔靜，但卻具有在大地奔騰的無限動力。對於生命而言，柔靜中隱藏著強大的生命力，以柔靜養生乃健康之道，看似消極，卻有如月亮由虧轉盈。

初六：履霜，堅冰至。

當我們踏到薄霜時，應當想到寒冬即將來臨，這是安靜的季節，有充足的時間通過「靜」來積蓄健康的能量。

六二：直，方，大，不習无不利。

「六」是陰爻，「二」已升到偶數的陰位。陰爻陰位得正，又在下卦的中位，所以中正，最純粹。以大地的德行，固執純正是「直」；有法則性是方；順從天的德行是「大」。只要順從大地的法則，順應自然而安靜柔順，可以不需特別鍛鍊，而達到養生的目的。

六三：含章可貞。或從王事，无成有終。

「六三」是陰爻，在奇數的陽位，是從屬的地位，但仍然保有積極的能力，但「三」在下卦最高位，已不能永遠不變。「章」是美麗的文采，必須含蓄，才能保持純正，身體健康。

六四：括囊；无咎，无譽。

「六四」是陰爻，在偶數的陰位，雖然得正，卻是上卦最下方，不得中且過於陰柔，仍是危險位置。養精蓄銳，行事收斂謹慎，雖得不到讚譽，但可避災禍，有利於健康。

六五：黃裳，元吉。

柔靜就要依順自然，就像黃色下衣順從上衣。這對健康大吉。

上六：戰龍於野，其血玄黃。

「上六」已到達六爻最高位，又為偶數陰位，坤卦又全為陰爻，陰旺盛到極點，陰極反陽，陰陽相爭、天地相爭；物極必反，過度靜處不動則有損健康。

用六：利永貞。

「用六」與乾卦「用九」用意相同，即善於運用坤卦六爻之變化法則，不要被變化所拘束，坤極變剛，剛柔相濟。柔靜養生而不可極，這才是最有益健康之道。

養生建言：我國唐代著名醫學家孫思邈年幼時體弱多病，因而立志學醫，治病救人。他能長命百歲的原因，就是以「靜」，根據自然變化來守靜，使身體順應自然，儲積能量，但也主張「小勞」。青年學子處於血氣方剛之時，應清心寡欲，多培養「靜」的境界，應沈穩內斂，努力充實自我；不要貪看色情書籍，或流連娛樂場所，要克制物質慾望，不要好出風頭，才能避免逞凶鬥狠的無妄之災，避免捲入是非糾紛；「心靜」也才能頭腦清晰、讀書有效率，也能把握正確方向；對父母要孝順、對師長要恭敬、對班上股長亦要謙從。校長為一校之長，綜理全校校務，各處室主任及組長、教師等自應尊重校長抉擇；但行政領導各級主管們或導師在經營學校或班級時，也應順應自然之道，不必舉辦太多活動、或訂定太多細索規則，以免勞心傷神；又因面對處於狂暴時期的學生，及繁重的工作壓力，生活應力求簡單，更應保持心情、頭腦、思慮之「澄靜」，方能作出正確抉擇。身心不靜，容易使人氣滯神傷，

會使內臟無法發揮作用，免疫系統亦易失調。要保持身心澄靜，打坐、練氣功都是好方法。

## 3. 屯卦 ䷂ 水雷屯　坎上　草木萌生　煩惱艱難
震下

屯卦是四大難卦（屯、坎、蹇、困）之一，由卦象而言，上坎下震，雷被壓在水裡，象徵人事的艱難和煩惱，卦辭記錄了三種艱難和煩惱，其一為居處環境，其二為不孕，其三為狩獵艱難。但它也具備創始、艱貞、瑞祥、亨通的德行。

**屯：元，亨，利，貞，勿用，有攸往，利建侯。**

「序卦傳」傳說：「有天地，然後萬物生焉，盈天地之間者，唯萬物；故受之以屯。屯者盈也，屯者物之始生也。」「屯」原意為草木萌芽於地，有生之開始的含義。草木萌芽，充滿生機，但其過程則相當艱難。乾坤天地交會，萬物開始生成，因此乾坤卦後，接著屯卦，象徵生之開始，充滿艱難。天地的生機醞釀於冬季、草木萌芽開始於寒冬，但卻生氣蓬勃，不畏艱難，意志堅定，祥和、純正開始了生命。因此，屯卦也具備了創始、亨通、祥和、堅貞，即「元、亨、利、貞」四種德行。然而草木剛開始萌芽，非常脆弱，仍不能利用，因而「勿用」，不可輕舉妄動。

但當草木萌芽之後，就堅定成長，冬去春來，從此茁壯，欣欣向榮，前途不可限量，以人事比擬，只要鍥而不捨的努力進取，即有奠定公侯基礎的有利條件，故曰「有攸往，利建侯」。

**初九：磐桓；利居貞，利建侯。**

屯卦最下方開始的「初九」，在一群陰爻下方，為此卦主爻，只要毅然前進，不高高在上，能與基層接近，即可獲得民心，得到支持。因此希望無窮，與乾坤二卦相同，四德具備，所以占斷仍為吉。關於居所，古人以為只有石頭作院牆才是最安全的居處，安居才可樂業。

**六二：屯如邅如，乘馬班如。匪寇婚媾，女子貞不字，十年乃字。**

「六二」陰爻陰位，又於下卦中央，所以中正，又與上卦「九五」陰陽相應，應當結為夫妻，但「六二」又在陽剛「初九」上方，非常接近，以致「屯如」「邅如」進退兩難了。就像並列的四匹乘馬，腳步不一致，難以順利前進。又象徵「初九」強橫，脅迫「六二」下嫁，但六二貞烈，等待十年之

久，才擺脫「初九」糾纏，終於與相應之「九五」結合。此爻含義說明在艱難環境中，必須意志堅定，不爲威武所屈。

六三：既鹿無虞，惟入于林中，君子幾，不如舍，往吝。

「虞」是古代管理山林的官名。「六三」陰爻陽位，想要妄動，但其既不中也不正，與「上六」同是陰爻，也不相應，輕率冒進，必然陷入困境。以打獵追逐「鹿」來比擬，如果沒有管理山林的人嚮導，就不免迷失于山中。因此君子應當機警，不如捨棄，以免冒然前往，迷失被困于山中。此爻說明應當知機，明辨取捨，不可盲目行動。

六四：乘馬班如，求婚媾，往，吉無不利。

「六四」陰爻本與下卦「初九」陰陽相應，卻與上卦「九五」過於接近，由於「初九」「九五」互相牽制，使「六四」動搖，進退兩難。但「六四」畢竟與「九五」接近，只要向前去求，即能結合。所以說吉祥，無不利。此爻說明當進退兩難時，應採取積極態度，唯有結合同志，向前追求，狀況方能明朗，才是賢明的態度。

九五：屯其膏，小貞吉，大貞凶。

「九五」中正，又在最尊貴的「五」位。卻陷在上卦「坎」卦中央，行動困難。「九五」本與「六二」陰陽相應，但「六二」陰柔，力量不足以解困。而陽剛「初九」又在基層受到擁護，以致被困陰中，孤立無援，縱然有能力，也難以施展，如果是小事，保持純正，還會吉祥，但大事則難免凶險。此爻說明在孤立無援時，應當退守自保，不可逞強冒進。

上六：乘馬班如，泣血漣如。

「上六」陰柔卻上昇到極點，已是日暮窮途時刻，與下卦「六三」同屬陰爻，無法獲得應援，以致陷於進無可取，退無可守的絕境；因而憂懼，血淚漣漣。

養生建言：所謂「安居樂業」，除了注意「里仁爲美」之住家鄰居品質及居家環境外，一般來說新建築物應將安全及健康問題放在首位，因爲它直接影響人的生長發育，居民的疾病與死亡率等，也關係著人們的身心健康水平。在規劃設計時，要考慮自然條件，如與污染源之距離、屋宅方位等；建材宜注意選擇放射線較低的建築材料；室內通風要良好。學校的環境，應避免高壓電之設置，及在鐵道旁邊等；高壓電易使人免疫失調，而產生許多病變，

老師懷孕也易流產；鐵道旁易產生噪音，無法專心讀書；建築物設計應以學生爲主體，導師辦公室最好在自己班級附近，以方便管理、教室設計要注意安全、最好要有隔音設備、校園宜廣植花草以綠化環境與重視環保、………等。學生在家讀書，房間宜保持安靜、整潔，避免電視干擾；書桌最好能放置在一白、四巽文昌位。

學生在成長階段，正如草木初生、萌芽成長階段，必定充滿困難及挑戰，但生機無限，應抉擇正確方向，排除誘惑，克服困難，勇往直前。校長、行政主管或導師在初接學校或班級時，起初一定困難重重，但只要注意基層心聲，勇往直前，排除誘惑與遠離小人，明辨是非，審愼抉擇，進退有據，終能祥和，有所收穫。

## 4. 蒙卦 ䷃ 山水蒙　山下出泉　艮上坎下　幼稚蒙昧　啓蒙教化

蒙卦卦象是下坎爲險，上艮爲山，爲止。表示山上有險，欲險則止，其意在揭示啓蒙教化的道理。它認爲孩子主動向啓蒙者求助，是有志於啓蒙的表現，也是達到啓蒙目的的先決條件。

蒙：亨。**匪我求童蒙，童蒙求我。初噬告，再三瀆，瀆則不告。利貞。**

「序卦傳」說：「物生必蒙，故受之以蒙；蒙者蒙也，物之穉也。」「蒙」是蒙昧、幼稚之意，亦有教育、啓蒙的含義。當萬物生成以後，接下來的是幼稚蒙昧時期，教育即成爲當務之急。屯卦卦形倒轉過即成爲蒙卦，此種相互對稱的卦形，稱爲「綜卦」或「反卦」，有彼此相反相成的性質。此卦以下卦的「九二」爲主體，這一爻剛爻得中，又與「六五」相應，具備啓蒙的力量，因而「亨」。「我」指「九二」，「童蒙」爲幼稚蒙昧的人，指「六五」，此卦可視爲教育的原則。並非我去求蒙昧的幼童，而是蒙昧的幼童誠心誠意來求教。第一次告訴他，如果第二次、第三次來麻煩，則成爲「瀆」，亦即冒犯，就不再告訴他。啓蒙的工作，必須動機純正，堅持到底，「貞」才有利。山下流出泉水，猶如啓蒙幼童，開始潺潺細流，最後成爲滔滔江河，滋生萬物。

初六：**發蒙，利用刑人，用說桎梏，以往吝。**

「初六」是陰爻，又在最下方位置，是最幼稚蒙昧時期，所以必須啓發蒙昧。啓蒙，開始要像使用刑罰糾正過錯，然而刑罰只是用於告誡，期望刑期無形，如果一味使用刑罰，超出限度，反而會遭致反抗。這一爻說明教育

開始應嚴厲，但不可過當，並應當先訂立規範。

九二：包蒙吉，納婦吉；子克家。

「九二」是下卦為一陽爻，亦即唯一剛健力量，是下卦主體，負有領導其他各陰爻的使命，與啟蒙責任。但由於教導對象過多，資質不同，無法強求一致，應當包容。「九二」雖然剛健，但處下卦的「中」位，性格中庸能夠包容，所以吉祥。

由另外角度看，「九二」與「六五」陰陽相應。「二」是陽，相當於丈夫；「五」是陰，相當於妻子；丈夫能夠包容，故娶妻吉祥。以家庭來說，「六五」相當於父，「九二」相當於子。但「六五」柔弱，無法負起一家責任，但「九二」剛健，又能包容，可負起家庭責任，使家庭興旺。這一爻，說明教育應當包容，有教無類。

六三：勿用娶女；見金夫，不有躬，無攸利。

「六三」陰爻陽位不正，雖然與「上九」的陽爻相應，但卻緊接在「九二」之上。既嚮往「上九」，又捨不得「九二」，因而失去主張。以女人比擬，見到有財勢的「金夫」，就將自己忘記，取這樣妻子，當然不會有好結果。這一爻，強調教育應堅定信念，不可見異思遷。

六四：困蒙，吝。

「六四」是陰爻，可以相應的「初六」也是陰爻，距離陽爻「九二」又遠，無法得到援助，因而蒙昧困頓，脫離現實。此爻強調教育不可脫離現實，好高騖遠。

六五：童蒙，吉。

「六四」雖然是陰爻，但得中，且位居高位，上面有陽剛的「上九」相比，下方又與陽剛的「九二」相應，是上下都有應援的形象，所以是在待變、將變的階段，一旦變成陽爻，上卦即成巽，象徵風，全卦變成上風下水，風調雨順，必然大吉大利。因此，「六五」雖然幼稚蒙昧，但虛心，能夠接受教導，故吉祥。童蒙所以吉祥，是由於順應「巽」，「巽」是謙虛的意思，是上卦可能變成巽卦。此爻強調教學應當謙虛。

上九：擊蒙；不利為寇，利御寇。

「上九」陽剛，又在最高位置，以啟蒙態度而言，過於剛強，所以說「擊蒙」，攻擊蒙昧的意思。攻擊對啟蒙雖嫌過度，但對防止外來邪惡的誘惑，卻

有利。此爻說明陽剛的效用，只宜對外，不宜對內。

養生建言：孩子的智力潛能能否得到發展，不僅取決於遺傳，也取決於後天教育，每個孩子皆有成材的潛能。而家庭是成材的搖籃，不同的家庭環境，產生不同的結果。家庭是孩子第一個學習場所，父母是孩子的啓蒙老師，身教格外重要。孟母三遷，就是一重視家庭環境的例子。

學校老師是孩子第二個啓蒙老師，教師應以愛心、耐心因才施教；老師與父母在管教上，切不可過分嚴厲與控制其自由，否則將導致其身心無法健康成長。要讓孩子協助父母或師長處理家務或班務，如此能增加其責任感。教育的原則，首重自然感應，潛移默化，循序漸進，不可強求。應把握不偏不激的中庸原則，動機純正，堅持到底。教學必須切合實際，不可好高騖遠，脫離現實，不論教與學皆應謙虛，相互切磋，教學相長，彼此受益，而且應當內柔外剛，對內兼容並蓄，對外來之不良誘惑如毒品、幫派、色情等則應極力排除。

## 5. 需卦 ䷄ 水天需 坎上 乾下 克制忍耐 等待時機

需卦卦象是，上坎為險，下乾為健。因此，需卦表示身心剛健，卻面臨險境，只有忍耐保重，才可等待時機而成功。對於生命而言，面對各種不健康因素，無論身體如何強壯，皆不可怒火中燒，要學習寬容以待，忍耐自重，才會光明亨通，雖遇險阻，亦可順利度過。

需：有孚，光亨，貞吉。利涉大川。

「序卦傳」說：「物穉不可不養也，故受之以需；需者，飲食之道也。」「蒙」是年幼者，不可以不養育。「需」即需要，生物為維持生命，飲食是必需。命名為「需」，也是等待之意。「孚」是信用，此卦主體是「九五」，為於坎的中央得中；陽爻陽位得正；又在「五」的尊位；在形象上，中心充實，象徵信實。只要堅守純正，就會吉祥。

初九：需于郊。利用恆，無咎。

「初九」在最下方，離上卦之危險最遠，故曰在「郊外」等待。其又為陽爻，剛毅有恆，能夠堅持常軌；所以不會有災難。此爻說明在必須等待時，必須保持距離，以策安全；而且需有恆心，意志不可動搖。

九二：需于沙。小有言，終吉。

「九二」較「初九」接近上卦「坎」的水；固用「沙」象徵。「言」是責

難之意。「九二」較「初九」稍微接近險阻，雖然無大災難，但已較困難，會聽到些許責難。但「九二」陽爻得中，仍可安閒等待，最後仍然吉祥。此爻強調必須忍耐，不可急進，不可為閒言閒語動搖。

九三：需于泥，致寇至。

「九三」更接近上卦「坎」的水，以「泥」象徵，隨時有陷入危險。下卦接連三個陽爻，剛強過度，又離開中位，已處於隨時會有外敵來襲的狀態。此爻強調欲接近危險，愈當謹慎，不可妄進，以免招禍。

六四：需于血，出自穴。

「六四」已進入上卦「坎」的危險中，所以用等待在「血」中象徵，但「六四」陰爻陰位，雖柔弱但得正，因此不會輕舉妄動，不久便會由陷入之「穴」中走出。此爻強調陷入危險中，應當用柔，不可逞強，順應變化，方能化險為夷。

九五：需于酒食，貞吉。

「九五」陽爻陽位得正，在上卦得中，又是至尊之位，故最安全，因而可以安閒的飲食等待，以為象徵，然仍須以堅持純正為先決條件，才會吉詳。此爻強調在安全等待狀況時，仍要執著中正的原則。

上六：入于穴，有不速之客三人來，敬之終吉。

「上六」陰爻柔弱，位於上卦險的極點，已無法再等待，終於墜入穴中。「上六」與下卦的「九三」相應，「九三」連同下面的二個陽爻，本就有勇往直前的剛強性格，因為前面有險，所以等待已久，現已到等待終極時刻，因而一擁而來，以「不速之客三人」來象徵。「上六」柔弱，對三位剛強不速之客，既無力趕走，只有以誠意恭敬相待，才能化暴戾為祥和。此爻強調以柔制剛的道裡。

養生建言：需卦以等待、忍耐為宗旨，對健康而言，不失為保健之道。青少年血氣方剛，極易因色等一言不合，即武力相見，應學習忍耐，不要輕易動怒，否則易惹禍上身，斷送前程。教師在經營班級時，學生問題雜多，桀傲不馴、態度蠻橫者不少，宜以柔克剛，以免造成師生衝突，影響教學。校長面對壓力沈重的老師們，也應以柔克剛，把握中正原則，因應變化。暴怒不但會使事情惡化且易傷肝，及爆發許多疾病，如因高血壓引起的腦中風、心臟病等，不可不慎。

## 6. 訟卦 ䷅ 天水訟　乾上　坎下　剛健逞強　辯論爭訟

　　「序卦傳」說:「飲食必有訟,故受之以訟。」飲食難免爭執,故置於需卦後面。此卦形象與需卦正相反,是綜卦,一方為等,一方是爭,交互為用。訟卦上卦「乾」,剛健;下卦「坎」,險陷。一方剛強,一方陰險,必然爭訟。因而以「訟」為卦名。

　　訟,有孚,窒。惕中吉。終凶。利見大人,不利涉大川。

　　「九二」陽爻在中位,象徵信實;但與上卦的「九五」,同為陽爻,無法相應,以致孚信受到窒礙。依據「說卦傳」,「坎」有很多憂慮的含義,故需加警惕。又訟卦是由遯卦䷠變化而來,是遯卦的「九三」,降到「二」的中位,成為訟卦,所以要謹守中庸之道,在心中警惕,才會吉祥。另外,「上九」是在三個陽爻最上方,過於剛強,逞強爭訟,以達到目的,所以最後為凶。

　　「大人」指「九五」,陽爻在上卦中央,又是尊位;因而剛健中正;居於領導地位。以卦的整體來看,剛強的上卦「乾」,在險陷的下卦「坎」上面,亦即剛健卻踏在陷阱上;因此自以為信實而逞強,是行不通,惟有反省,戒慎恐懼,把握中庸的原則行動,才會吉祥。如果逞強,最終為凶。遇到公正的「大人」裁判,會有利;但要像「涉大川」一般逞強冒險,則為不利。

　　初六:不永所事,小有言,終吉。

　　「初六」陰爻陽位不正,又在最下方,因而柔弱。雖與上卦的「九四」陰陽相應,但中間有「九二」阻礙,力量薄弱,無力排解爭訟。但「九四」陽剛,始終有呼應的傾向。因此只要不將爭訟拖的太久,雖會小有責難,最後仍會吉祥。如果基層教師或學生受到不合理對待,應可透過適當管道提出,為自己爭取權益與尊嚴,以免長期被壓制,無法承受負荷而生病。

　　九二:不克訟,歸而逋,其邑人三百戶,無眚。

　　「逋」是逃亡。「眚」是眼睛生「翳」,也有災禍之意。「九二」陽剛,在下卦險的中央,本就喜歡爭訟,與「九五」陽爻,不能相應,當然發生爭訟。「九五」陽爻陽位,又在上卦中央尊位,「九二」與之爭訟,定然失敗,只好逃亡隱藏。逃到村民只有三百戶小村中,謹守本分,不會有災禍;逃到大城鎮,必然會被敵人追討,難以逃脫。此爻強調不可逞強爭訟,應當退讓深自反省。

　　六三:食舊德,貞厲,終吉,或從王事,无成。

「食舊德」是說前往先祖遺留的領地去就食。「六三」陰柔，無力與人爭訟，因而隱忍，前往先祖遺留領地，堅守純正，自勵自勉，才能度過難關，最後得到吉祥。也有可能從政，但不會有成就。此爻說明應當知足，不可爭強逞勝，隱忍自勵，方為上策。

九四：不克訟，複即命，渝安貞，吉。

「即」為就之意；「命」為天命、正理。「九四」雖然陽剛，但在上卦最下方，不得中；陽爻陰位又不正，地位弱，爭訟不會得勝。但因為柔，能回頭去就正道，改變初衷，順其自然，安于正理，就不會有過失，最後吉祥。此爻強調安于正理，順其自然，則心安理得。

九五：訟元吉。

「九五」在至尊位置，陽剛又至中至正，象徵公平、公正、合理的裁判訴訟吉祥。此爻說明裁判訴訟，應以中正為原則。教師考績委員會代表們等因身負學校同仁考績等裁判之責，應秉公平、公正、合理之原則來裁判，如此方為吉祥。

上九：或錫之鞶帶，終朝三褫之。

「錫」與賜同，「鞶帶」是古時依身分頒賜的腰帶。「褫」是剝奪之意。此一爻辭由「六三」的「或從王事」延伸而來。「上九」陽剛至極，可逞強贏得訴訟，但不會持久。或者會受賞賜「鞶帶」，但一天就被剝奪三次。此爻告誡以爭訟達到目的，不會持久，無法得到人之尊敬，雖勝亦可恥。

養生建言：青年學子與人相處，難免發生爭執，但不可自以為得理而逞強，這樣反而會使自己陷入泥淖，帶來災禍。應當謹慎、退讓，韜光養晦，所謂「退一步，海闊天空」，此為為人處世之道。行政領導各級主管們及教師們在校務會議上也不宜為小事爭辯，弄得氣氛不好，有傷身體。要把握中庸原則，安于正理、順其自然。家長不宜經常為小事告教師，行政人員或媒體也不宜搧動家長告教師，這樣會妨礙校園良好氣氛，而影響學生受教權。

經常爭辯，會影響人際關係，也易情緒緊張，導致血壓上升，引起心血管、心臟病等疾病。宜消除怒氣，以理性、誠懇態度解決事情，權益受損，應由合理途徑爭取；教師與學校也應注意溝通管道之暢通，領導民主化與多元化，注意對方之人身尊嚴與權益尊重。班級溝通可透過聯絡簿、班會、私下會談等，學校溝通可透過級導師、科召集人、教師會代表、電子郵件、電

話或見面溝通等。

## 7. 師卦 ䷆ 地中有水 坤上 坎下 群體智慧 領導之道

「序卦傳」說：「訟必有眾起，故受之以師；師者，眾也。」爭訟後會發生爭端，所以訟挂後是師卦。「師」指軍隊。下卦「坎」是險與水；上卦「坤」是順與地。陰柔遇險，必須有指導者來指導脫險。師卦有群體、至軍隊之義，比喻領導有方，才可使民跟隨，事業方可興旺發達。學校必須有好的校長領導，重用賢才；班級也要好的老師經營。也象徵身心若生病，也需找好醫師診治，方可治癒。

**師貞，丈人，吉無咎**

此卦僅有「九二」是陽爻，於下卦中央，為伍個陰爻包圍，所以「九二」是統帥，握有實權，五個陰爻士兵。「六五」柔和，高高在上，象徵君王任命統帥。「丈人」象徵老成持重的人，堅持正義，符合眾望，沒有過失與災禍，所以吉祥。如果以小人為統帥，貪功好戰，易有災禍。學校有好的校長領導，校園和諧又快樂，一片欣欣向榮；良醫有醫術又有醫德，病人藥到病除而身體康泰，庸醫貪財又喜動手術，禍害無窮。

**初六：師初以律，否臧凶。**

對於一個集團或群體或軍隊，首先都必須規定明白其行為準則，以為規範，如此才會井然有序，不會因無章而混亂。校園或班級及醫生看病一定有其規範、準則。

**九二：在師中，吉无咎，王三錫命。**

「九二」居下位中位，又為此卦唯一陽爻，且與「六五」陰陽相應、三度給予褒揚。象徵剛毅、中庸，得到上下支援、擁戴。領導者（校長或行政人員或教師或班級幹部）與群眾保持密切連系，得到上下支援，當然吉祥。良醫充分與病人溝通，對病症作詳細檢查，當然能對症下藥。

**六三：師或輿屍，凶。**

「六三」陰爻陽位不正，象徵缺乏統帥才能，又剛愎自用，無法發揮每個長處，自然要失敗，載屍而歸。不好的校長、行政人員與教師或班級幹部當然會將事務弄得烏煙瘴氣，怨聲四起；如果是庸醫，無法對症下藥，自然對身體造成傷害。

六四：師左次，无咎。

「左次」是到左方的意思。兵法的原則，布陣要使低地在左前方，才能攻擊順利；高地要在右後方，可作爲防禦據點。「六四」陰柔又不在中位，但陰爻陰位得正，又在下卦「坎」險阻的前方，象徵之道量力而爲，在安全地帶布陣，不輕舉妄動；領導者必須以安全爲第一，根據實際狀況指揮群體進退，方能免咎。學生讀書效率低落，或身心出現狀況，教師應對症下藥予以輔導；教改應針對弊端對症下藥，方能解決問題；身心若出狀況，應找良醫對症下藥，無論開刀、用藥皆以生命安全爲第一考量。

六五：田有禽，利執言，无咎。長子帥師，弟子輿屍，貞凶。

領導者應勇於論功行賞，任人爲賢，提拔有能力的人。如果用人唯親，讓小人參與，只能導致失敗。良醫應選擇最適當的醫療方法，用最適當的藥。

上六：大君有命，開國承家，小人勿用。

領導者論功行賞，有才德之人才能重用，庸碌之輩切不可重用。

養生建言：行政領導各級主管們、導師們在經營學校或班級時，都是爲了學生的利益著想，任何決策應注重大家的意見，加強溝通管道，首重安全，不可搞疲勞戰術，所謂「師左次」，方可無咎；不可一意孤行、剛愎自用。應任賢爲才，指揮權要統一，千萬不可啓用小人。唯有正確的領導，才有良好的校園氣氛，才能確保大家的身心健康。身體若出狀況，應愼重選擇良醫就醫。

## 8. 比卦　地上有水　坎上　坤下　人際交往　誠信親切

比卦卦像是下坤爲地，上坎爲水。地上有水，則和順親比。它闡述的是人與人之間的親比交往之道。

此卦與師卦上下完全相反，彼此是「綜卦」，戰與和相互爲用。「序卦傳」說：「師者衆也，衆必有比，故受之以比；比者比也。」「比」是相親相輔，擇善依附之意。「師」是群衆。與群衆在一起，必須相親相愛，互助合作，服從領導，才能和諧圓滿；所以在師卦後爲比卦。

比吉。原筮原永貞，無咎。不甯方來，後夫凶。

此卦主體爲「九五」，陽剛又在上卦至尊中位，陽爻陽位，至中至正，上下有五個陰爻追隨，象徵於一團體中，群衆依附領袖之象。任何團體，人人相親相愛，互助合作，追隨領導，和平共處，自然吉祥。和睦有好的關係，

是經得起蔔筮驗證的；看到其他人都前去依附，心中不安寧，方才前去，此些遲來的人，就會有兇險。平常要懂得愛護身體，而「心」為人身之主，更應好好保健。

初六：有孚比之，无咎。有孚盈缶，終於有他，吉。

「初六」是比卦的第一爻，說明人人相親相輔，經由誠信開始，如裝滿甕中的酒，吉祥如意。平時注意身體保健則吉祥。

六二：比之自內，貞吉。

「六二」陰爻陰位，在下卦中位，又與上卦「九五」陰陽相應；因而柔順、中正、上下呼應。「內」指在下卦內，彼此相親相愛，應發自內心，必然吉祥。保健身體，順應四時、個人體質、年齡及地域等則屬吉祥。

六三：比之匪人。

「六三」陰柔，不中不正，上下爻及相應之「上六」皆為陰爻以致陰陰相斥。擇友應慎重，否則誤交損友，將後悔莫及。飲食、用藥、擇醫都應慎重，否則便會帶來災害。

六四：外比之，貞吉。

「六四」與「初六」同性相斥，無法相應，轉與外之「九五」相親，「六四」陰爻陰位「得正」，與陽剛、中正、又居尊位之「九五」相親，當然吉祥。因此，對外要與賢人交往。身體保健要選擇良醫。

九五：顯比，王用三驅，失前禽。邑人不誡，吉。

與人交往應光明正大，以仁愛寬懷的胸襟待人，讓人有所選擇，不必非我不可，學生與其他老師親近，也不必嚴加阻止，與之交往的人才能誠心親近，如此自然吉祥。醫生也應有寬大胸襟，讓病人有其他醫生的選擇。

上六：比之无首，凶。

「上六」陰柔，與部屬相親，已無威權，已處此卦極點「上位無位」位置，缺乏剛毅，結果兇險。隨便聽信庸醫，自己沒有主見，則危險。

養生建言：與人交往最重要的是誠心相待，良好的人際關係，能使心情愉快，心理健康；反之，孤僻則會妨害身心健康。醫生與病人、行政與教師、教師與學生皆應有良好互動，不可高高在上，剛愎自用。學生或教師壓力過大應找知心好友吐露，壓力可得到抒解，而避免悲劇發生。校園裏應培養良好校園氣氛，大家誠心相待、相處親切、和睦、融洽。但領導者在與大家和睦之餘，

仍應保持權威，以免失去領導力。領導者作決策，應經上下充分溝通，政策推行起來，才能順暢，沒有阻礙。王安石變法失敗，即敗在未能上下溝通。

現今教改亦如是，上下溝通，格屬重要。教改其立意甚佳，目地之一是要權力下放，更多元、更人性化、更民主……。但推行至今，反對聲浪，不斷擴大，即是未多聽基層教師意見，僅是就所謂專家學者們閉門造車的政策，以致推行起來，窒礙甚多，諸如「合科教學」，行政有諸多難行之處，例如排課問題、節數問題、鐘點問題、教室問題、教師協同教學問題等，以致淪為生物老師教理化、國文老師教地理、美術老師教音樂等荒謬現象。跨領域教學，置教師專業與尊嚴、學生權益于何方，既勞民又傷財，又讓老師及學生與家長們因憂慮、緊張而身心不健康；「一綱多本」更問題重重，每本內容不同，範圍加大，學生為參加學測，需花更多時間準備，勞心又勞力、又傷財；所謂多元入學，更變成多錢入學，為參加推甄，需多繳許多報名費、及車馬費、住宿等開支，不像聯考，只需繳一次，按成績分發，這對貧窮家子女，格外不利，對老師而言，須為同學寫推薦函，數量繁多，不堪負荷；所謂「九年一貫」更無法貫，國小課程簡單至離譜，與國中課程無法銜接，國一入學新生，尚須先補救教學，國中學測不考作文，高中入大學學測國文科作文分數卻占極重比例，凡此種種皆會為教師帶來極大教學困難與挫折，對學生而言，也帶來很大的學習挫折與焦慮，……，因此作決策者，應注意上下充分溝通，千萬不可只照學術理論，閉門照車，剛愎自用，自以為是。

## 9. 小畜卦 ䷈ 風行天上 巽上 乾下 稍事停留 蓄積能量

「序卦傳」說：「比必有所蓄也，故受之以小蓄。」人人相親相比，就有了蓄積。此卦下卦乾，上卦巽，陽多陰少，只有「六四」是陰爻，其他五爻都是陽爻，象徵陽過盛，陰不足，亦即企圖旺盛，但力量不足。由另一角度看，以一陰蓄五陽，力量有限，不得不稍微停頓，故稱小蓄。此僅為小的停頓，不足以阻止行動，不久便可亨通，原有理想，終究會實現。不可一直勞心勞力，偶而亦需稍事休息，蓄積能量，身心才會健康。

小蓄，亨。密雲不雨，自我西郊。

「小蓄」下卦乾是健，下卦巽是入，健而且入，意志可以亨通，「九二」與「九五」皆是陽爻在中位，剛健中庸，意志可通行無阻。但蓄積不足，力量有限；人的健康、精力都有所限制，應稍事小蓄，儲存精力，不可意氣用

事，隨心所欲，像來自西郊的烏雲密布，卻無法普降甘霖。對於生命而言，表示陰之力過弱，氣雖充盈卻未成形，因而呈現陰鬱、鬱悶、焦慮狀態。唯有稍事停留，積蓄精力，才可順利。

初九：復自道，何其咎，吉。

此爻，下卦是「乾」，也就是天，應當在上，因而升進想返回自己原來位子，但相應之「六四」是陰爻，卻力量不足，成為障礙；但「初九」陽爻陽位得正，有與「六四」陰陽相應，「六四」不足成為障礙，仍可積極向前，歸復上進的正道，不會有損健康，所以吉祥。

九二：牽復，吉。

下卦三個陽爻，志同道合，都要往前，「九二」雖愈來愈接近會造成阻礙的「六四」，但「九二」剛健，又位在下卦中位，與「初九」攜手並進，應可突破阻礙，回到原來位置，所以吉祥。

九三：輿說輻，夫妻反目。

「九三」是陽爻，剛健想要晉升，但不在中位，與「上九」同是陽，無法相應，而且有與「六四」接近，有時會陰陽相吸，就像車輪與車軸，被「輻」結合在一起，無法擺脫。但「九三」剛毅，無法安於被拘住；於是與「六四」爭，如同夫妻反目。此爻說明在突破阻礙時，應斷然擺脫羈絆。學生平時課業壓力繁重，寒暑假正可稍事休息，蓄積能量，以備開學再往前進，千萬不可於此時涉足不良場所，或結交不良朋友，染上不良習慣等。

六四：有孚，血去惕出，无咎。

「六四」為唯一陰爻，成為伍個陽爻前進的阻力，害怕受到傷害。但陰爻柔順又陰位得正，是上卦「巽」象徵入的陰爻，謙虛能夠容人。加上上面二個陽爻的援助，可以避免傷害與憂慮。因此要「有孚」，心中誠信，則可遠離「血」、「惕」，不會有災禍。此爻說明在突破阻礙時，應本著誠信，即可得到應援，而免除諸多傷害、與焦慮。

九五：有孚攣如，富以比鄰。

「攣如」手握攏的意思。「九五」至尊中正，具有實力，和上卦其他二爻，可排除私欲，以誠相待，攜手共進。以愉快的心情開發自己潛能，則能獲得他人支援。

上九：既雨既處，尚德載，婦貞厲。月幾望，君子征凶。

「雨」是陰陽和諧的現象；「處」是安居，停止不前；「載」是滿的意思。到達「上九」已是蓄積的極點，「六四」的陰以誠信與五陽團結，共同蓄積力量，已到達飽和，既經降雨，就當安於現狀，不可再貪多無厭。陰當服從陽，陰極盛，已凌駕陽之上，是反常現象，就像欺壓夫，結果危險。人不可過分抑鬱，否則有害健康。

養生建言：鬱悶、憂慮是最影響心理健康的負面情緒。「密雲不雨，自我西郊」氣象醫學研究發現，烏雲密布使大氣中正離子增加，負離子減少，容易使人產生焦慮不安、情緒低落的負面情緒，這些皆不利於健康。要參與人際交往，以誠相待，並慎擇友，不要受到損友的拖累。生活中難免有不愉快的事，心情若有苦悶，不妨向知心好友吐露，可抒解鬱悶；應靜下心來，作自己喜歡的事，青少年朋友可聽聽音樂、或與與三五好友去打打球等；行政主管與老師們則除聽音樂、泡茶外，亦可前往泡溫泉、spa，郊外喝茶等、唯有心情愉快、態度樂觀，才能激起人與人之間的互信與協助，如此便能蓄積能量，繼續往前，此外寒暑假更是休養生息的好時期。政策推行受到阻礙，就應勿再往前直衝，應多聽取大家意見，將不好的作修正，再往前走；教改就是處於如此狀況，因作如是因應。「輿說輻，夫妻反目」爭吵能夠發泄不滿情緒，應趁此機會，靜心檢視、解決問題所在，反而使問題能得到解決，使人際歸於和諧，而身心健康。

## 10. 履卦卦　☰☱　天澤履　乾上<br>兌下　待人處事　以禮執之

此卦卦形恰好與「小蓄」相反，彼此是「綜卦」，一停一進交互為用。「序卦傳」說：「物畜然後有禮，故受之以履。」這是說物資蓄積後，就要制訂禮節，將「履」解釋為「禮」，因禮必須由人來履行。在《易經》卦辭、爻辭中，「履」為踐履的意思。

**履虎尾，不咥人，亨。**

此卦下卦是「兌」，象徵澤、悅、和；「乾」卦全為陽爻，象徵陽剛之最。「兌」跟在「乾」後面，用踩到老虎尾巴來比擬；但「兌」具備和悅的德行，老虎並沒有咬他，占斷意志可通達。此卦以人的行為修養必須依禮、和悅為宗旨，此是人際關係所需，也是心理健康的重要內容。

**初九：素履，往无咎。**

「初九」是陽爻，在最下位，象徵有才能，但安於低的職位，尚未被富貴誘惑，所以不會有過失。

九二：履道坦坦，幽人貞吉。

「九二」陽爻在下卦中位，性格剛健中庸，但與「上九」同性相斥，無法相應。因而如心胸坦蕩的隱士，履行正道，不求聞達，自然吉祥。

六三：眇能視，跛能履，履虎尾，咥人，凶。武人為于大君。

「六四」陰爻陽位不正，離開下卦「中位」，陰爻本性柔弱，陽位性情剛暴；尾隨在剛強的「乾」之後，必然危險，就像只有一隻眼，能看但看不清楚；跛了一隻腳，能走卻走不安穩，終於踩到老虎尾巴，以致被咬傷。又像武人，剛愎自用，心懷不軌，企圖叛亂，終於失敗，當然兇險。因此，踐履應當量力而為，不可逞強。身體是很脆弱的，需要善加保養，否則就會出現狀況。

九四：履虎尾，愬愬終吉。

「九四」不在中位，陽爻陰為不正，尾隨在老虎「九五」的後面，當然危險。前爻的「六三」，柔弱卻要逞強；相對的，「九四」剛強而在柔位，也就是強而有力，但態度柔順，戒慎恐懼，因而能避免傷害，施展抱負，當然吉祥。身體雖然強壯，但知保養，當然吉祥。

九五：夬履，貞厲。

「夬」同決，果決之意。「九五」陽爻陽位，又為至尊的地位，以致剛強果決，下卦「兌」是和，象徵「九五」的部下，和悅服從，造成「九五」獨斷獨行，所以危險。因此不可恃才傲物，一意孤行。不可仗著身體健康，而肆意妄為，暴飲暴食等。

上九：視履考祥，其旋元吉。

「上九」已是履卦的最後階段，是禍是福，要看實踐的結果而定，如果踐履圓滿，沒有瑕疵，當然大吉大利。

養生建言：養生要依照個人體質、四時變化、遵照醫生指示、以正道而行。學生應愛惜身體，每天要攝取足夠營養、水分、水果及睡眠，和適當運動，不可熬夜，不可暴飲暴食，作息正常，待人處事要依禮而行，才能吉祥；領導者不可專斷，一意孤行，否則便會帶來禍患。學生對師長要有禮貌；行政領導人員或教師不可剛愎自用。如此才會上下和諧，氣氛良好，而身心健康。

（二）11～20卦（泰、否、同人、大有、謙、豫、隨、蠱、臨、觀卦）

11. **泰卦** ䷊ 地天泰 坤上 乾下 天地交合 對立統一

「序卦傳」說：「履而泰，然後安，故受之以泰；泰者通也。」在理想實現之後，接著是安泰的局面。

**泰，小往大來，吉亨。**

此卦，「乾」即天，下降到下卦；「坤」即地，上升到上卦，此為天地相交，地重由上下降，天輕由下上升，表示二者相反相成，又對立統一、迴圈不息，密切交合而成陰陽溝通的安泰現象，故命名為「泰」。，上卦「坤」為純陰的小，下卦「乾」為純陽的大。亦即「坤」到了外卦，為「小往」；「乾」到內卦是「大來」。此卦由歸妹卦䷵（上震下巽）變化而來。其「六三」前往「九四」，「九四」來到六三，即成為泰卦。歸妹的「六三」是陰爻的小，「九四」是陽爻的大，所以說「小往大來」。

泰卦又稱「消息卦」，是一年陰陽消長的消息。在卦的形象中，以幹卦陽氣最盛，相當於四月。接著由最下方產生陰氣，成為姤卦䷫（上乾下巽），是五月；後隨著陰長陽消，遯卦䷠（上乾下艮）是六月；否卦䷋（上乾下坤）是七月；觀卦䷓（上巽下坤）是八月；剝卦䷖（上艮下坤）是九月；坤卦則是十月，是到達陰氣最盛的時候。到十一月時，陽氣又上升，成為復卦䷗（上坤下震）；十二月則是臨卦䷒（上坤下兌）；正月則是泰卦；二月是大壯卦䷡（上震下乾）；三月是夬卦䷪（上巽下乾）；迴圈到四月，重新開始。此十二卦稱為「十二消息卦」。「泰」是正月，，相當於天地之交，萬物亨通的安泰時期，所以占斷吉祥、亨通；對生命而言，表示應掌握生命健康與疾病間的隨著季節的相互轉換規律。

**初九：拔茅茹，以其彙，征吉。**

「茹」是根相連，相互牽連的意思，「初九」陽爻，在最下位，已是陽剛開始升進的形象。而下卦三個陽爻，即象徵志同道合，相互結合的同志。要拔除茅草，必須將根部牽連在一起的同類，全部拔起，也才利於莊稼的生長，此也是一種轉化。生病初起時，治病應從根治起，方能徹底治癒。

**九二：包荒，用馮河，不遐遺，朋亡，得尚於中行。**

「九二」剛爻在柔位，是內心剛毅果斷，外表柔順寬大的性格。因而對

外能包容污穢，但有時也暴虎馮河，不遺忘疏遠的人；必要時也不惜斷絕親近的人。此種寬容、果斷、不忘遠、不溺於私情，光明磊落的態度，符合中庸原則，占斷為吉。對身體能容納不好的部分，治療時亦不免但憑意氣，治病不忘也將生病之相關部位一起調理，若與病情有關，需要割除病竈，則斷然一起割除，因此還稱吉祥。

九三：无平不陂，无往不復，艱貞无咎。勿恤其孚，於食有福。

「九三」已離開中位，到達三個陽爻最上方，是陽剛最盛時期。大自然規律，盛極必衰，否極泰來，周而復始，迴圈不已。安泰得來不易，仍應堅守純正，方能避免災禍；該得到的終會得到，不必過分擔憂，如此生活就會幸福。

六四：翩翩不富，以其鄰，不戒以孚。

「六四」已超過「泰卦」一半，由上升開始回落。所以用鳥輕盈飛翔，來比擬輕率冒進，無法保有財富。因為陰爻中間空虛，所以在《易經》中象徵不富，但其陰爻陰位得正，又與「九二」相應，所以能得到近鄰「六五」「上六」的信任，不必警告，即能跟隨一起行動；急飛的鳥可能受傷被俘，富人可能因被掠奪而變窮。

六五：帝乙歸妹，以祉元吉。

「六五」在尊位，是泰卦主體，陰爻得中，柔順中庸，又象徵謙虛，且與下方剛健之「九二」相應，天子將妹妹下嫁給有力量的屬下，當然吉慶。

上六：城復於隍，勿用師。自邑告命，貞吝。

「上六」已是泰卦的極點，盛極而衰，此時不可動用武力，應順應以消極態度因勢利導，使損害減至最少。生病時就應因勢利導，臥床休息，不應再勞神、勞動。

養生建言：《靈樞·本神》說：「智者之養生也，必順四時而逆寒暑，和喜樂而安居處……如是則僻邪不生，長生久視。」《靈樞·順氣一日分為四時》說：「四時之氣，春生、夏長、秋收、冬藏，是氣之常也。」《素問·厥論》說：「春夏陽氣多而陰氣少，秋冬則陰氣盛而陽氣衰。」當氣候正常時，隨著四季的變化，對於情志的調養，就有「生、長、收、藏」的不同，《素問·四氣調神大論》說：「春三月……以使志生，生而勿殺，予而勿奪，賞而勿罰；夏三月……使志無怒，使華英成秀，使氣得泄，若所愛在外；秋三

月……使志安寧，以緩秋刑，收斂神氣，使秋氣平，無外其志，使肺氣清；冬三月……使志若伏若匿，若有私意，若已有得，去寒就溫，無泄皮膚，使氣亟奪。」春之「勿殺、勿奪、勿罰」，正強調此時不可傷其情志；夏之「使志無怒」，正是提醒人們，應避免「長」氣過盛所引起的情緒激動，此時情志應得到疏泄，以應夏長；秋天應「使志安寧」此時人應緩和情志，不可外馳，以應秋收；冬天「若伏若匿，若有私、若有得」此時情志應深藏於心，以應冬藏。

　　春天百花盛開，可利用假日郊外踏青，以培養好心情。夏天陽氣正盛時，心浮氣躁，不妨藉運動、游泳、唱歌等來宣泄情志或飲消暑退火的烏梅湯、西瓜等，以免情緒過激、火氣過大而影響健康與讀書；《素問‧六節藏象論》說：「心者……通于夏氣；肺者……通於秋氣；腎者……通於冬氣……；肝者……通於春氣……；脾者……通於土氣。」教師們春天可多飲菊花茶以養肝，夏天可多飲蓮子茶以養心，秋天可多飲杏仁茶以養肺，冬天可多飲杜仲茶以養腎，一年四季則可飲甘草茶以和脾胃。

　　「天地交泰」教師們應教導青少年正確的兩性觀念，與相處之道。唯有正確的兩性觀念，將來才可建立美滿的家庭，培養健全的下一代。

　　身當中壯年之學校行政人員與教師，身心正是最成熟、處事最圓融時期，又是家庭支柱，更應加強保養身體；中年時期盛極而衰，是最容易發生重大疾病的時期，如各種癌症、心臟病等，因此應定期作身體檢查，以早日發現疾病，早日治療。中年時期應建立健康的生活方式，注意安排合理的生活節奏，勞逸有均。此外要培養正當的休閒娛樂，與穩定樂觀的情緒，來面對繁重的教學或行政。

## 12. 否卦 ䷋ 天地否　乾上　坤下　閉塞黑暗　韜晦養光

　　「泰」卦倒轉，成為「否卦」，彼此是「綜卦」，泰極而否，否極泰來，互為因果。「序卦傳」說：「泰者通也，物不可以終通，故受之以否。」物極必反，通泰後接著就閉塞了。

　　**否之匪人，不利君子貞，大往小來。**

　　「否」有閉塞與否定二種之意。以「消息」而言，此卦是七月，也就是陰陽不相交，萬物不生長；以人事而言，是反常時期，占斷對正直的君子不利，即或堅守正道，也無法獲得利益。

「乾」到了上卦，是「大往」；「坤」到了下卦是「小來」。「否」卦是由漸卦 ☴☶（上巽下艮）變化而來，而成為否卦；故言「大往小來」。總之，陰在內卦成長，將陽驅逐於外卦；以人事比擬，則為小人得勢，君子被排斥的形象。

初六：拔茅茹，以其彙，貞吉亨。

此卦下卦三個陰爻，就像茅草的根，相互牽連，是上下閉塞的形象。以人事比擬，即為小人得勢，營私結黨時。但這是初爻，小人醜惡面目，尚未顯露。因而告誡君子應當團結，堅守純正，防範于未然，如此仍可吉祥亨通。秋日養生，要從根本著手，方能防範于未然。

六二：包承。小人吉。大人否，亨。

「六二」陰柔，但在中位，陰爻陰位得正，雖是小人，但尚能明辨是非，知道包容、承受君子，但小人得勢的閉塞時期，已經到來，所以占斷對小人有利；對君子則為世道閉塞，難以出頭，應坦然接受此命運，才能亨通。

六三：包羞。

「六三」陰爻陽位不正，又離開了中位，已經完全是小人了，而且與上卦的陽爻接近，陰謀傷害君子，而不知羞愧。

九四：有命无咎，疇離祉。

「九四」在六爻中已經過了一半，閉塞期也過了一半，開始露出曙光。其性陽剛，具排除阻力的才能；但在陰位，缺乏剛毅敢為的精神，因而想要救世，需要天命；如果與上卦其他二爻齊心協力，志同道合，才能為福。順應天命，方能免除禍患，而得福壽。

九五：休否，大人吉。其亡則亡，繫于苞桑。

「九五」陽剛、中正又在中位，可改變閉塞的氣運，重新恢復泰平，這是大人物才能做到的事，所以占斷為吉，然而其中畢竟潛伏危險，因而必須時刻警惕滅亡的危險，才能像叢生桑木糾結在一起的根，確保安全。

上九：傾否，先否後喜。

「上九」已經到是「否」的終了，物極必反，這是自然法則的必然趨勢。所謂「否極泰來」，「上九」陽爻剛毅，足以使閉塞的氣運傾覆。

養生建言：當處在黑暗、或小人得勢時，不宜奮力相擊，帶來禍患，宜韜光養晦，充實自我，等待「否極泰來」的時刻；當處在挫折時，不應喪氣失志，宜努力充實自己，等待時機。生病時就應好好治療養病，等待痊癒之

一日。秋天是陰長陽消的日子，此時天氣逐漸變冷，人體新陳代謝減慢，人體氣血也同樣向身體沈積，以蓄積能量準備過冬，因此秋天宜調養收氣，早睡早起，可韜晦避難，使肺氣免受秋令肅殺之氣的傷害，以保持肺的清肅的功能；秋天由於燥氣襲人，燥能傷津，而引起口幹舌燥等，飲食宜以滋陰潤燥爲原則，如麥多米粥、山楂、烏梅、甘蔗、銀耳、梨等，避免食辛辣、炒、炸等食物，以免再耗津傷陰。

## 13. 同人卦　☰　天火同人　乾上　志同道合　集結朋友
離下

「序卦傳」說：「物不可以終否，故受之以同人。」突破閉塞的世界，需要人與人之間的和諧。「同人」的下卦是「離」，象徵火；上卦是「乾」代表天。火光明，向上升，與天相同；所以是「同人」的形象。又「六二」中正，與「九五」相應，也是「同人」的形象。由另一角度看，此卦只有一個陰爻，其餘五個陽爻與他結合，也有「同人」的含義。

**同人於野，亨。利涉大川，利君子貞。**

在曠野中集合群眾，象徵在廣闊的範圍，公平無私的與人和同，當然一切亨通。此外，外卦的「乾」剛健，前進不懈，所以用有利於涉大川比擬；內卦「離」是明，意味著內心光明，外向剛健的性格。加上「六二」中正，與「九五」的光明剛健，這些皆是純潔正直的德行，人人和諧，志同道合所以無往不利。廣交志同道合的朋友則可跨越任何大河。

**初九：同人於門，无咎。**

「初九」在最下爻，與「九四」同性相斥，不相應；但亦象徵中間沒有私情存在，與人交往公正、廣闊，與人交往應超越一門之內的狹隘近親關係。此種交往廣闊，當然沒有過失。

**六二：同人于宗，吝。**

「六二」中正，與「九五」陰陽相應，應是吉的象徵，但此卦在闡揚天下大同的理想世界，相應反而不利。所以用祇在宗族中交往的現象來比擬。此種宗族合同的現象，不值得讚揚。

**九三：伏戎於莽，升其高陵，三歲不興。**

此卦僅有一陰爻，其他陽爻都要與他和同，「九三」也不例外。但「九三」陽爻陽位，不在中位，性情暴躁，過於剛強，與「上九」又同性相斥，就想

與下方「六二」交往，但「六二」與「九五」關係密切，奪走「六二」，「九五」必定加以攻擊，何況「九五」強大，正面作戰，難有勝算。於是在草叢中設下伏兵，並登高觀察形勢。但這樣畏首畏尾，三年恐怕也無法出兵，最後只好不了了之。

**乘其墉，弗克攻，吉。**

「九四」剛強，但不中不正，與「九三」同樣暴躁，又與「初九」不相應，也想與「六二」陰爻親近，卻被「九三」像牆般隔開，於是「九四」就登牆攻擊。但「九四」陽爻陰位，雖暴躁，卻能省悟自己行為不正當，沒有必勝把握，最後放棄攻擊，所以占斷仍然吉祥。

**九五：同人，先號咷而後笑。大師克相遇。**

「九五」剛健中正，在尊位，又與柔和中正的陰爻「六二」相應，「九五」與「六二」當然和同。但「九三」與「九四」中間阻撓，因而無法結合，但最後因為以道義為基礎，仍然和同。因此用開始哭泣，最後歡笑來比擬。但「六二」柔弱，「九三」「九四」剛強，「九五」必須用大軍擊敗強敵，才能與「六二」相遇，因此先苦後甘。

**上六：同人於郊，无悔。**

「上九」在此卦最外面，在內沒有呼應，無人與他和同。所以說在郊外。由於偏僻，無人與其和同，如此孤獨，當然不吉祥，但遠離人群，不同流合污，所以不會後悔。

養生建言：擁有志同道合的朋友，是一種幸福，一種支援，也能促進彼此學業進步或處事成功。能夠互相扶持，在心理上有很大的安全感與溫暖。對朋友以誠相待，彼此能溝通無礙，切忌猜疑與嫉妒。因猜疑會破壞彼此的友誼，也會影響情緒，妨礙身心健康。經營學校或班級應用人為才，不可偏私，才會吉祥。醫院應注重醫病關係，尤其公立醫院為國家經費所置，不可公器私用，服務偏向大官或民意代表，一般小民則冷淡以對，罔顧其生命安全；學校編班、資源分配亦應公平，不可只集中於自己人或有權有勢之人，罔顧窮人或無權勢學生的受教權。。

## 14. 大有 ䷍ 火天大有 離上 乾下　紅日高照　生命之光

**大有，元亨。**

　　此卦與同人卦上下相反，是「綜卦」，和同即能促進大有，大有促進和同，交互為序。「序卦傳」說：「與人同者，物必歸焉，故受之以大有。」虛心與人和同而不偏私，人際關係必然和諧，而後即大有收穫。

　　此卦離卦的日，上升至乾卦的天上，就像太陽普照萬物；且唯一陰爻「六五」於尊位得中，其他五個陽爻都圍繞著他，像領導者高高在上，擁有勢力，具有王者風範，心懷部屬。又下卦「乾」剛健，上卦「離」光明，兼具剛健與光明德行，應天命，得人心，足以完成偉大事業。所以占斷是「元」吉祥上大善，「亨」無往不利。陽光乃生命之光，多吸收太陽精氣，會使人健康昌隆。

　　初九：無交害，匪咎，艱則無咎。

　　「交」即驕，過多的擁有，亦使人驕傲，而「滿招損」，「初九」雖是陽爻，但在最下方，與「九四」同是陽爻無法相應；象徵有才華但還無法出人頭地，又乏有利援引，在艱困中，知所戒懼，不會得意忘形。

　　九二：大車以載，有攸往，無咎。

　　「九二」陽剛，才能佳；在下卦得中，為人中庸，與上卦「六五」相應，象徵獲得信任，身負重任，就如裝在大車中，不論前往何處，也無災禍。

　　九三：公用亨于天子，小人弗克。

　　「九三」陽剛，陽爻陽位得正，在下卦最上位，相當於公侯。上卦「六五」相當於君王，柔和謙虛，禮賢下士；「九三」也盡所能，報效知遇，就像公侯朝見君王，賜給飲食，得到禮遇，這對小人而言，是無法得到的恩寵。小人如果得到此種恩寵，上柔下剛，就要成為禍害了。

　　九四：匪其彭，無咎。

　　「九四」陽剛，接近在君位柔和的「六五」，不免自恃剛強，有僭上現象。但「九四」陽爻陰位，象徵謙遜，不致於盛氣凌人，所以能免去災禍。

　　六五：厥孚交如，威如；吉。

　　「六五」陰爻，柔順謙虛，在中位，中庸而不偏激；又在至尊君位，與「九二」剛柔相應。以人事比擬，此乃上以誠信待下，下也以誠信回報的形象。

　　上九：自天佑之，吉无不利。

　　「上九」剛健，在最上位，通常物極必反，是有危懼感的形象，滿而不溢，方是君子應有修養。「上九」在最高位，應當謙虛，才能得到天佑。

養生建言：日光浴能消毒殺菌，增強人體新陳代謝，遠離有害物質，提高造血功能，與鈣質吸收，防止骨質疏鬆，並可使血盈氣剛，除濕散寒，疏經活絡而使人身體健康。因此無論男女老少皆應適當的曬太陽，以增進健康，強壯骨骼，防止疾病。但是夏天不宜在大太陽下曝曬太久，以免中暑，學校夏天不宜讓同學在大太陽下曝曬太久，如有必要應著令同學戴帽子，頭部及眼睛更應避免陽光直射。所謂「過與不及」皆爲有害。行政領導人員及導師以仁愛之心經營學校或班級，使大家受惠，必得人心眞誠愛戴與相對。

## 15. 謙卦　䷷ 地山謙　坤上 艮下　謹愼謙遜　發揮成就

**謙亨，君子有終。**

「序卦傳」說：「有大者，不可以盈，故受之以謙。」也就是有偉大成就的人，不可以自滿，應該謙虛。此卦內卦「艮」象徵山、止；外卦「坤」象徵地、順；內心知道抑止，外表柔順，這就是謙虛的態度。此卦「艮」山在「坤」下，山本高、地本低，但高山將自己貶低至地的下面，亦是謙虛的形象。所以謙卦可以亨通，開始或不順利，但因謙遜，得到支援，最後終能成功。

**初九：謙謙君子，用涉大川，吉。**

「初六」陰爻，柔順，甘心於最下位，此爲君子應有的修養，用此種態度，即使有如徒步涉過大河之危險，也會吉祥。

**六二：鳴謙，貞吉。**

「六四」陰爻陰位，在下卦中位，因而柔順中正；在下卦中位，因而柔

**九三：勞謙君子，有終吉。**

「九三」是此卦唯一陽爻，處於下卦最上位，是負有重大責任的人物。「九三」陽爻剛毅，陽爻陽位得正，上下五個陰爻，都信賴他，以他爲重心。「勞謙」是說辛勞而且謙遜，這樣君子最後必然吉祥。

**六四：无不利，撝謙。**

「撝」是發揮的意思。「六四」陰爻陰位得正，又於上卦最下位，象徵謙卑，所以占斷不會不利。「六四」的地位比「九三」高，但不及其剛健正直，由於發揮謙讓的美德，所以不會不利。

**六五：不富，以其鄰，利用侵伐，无不利。**

「六五」陰爻，柔順、謙虛，在「五」之尊位，象徵以德服人。就如同

本身並不富有，卻因爲謙虛，得到鄰居的愛戴。向此種謙虛的統治者，出兵征伐乃是不得已，所以不會不利。

上六：鳴謙，利用行師，征邑國。

「上六」是謙卦的極點，謙虛的名聲已經遠播，贏得四方共鳴與愛戴，在此種情勢下，當然有利於用兵作戰。但「上六」陰爻柔弱，地位不明確，並無力量征伐他國，僅能於自己領土內，討伐叛亂。

養生建言：「滿招損、謙受益」驕傲自大會阻礙人際關係，處事狂妄失去情理而處於孤立無援狀態，影響身心健康；謙虛則會反省自我，處事冷靜不違常規，可化險爲夷，人和而無往不利，身心和諧。但謙虛不是消極的退讓，遭遇不平待遇時，應以力相擊，爲自己爭取公道；謙虛不是無能，而是光芒內斂，更加充實自我。這是成功的待人處事之道，無論青少年、教師、行政人員應有的修養。

## 16. 豫卦 ䷏ 雷地豫　震上 坤下　安逸愉快　適可而止

「序卦傳」說：「有大而能謙，必豫；故受之以豫。」謙有交互作用，使他人與自己喜悅，富有而且謙虛，當然愉快。

利建侯行師。

此卦唯有「九四」是陽爻，其他陰爻都服從他，因而得志，喜悅。下卦「坤」是順，上卦「震」是動，以人事比擬，人人樂於追隨，必然可建立公侯基業，有利於用兵。

初六：鳴豫，凶。

「初六」陰爻陽位不正，是小人，但與「九四」陰陽相應，於上有強大援助，能夠隨心所欲，而得意忘形，此種結果當然爲凶。不可仰仗權勢而得意忘形。

六二：介於石，不終日，貞吉。

在豫卦中，只有「六二」居中位，陰爻陰位得正，象徵上下各爻都耽溺於歡樂，只有他保持清醒，堅守中正，隨時愼思明辨，因此吉祥。安逸中要保持清醒。

六三：盱豫，悔。遲有悔。

「六三」陰爻陽位不正，又不在中位，象徵不中不正的小人；又接近卦

的主體，最強的「九四」，因而仰視「九四」的臉色，迎合其心意，得到安樂。但此種態度，不久就會後悔，所以必須立即悔改，遲疑就要後悔。只知迎合權貴，而無法堅守純正，就會有災禍，遲疑就會後悔。

九四：由豫，大有得。勿疑。朋盍簪。

「九四」是此卦唯一陽爻，「四」又是大臣地位，與上下各陰爻呼應，成為朋友、同志；更得到「六五」君王的信任，成為安和樂利的中心人物，所以大有所得。但「六五」柔弱，重責大任都寄託於他一人之上，必須誠信，不可猜疑，同志才會前來聚合，得到協助。獨樂樂不如衆樂樂。

六五：貞，吉，恒不死。

「六五」陰爻柔位，雖在至尊地位，但下方有剛強的「九四」，所以情勢危險，像是重病的人。但「六五」在上卦中位，還未喪失權威，不致于滅亡。處此狀況就必須謹慎，堅持中庸原則，保持純正，才能避免滅亡。

上六：冥豫，成有渝，無咎。

「上六」陰柔，已到安樂極點，樂極生悲，離災禍將不遠。但上卦「震」象徵動，動即有變的可能。雖然沈溺安樂，到達極點，只要改變心意，能夠悔改，仍能躲避災禍。樂極生悲，應及時憬醒。

養生建言：豫卦反對貪圖安逸和沈溺享樂的思想，對生命健康至今仍有指導作用。安逸玩樂使人喪失鬥志，物質享受更容易令人養成奢侈與放縱的習慣。現今科技發展，一切自動化的結果，容易使人四體不動，血液迴圈不良，頭腦昏脹而影響讀書效率或處事效率，也易引起各種疾病。在經濟發展、工商業時代，大眾傳播媒體的煽動下，性開放的享樂態度，除了性病外，更耽誤、妨礙青少年的求學，與帶來少女們許多身心傷害。而吸毒除了造成身心無限傷害、自毀前程外，更造成家庭的悲劇，豈能不慎？適度的快樂、正當休閒，有益放鬆緊張心情，但若放縱或涉足不良場所，則為有害；偶而看看電視正當節目或與同學到合法的 KTV 唱歌有益身心，但過度則不可，青少年學子更應避免不良誘惑，宜養成正常生活習慣。上網聊天、或打電動千萬要有節制，不可沈迷聲色網路或色情小說、漫畫、影集或光碟；而打牌或賭博更應是無論成人或學生所皆應極力避免的。有快樂、值得高興的事的事，則要與大家分享，所謂「獨樂樂不如衆樂樂」不妨偶爾舉辦郊遊、同樂會等以增進彼此情感與壓力抒解。

## 17. 隨卦 ䷐ 澤雷隨 巽上 震下 順應天時 勞逸結合

「序卦傳」說：「豫必有隨，故受之以隨。」安和樂利的社會，必定人人皆來追隨；此卦主要在闡釋怎樣使人追隨的原則；也是如何捨棄己見，隨和眾人之意。隨挂是困卦䷮的「九二」下降至「初位」，也是噬嗑卦䷔的「上九」降到「五」位的變卦，也是未濟䷿卦的「九二」與「初六」，「上九」與「六五」交換而來。以上都爲剛爻下降，在柔爻之下的隨從現象；所以命名爲「隨」。

**隨，元亨利貞，无咎。**

將上下卦分開來看，下卦「震」是動，下卦「兌」是悅，自己虛心隨和他人，他人也會來隨和自己，能夠彼此相互隨和，任何事皆易成功，故占斷爲元始、亨通、有利、堅貞沒有災禍。此外，「震」的方位在東方，象徵日出；「兌」的方位在西方，象徵日落；也象徵隨著春秋時序轉換，進入安息時刻之意。生乃息之開始，息則爲生之轉機，宇宙萬物於時間的消長中生生不息，君子應效法此一大自然法則，白天勤奮工作，夜晚回道家中休息。

**初九：官有渝，貞吉。出門有交功。**

「初九」是下卦主體（凡是一陽二陰的卦，以陽爲主體；二陽一陰之卦，則以陰爲主體），下卦「震」是動，有動才會隨。「初九」當出任的官位有變動時，不可憤慨，仍要堅守正道，才會吉祥。應當走出門外，與他人交往，擴大接觸面，才會有利。亦即摒除私見，以大眾利益爲依歸，方有功效。

**六二：係小子，失丈夫。**

「小子」指年輕人。「六二」與「九五」陰陽相應，但距離過遠，而且「初九」就在下方，「六二」的陰，有與「初九」的陽親近的可能。「六二」陰爻柔弱，不能堅守貞節，等待正當的配偶「九五」，卻因追隨身旁的「初九」，以致失去丈夫，明顯的此爲惡事。與「小子」發生關係，必然失去「丈夫」，難以左右逢源。此爻強調不可貪圖近利，喪失本分。並且警告親近小人，就會遠離正道。

**六三：係丈夫，失小子。隨有求得，利居貞。**

「六三」在上方沒有相應，就會依附靠近的陽爻「九四」，下方雖然有陽爻「初九」，但因親近「九四」就捨棄了；如同婦人心中喜愛壯年人，因而失去年輕的男友。「九四」陽剛，經濟能力較佳，握有實權，「六三」追隨此一

成年人，是在追隨較自己優秀的人，因而有利。但與「六三」相應的物件應在「上」位，與「九四」親近，難免有意圖不良的嫌疑。因而追隨剛強的人雖有利，但必須動機純正。

九四：隨有獲，貞凶。有孚在道，以明，何咎。

「九四」陽爻剛毅，接近尊位「九五」，實力與君位相當，有能力，又在君王近側，當然可達到願望。但「九四」聲勢如凌駕君王，難免會被猜疑而有危險，應心存誠信，瞭解明哲保身之道，能夠使在上者放心，在下者心服，明辨進退，就不會有任何災禍了。

九五：孚于嘉，吉。

「九五」陽爻，陽爻陽位得正，又在上卦中位，象徵善；又與下卦之「六二」陰陽相應，而且「六二」也是陰爻陰位得正，在下卦的「中」位；中正與中正相應，善與善隨和，當然可信賴，非常吉祥了。

上六：拘系之，乃從維之。王用亨於西山。

「上六」陰柔，已到隨和極致，又為「九五」「九四」重重束縛，難以擺脫。關係如此鞏固，必然出於誠信，所以用周王祭祀西山的至誠來象徵。誠可通神，何況是人。

養生建言：青少年學生在學校裏應遵守校規與班規，不要以個人利益為第一，應多為學校或班級整體著想，例如中午訂便當，學校規定不可外出就食，是怕管理困難；上課規定不可說話等，是怕妨礙其他同學聽課及老師教學進度，其他如作業應按時交等，應遵守團體規定，以大家之利益為優先，方能順遂，學校與班級也方能和諧發展；行政與教師之間也是如此，學校是以學生為主體，千萬不可只顧自己利益，貪贓枉法，恣意妄為；並且隨時觀察民意與實際狀況，（包括社區意見等），在政策上作調整，如氣候變化，制服之彈性規定，教學進度與方法、內容順應學生之吸收程度、時代作調整等；此外大學或專科學校教授科目、所開課程及教授內容，也應順應時代作因應。

此外隨卦尚有順應天時轉換而生息之象，因此我們不僅要有「擇善而隨」的原則參與人際關係，也應注意時序轉換，保養身體，及有勞有逸。夜晚應早上床休息，千萬不可熬夜；工作或讀書要有適當休息，以免壓力無法排解而生病。學校有導師輪替辦法，導師帶滿三年，或中途接班，帶滿一輪，即可休息作專任老師，此時學校不應給予刁難，應多配合，在行政許可下多給予休養生

息之機會，如課表、班級教室距離、任教班級年級等，認眞導師幾年下來十分辛苦，尤其若班上問題學生較多時，更應給予休養生息機會。千萬注意勞逸分配不均（學生素質分配不公、課表分配不公、任課教師分配不公、教室分配不公、打掃區分配不公、轉學生、中輟生分配不公等），而引起教師之身心疾病。

## 18. 蠱卦 ䷑ 山風蠱 艮上 巽下 腐敗生病　革新之際

隨卦倒轉成爲蠱卦，彼此是「綜卦」，隨和容易同流合污，以致腐敗；腐敗就需要革新，革新需要隨和衆利。二者交互爲用。「序卦傳」說：「以喜隨人者，必有事，故受之以蠱。蠱者事也。」「蠱」是皿中食物，腐敗生蟲。此卦本意有應防範未然而治之，即可挽救。對於生命而言，必須預防食物腐敗而食之事，可免遭病痛之苦；及勿交損友與感染不良習慣，可免遭生命腐敗之苦。

蠱，元亨，利涉大川。先甲三日，後甲三日。

快樂的與人隨和，沈溺于安樂，以致腐敗，發生事端，因此須以壯士斷腕決心，將腐敗切除，才能治癒，而且必須冒險。所以占斷爲吉祥，有利像涉過大川般冒險。甲的前三日爲辛，同新，是自新之意；甲的後三日是丁，是丁寧之意。甲的前三日是說事物盛極而衰，將要崩潰，事前即應有自新的精神，想到即將發生事端，盡力防範于未然；甲的後三日是說事端在初發生時，還不嚴重，應當反復丁寧觀察，留意不可重蹈覆轍，及時加以挽救。總之，樂極生悲，盛極必衰，正是有志氣的人，施展抱負，值得冒險的好時機，應當以自新精神，反復思考，丁寧從事。誤交損友，應當機立斷不再來往。班上有結交不良朋友、品行惡劣同學，經教導或輔導無效，教師或行政通常會勸其轉換環境，一來避免帶壞其他同學，二來轉換環境未嘗不是更新改變的好方法。學校中輟生是校園一大問題，必須共同重視，而非全都丟給導師一人。如果是因爲品行，如貪玩、結交損友、加入幫派、吸毒、有偷竊習慣等而中輟，復學後，其惡習必很容易也煽動班上其他學生，而破壞班風，影響其他同學至鉅。因此，行政在安排接受班級時，務必考慮教師與班級狀況，及教師意願等，願意接受此中輟同學的教師們，起初就必須做好預防措施，以防影響整個班級，而行政也必須盡力予以協助。

初六：幹父之蠱，有子，考无咎，厲終吉。

「蠱」是指前人敗壞的事業。「幹」是樹幹，轉爲中堅之意。「初六」是

「蠱卦」的開始，敗壞尚不嚴重，容易挽救，這是兒子兢兢業業開始挽救父親事業的現象，有此能幹的兒子，就可以重振家業，使父親沒有災禍。但挽救敗壞事業，必定遭遇困阻，必須奮發勤勉，最後才能吉祥。

九二：幹母之蠱，不可貞。

「九二」陽剛，在下卦中位，象徵有才幹的兒子。「九二」與「六五」相應，「六五」是陰，以母親比擬，是兒子為母親善後之形象。但剛強的兒子如果為柔弱的母親善後，譴責過份認真，就會傷害親情，下卦「巽」為順、為入；因此應當緩和勸告，使母親採納意見，不可堅持正義而嚴辭譴責。

九三：幹父小有晦，无大咎。

「九三」陽爻陽位，過於剛強，又離開中位，以此種性格剛強的兒子，為父親的失敗善後，難免會有急躁過分的情形，因而多少會懊悔。但「九三」身處下卦「巽卦」中，有順從的美德，而且陽爻陽位得正，所以對父親柔順，動機純正，就不會發生大的過失。

六四：裕父之蠱，往見吝。

「六四」柔爻柔位，過於柔弱，不足以擔當大事。以此種性格為父親失敗善後，就會過於寬大，無法徹底整頓，以致愈陷愈深，自取羞辱。

六五：幹父之蠱，用譽。

「六五」陰爻柔位，處上卦至尊中位，下方又有相應的「九二」陽爻，象徵後面有剛毅的兒子作後盾，可繼承父親事業，應會使聲譽日隆。

上九：不事王侯，高尚其事。

「上九」陽爻剛毅，但處「上位無位」的位置，又在此爻最外面，象徵淡泊、置身事外，不為王侯做事。

養生建言：學校中央餐廚要注意飲食衛生，夏天更應注意食物腐敗問題，事先應予防範，以免學生吃了拉肚子，引起腸胃不適。學生或教師在外或在家飲食都應注易餐廚與食物乾淨衛生問題。果實過於成熟會腐爛，人過於安逸，會失志墮落。紂王因寵愛妲姬而荒廢政務，終至亡國；夫差因寵愛西施而為句踐所敗。滿清末年中國人因愛吸鴉片而贏得「東亞病夫」的雅號。所謂「飽暖思淫欲」，學生于放假回校，生活散漫，宜做收心操，以儘快回復正規。學校用人不可重用小人，任其胡作非為，而生事端。

## 19. 臨卦 ䷒ 地澤臨 坤上 兌下　統禦領導　恩威並濟

「序卦傳」說：「有事而後可大，故受之以臨，臨者大也。」陰位元發生事端，然後才可大有發展，所以不能等待，應積極參與。

**臨，元、亨、利、貞。至於八月有凶。**

「臨」本意是由上往下看，而且應當一切都要由自己向對方前進，以威勢逼迫，有監督、領導、統治之意。此卦也爲消息卦，代表十二月，陽漸成長，由下向上逼迫陰，因爲進逼，所以命名爲「臨」。「臨」字本身並無大之意，但卦形由陽成長變大，所以說是「大」。將上下卦分開來看，下卦「兌」是悅，下卦「坤」是順，愉悅而且順從，就保證願望可亨通。「九二」陽剛，在下卦居中，與上卦的「六五」陰陽相應，有前進的可能。因而此卦「元亨利貞」四德具備，只要堅守正道，就有利。但陰陽相互消長，到了八月〔註11〕又陰盛陽衰，就可能有凶顯，應把握時機，以免時機稍縱即逝。養生應順應時序，把握時機。

**初九：咸臨，貞吉。**

此卦乃陽盛陰逼時期，「咸臨」是以感召來領導之意。「初九」與「六四」陰陽相應，有相互感召的關係；所以「初九」是以人格而非威勢，使「六四」感動服從。「初九」陽爻剛毅，陽爻陽位得正，具備此種德行，因而純正吉祥。

**九二：咸臨，吉无不利。**

「九二」與「六五」也陰陽相應，所以也能夠以人格使「六五」感動。「六五」陰爻柔順，「九二」陽爻剛毅，在下卦中位，升進不會有障礙，所以占斷吉祥。「九二」陽爻陰位不正，爲何不會沒有吉利？因「九二」逼近上方集結

〔註11〕關於「八月」之解釋，一說：陽氣開始於十一月的複卦（初九爲陽，其他爲陰），經十二月的臨卦（初九、九二爲陽，其他爲陰），正月的泰卦（初九、九二、九三爲陽，上九爲陰，其他爲陽），四月的幹卦（全爲陽），到達極盛時期。然後由五月的姤卦（初六爲陰爻，其他爲陽爻），陰又開始生成，陽逐漸消退，到六月的遯卦（初六、六二爲陰爻）以明顯陰長陽消。遯卦與臨卦陰陽爻恰好相反，稱作「旁通」「錯卦」象徵性格相反。由十一月至六月，恰好是八個月，所以說「八月」；一說：由十二月臨卦的陽氣明顯成長，到四月幹卦的陽氣極盛，然後五月的姤卦，陰氣又開始發生，經六月遯卦，七月否卦，到八月觀卦，與臨卦上下卦恰好完全相反，成「綜卦」，已經陰盛于陽，象徵小人得勢，所以說「八月」有兇險。其他不同解釋則省略。以上參見孫星光：白話易經，（臺北：星光出版社，1981 年 9 月），頁 172～173。

的四個陰爻，不會心甘情願服從，所以「九二」要以剛毅中庸的德行來感召，才能使其聽命服從，因而剛毅是必要的。

六三：甘臨，无攸利。既憂之，無咎。

「六三」於下卦最上方，是在居高臨下的地位。然而「六三」陰爻柔弱，不中不正，又是下卦「兌」的主體，因而「六三」是以甜言蜜語的和悅態度為餌，領導眾人，當然不利。「六三」如果覺悟到此種態度的危險性，因而戒慎，就可避免災禍發生。此爻說明領導不可以誘捕方式。

六四：至臨，无咎。

「六四」陰爻陰位，地位正當有與下方的「初九」陰陽相應。本身正當，又能任用賢能「初九」，此為監臨最高最優態度，故無災禍。此爻說明領導應能用賢。

六五：知臨，大君之宜，吉。

「知」即智。「六五」在至尊君位，陰爻柔順，又處中位，與下方剛爻陰陽相應，象徵本身不必行動，全部委由下方的賢能，是以智慧堅臨。

上六：敦臨，吉无咎。

「上六」在此卦最上方，居高臨下到達領導極致，物極必反，本不吉祥，但「上六」陰爻柔順，對下方升進來的二個剛爻，能以敦厚態度相待，因此吉祥，沒有災禍。

養生建言：人與人相處，應以真誠相待，不可「偽善」、僅有表面的甜言蜜語，遲早會為人所鄙棄而無法長久。行政人員或導師要以人格感召、恩威並濟，經營校務或班級、重用賢才，才能上下同心，獲得真誠對待，也才能身心愉悅、不必事事親臨。

## 20. 觀卦 ䷓ 風地觀 觀察深入 高瞻遠矚

此卦形象完全與臨卦相反，彼此是「綜卦」。臨是由上往下看，觀則是由下往上看，彼此是交互作用。「序卦傳」說：「物大然後可觀，故受之以觀。」「觀」是展示與仰觀的意思。此卦闡釋之意，是要將道義展示於眾人之前，眾人必然也對自己瞻仰的道理。「九五」在尊位，被四個陰爻瞻仰；「九五」也以中正的德性，展示於天下。所以命名為「觀」。

觀，盥而不薦，有孚顒若。

「顒」是嚴正、溫恭。「卦辭」以祭祀比擬，在祭祀前洗手時，要像尚未舉行奉獻祭品一樣，虔誠嚴正，才能在人的心目中，建立起信仰，被恭敬仰慕。亦即要像祭祀般虔誠，不可輕率行動，才能使人信仰尊敬。觀卦是風，下卦是地，風在地上吹，遍及萬物。古時聖明的君王，效法此一精神，巡視各方，觀察民情風俗，分別設立適當的教化。養生亦要觀察氣候變化，作適當調整保養。醫生治病亦要觀察病情徵兆與變化，對症下藥。

初六：童觀，小人无咎，君子吝。

「初六」陰爻柔弱，在最下位，卦辭以「九五」重心，仰觀「九五」，距離遙遠；因而象徵沒有才識，不能高瞻遠矚，是兒童的觀點，當然幼稚，「小人」指庶民，庶民無知，這是必然現象，所以說沒有過失。但對身負教化的人而言，則為恥辱。

六二：窺觀，利女貞。

「窺」同窺，窺視之意。「六二」陰爻，在內卦，柔弱黑暗，觀看光輝的「九五」眼花撩亂，看不清楚，好象由門縫中偷看，這對足不出戶的婦女而言，是當然的道理。但對堂堂男子漢，則太不光明磊落了。

六三：觀我生，進退。

「六三」在下卦最上方，處於可進可退的位置，不必觀察高高在上的「九五」，應當觀察自己的主張，已決定進退。應當擇善固執，不可趨炎附勢，喪失自己原則。

六四：觀國之光，利用賓于王。

「六四」最接近「九五」。「九五」象徵陽剛、中正、德高望重的君王，「六四」可觀看到君王德行的光輝。另外由一國之風土人情，就足以觀察到君王的德行如何。「六四」陰爻，又在下卦「巽」的最下方，性格柔順，適合輔佐君王，因而出仕朝廷吉祥。此爻強調領導者應觀察民情，瞭解民間疾苦。

九五：觀我生，君子无咎。

「九五」為此卦陽爻，在至尊中位，其下有四個陰爻仰觀，以君子而言，應常反省自我，堅守中正，就不會有災禍。

上九：觀其生，君子无咎。

「上九」陽爻，在尊位「五」的上方，象徵高尚的隱士，雖超然於世俗

之外，但仍然被天下人觀察，如果剛毅無欲，符合君子應有的德行，才不會有災禍。

養生建言：要留意天氣變化，而增減衣物，尤其春、秋之際乍暖還寒，應格外小心。梅雨季節與颱風季節要記得隨時攜帶雨具，以免淋雨著涼。無論氣候、生活環境與人際關係變動及自己生理、心理變化都要隨時觀察，以為應對。行政領導人員與教師們應隨時觀察教師及學生們、家長、社區及社會時代的變化的動態、輿情，以利溝通與決策和教學內容、方法，並且注重因才施教，依學生程度與性向、家庭背景等進行教學與輔導。以恩威並濟方式領導統馭，所謂「身教重於言教」，更應以「德」與「誠」真誠感動大家，上下一心團結與共；教師們擁有教學自主權，應根據專業與教學良心，進行教學與班級事務處理，不應受制于家長或行政之自私或無理要求。應在自己專業範圍內，擇善固執，以為進退。唯有知道觀察，掌握訊息，以大家利益為依歸之仁之領導，才能促進大家成長與身心健康。

（三）21～30卦（噬嗑、賁、剝、復、无妄、大畜、頤、大過、坎、離卦）

## 21. 噬嗑卦 ䷔ 離上 震下　咀嚼咬合　刑罰明察

「序卦傳」說：「可觀而後可有所合，故受之以噬嗑；嗑者合也。」能夠使人人仰慕，才能鞏固領導中心，產生向心力，促成團結。「噬」是咬，「嗑」是上顎與下顎合攏，「噬嗑」是上下顎咬合，將吃的東西咬碎之意。此卦卦象與頤卦䷚卦相似，是張大口，上下顎相對，中間是空的形象；噬嗑卦則在上下顎中間，加了一個陽爻，成為咬合咀嚼之象，所以如此命名。

噬嗑，亨。利用獄。

此卦占斷為亨通。凡事不能亨通，必然中間有障礙；此卦將中間障礙咬碎，自然即為亨通。此含意象徵刑罰；刑罰即是要闌除構成障礙的不良分子。

此卦下卦「震」是雷，上卦「離」是明，以雷霆萬鈞之威勢，明察秋毫的光明，作為刑罰必具的條件。此卦主體「六五」，柔爻剛位，在外卦中位，象徵剛柔兼備，具備威嚇、明察、適中的條件，因此有利於執行刑罰。

初九：屨校滅趾，无咎。

「校」為枷。「屨校」為穿在腳上的刑具，「滅」是傷害的意思。「初」與「上」，是指受刑的人，「二」至「五」是只有爵位的人；也就是施刑的人。「初

九」相當於刑罰的開始，罪刑尚不嚴重，刑罰也輕，所以僅作帶腳鐐，傷腳趾的輕微處罰。惡行及早制止，以免擴大，即可避免災禍。

六二：噬膚滅鼻，无咎。

「膚」是柔軟的肉。「六二」陰爻陰位得正，在下卦中位，因而裁判公正，刑罰適切，處置罪犯，就如同咬柔軟的肉那樣容易。在「六二」下方是剛強的「初九」，犯錯如不給予相當重的處罰，將無法收到懲戒的效果。所以，刑罰像咬到自己的鼻子，沒入肉中那樣深，也不會有錯。

六三：噬臘肉，遇毒；小吝，无咎。

「六三」陰爻柔位，不在中位，又陰爻陽位不正。象徵優柔寡斷，裁判無法公正適切的順利進行，就像咬堅硬又味道濃烈的乾肉，困難不易下咽，會有小的挫折。但經過咬碎後，就能排除障礙，最後仍是沒有過失。

九四：噬乾肺，得金矢，利艱貞，吉。

「肺」是有骨頭的肉，「乾肺」比「臘肉」還要堅硬。「九四」接近君位，相當於斷獄的大臣；因卦已過了一半，罪惡擴大，必須施以嚴刑，當然會有較大的反抗。在此種困難狀況下，必須像金屬一般剛強，像箭一般正直，堅守正道，最後才會吉祥。「九四」陽爻剛毅，又在象徵明的離卦中，因而難免果斷，因而必須警惕，不可輕率。「九四」又再剛爻陰位，容易動感情，因而以固守正道告誡。此爻強調刑罰的困難，必須冷靜果斷，堅守正道，不可輕率。

六五：噬乾肉，得黃金，貞厲，无咎。

「六五」陰爻柔順，位於外卦至尊中位，君權、刑罰適中，自然容易使人信服，「乾肉」比較柔軟易咬，所以用「噬乾肉」比擬。「黃」為土色，五行居中，代表中央，象徵中庸。「金」象徵剛強，指得到「九四」剛毅又裁決適中的輔佐；但必須謹慎用刑，剛柔並濟，堅守正道，因刑罰是不得已手段。

上六：何校滅耳，凶。

「上九」已到達刑罰極限，罪大惡極，所以頸上帶枷鎖，磨傷了耳朵，占斷凶險。犯罪氾濫必然凶險。

養生建言：飲食必須細嚼慢嚥，狼吞虎嚥容易消化不良，或食道卡入異物等造成危險而影響生命健康。少食臘肉，因其在燻烤過程容易產生致癌物質，放置過久，也易發霉產生黃麴素。教師經營班級或從事教學教室管理時，

必須恩威並濟，對於違反、干擾上課秩序的同學，應即刻施予喝阻，若無效，則應予以處罰，以免干擾持續或擴大；對於犯行較輕，且是初犯，一開始即予小小處罰，犯行就能改正；如果遲不糾正或糾正處罰無效，犯行愈來愈嚴重，就需隨犯行加重程度而施予不同等級的處罰。處罰是不得已的，應剛柔並濟，學校是團體生活，每天皆有一定教學進度，同學不可因一己之私而影響他人受教權；真正的自由是以不妨礙他人自由為真自由，青少年較缺乏自制力與判斷力，不可養成其放縱自私心態，亦不可養成「只要我喜歡，有什麼不可以」的態度。教師上課若無處罰權，動則被告，將難維持正常教學進行，若學生素質不齊，則更難獲得教學效果。行政若無處罰權，過於軟弱，暴力學生橫行，將令循規蹈矩學生或師長安全於何處？習性養成，出了社會，豈非為更大禍患？刑罰為一體兩面，教育政策制訂者與執行者不可不慎。

## 22. 賁卦 ䷕ 山火賁　艮上　離下　裝飾美化　文明分際

此卦與噬嗑卦是「綜卦」，形象上下相反，惡要罰，善要飾，揚善罰惡交互為用。「序卦傳」說：「物不可以苟且而已，故受之以賁；賁者飾也。」物的聚合，必然有秩序與模式；人的集團，也需有禮儀裝飾。此卦內卦「離」是明，外卦「艮」是止，以文明的制度，使每一個人止於一定的分際，這就是人類集體生活必須的裝飾，所以稱為賁卦。所謂禮儀與法律不過是建立與維持秩序不得已的手段，一切人為文飾應當恰如其分，重內涵的實質，不可因虛榮而舖張，陷入繁瑣，失去意義。

賁，亨。小利有攸往。

由卦變來看，此卦是損卦䷨的「六三」與「九二」交換，或是既濟卦䷾的「上六」與「九五」交換，都是柔爻下降，剛爻上昇，裝飾原來的柔爻，因此命名為賁卦。此外損卦的「六三」與「九二」交換後，使內卦變成「離」，亦即光明，因而亨通。既濟卦的「九五」與「上六」交換，使外卦變成「艮」，外面有阻止，所以不可「大往」，只能「小往」才有利。「賁」不過是裝飾，雖然美化但僅附屬於實質，不可本末倒置、過分重視。

初九：賁其趾，舍車而徒。

「初九」陽剛，下卦「離」是明，所以剛毅賢明，甘願於最下位，擇善固執，像此種貧賤不移、潔身自愛的人，就是送給他不應當有的華麗車子，

他也寧願捨棄，徒步行走。此爻說明文飾應恰當。

六二：賁其須。

「須」是鬚的本字。賁卦的「☲」以上部分，成☲的形狀，與頤卦☶的口相似，「六二」緊接於下，相當於下顎的鬚。「六二」陰柔中正，與上方陽剛得正的「九三」接近，雙方於上方又都無應，因此異性相吸，關係密切，一起行動，如鬚裝飾下顎一起行動。亦即，在沒有應援實力時，應追隨接近的有實力人物。打扮裝飾應配合場合、身分、個人特質等。

九三：賁如濡如，永貞吉。

「九三」陽剛，在二個陰爻中間，被裝飾的光澤柔潤。但「六二」、「六四」都飛與「九三」相應的正當匹配，雖令人陶醉但不能被誘惑，以致沈溺無法自拔。要永遠堅持正道，才能吉祥。此爻強調不可被文飾迷失。

六四：賁如皤如，白馬翰如，匪寇婚媾。

「皤如」在此為不加修飾的白色。「翰如」像鳥一般飛得快速的意思。「六四」本與「初九」正當相應，互相裝飾，但「九三」隔在中間，形成障礙，以致應得到的裝飾卻落空。「六四」為了要與正當的配偶相聚，自己是未加裝飾的白色，又騎白馬像飛一般的奔馳前往。但「九三」陽剛得正，所以阻擋，並非要強暴，只是想求婚。「六四」陰爻陰位得正，因而拒絕，最後不會怨尤。此爻說明文飾重實效，不在一時得失。

六五：賁于丘園，束束戔戔，吝，中吉。

「六五」柔順，在外卦得中，是此卦主爻。象徵重視內在實質，但「六五」陰爻代表女性，本性吝嗇，以「六五」君王地位，贈送的禮物是微薄的一束絹，當然寒酸；但實質重於裝飾，雖被譏笑為吝嗇，最後仍然吉祥喜悅。強調文飾重實質。

上九：白賁，无咎

「上九」已是賁卦極點，一切裝飾都由極端又返回本來面目的一片空白。人類禮法達到極致時，又恢復樸素，故言「白賁」。「上九」如果領悟到裝飾的空虛，而恢復本來面目時，就會無咎。此爻強調一切文飾皆是空虛，應當反璞歸真。

養生建言：牙齒從小的保健很重要，牙齒的缺漏不僅影響外貌，更影響身心健康，因此應養成良好的衛生習慣，及正確刷牙方式，並定期檢查、洗牙，

牙齒有狀況時，應即刻選擇良醫就醫。學生時期最重要的是努力充實學識及內涵，外在只要儀容服裝整潔乾淨即可，不必花太多時間於外在容貌與衣著上。時下許多同學因為外貌、服裝、頭髮等而違反校規，如裙子過短、燙髮、戴耳環、穿耳洞、上指甲油等，實在不值得。穿耳洞不見得安全，甚至會引起細菌感染等，裙子過短易引起歹徒覬覦，……。學校裡禮節與校規、班規、考試等都是文明的禮儀，與規範個人的分際，但最重要是仍是返璞歸真的真實內涵。

教師應注意穿著之莊重樸實，女教師在選用化妝品上要慎重，以免得不償失；由於教學需要長時間站立，儘量少穿高跟鞋，以免血液循環不良。宜注重教室佈置與綠化，可提高讀書情緒，但最重要仍是環境之整潔與光線充足；居家設計與書房、書桌之擺設與美化不可忽視，風水之設計與擺設及通風設備、光線充足、整潔等更屬重要。

## 23. 剝卦 ䷖ 山地剝　艮上　坤下　剝落侵蝕　萬物凋零

「序卦傳」說：「致飾，後亨則盡矣，故受之以剝；剝者剝也。」一味重視文飾，到達極點，就完全形式化，成為虛飾，實質一無所有，不免產生剝落現象。此卦陰由下面成長，一連五個，剩下的一個陽，也到盡頭，保不住了。剝卦也是消息卦之一，代表九月。

**不利有攸往。**

此卦陰盛陽衰，亦即小人得勢，君子困頓時刻。內卦「坤」是順，外卦「艮」是止，順從而不行動，是剝落現象；大勢所趨，只有順從隱忍。採取積極行動為不利。

**初六：剝床以足，蔑貞凶。**

「初六」正當剝落的開始時刻，床已經剝落至腳，邪惡蔑視正直，所以凶險。

**六二：剝床以辨，蔑貞凶。**

剝落由下而上，已到床身的下方，邪惡更進一步的浸蝕正直，愈加凶險。小人勢力愈來愈凶。

**六三：剝之，无咎。**

此卦唯一相應的是「六三」與「上九」。剝卦由「初」到「五」，都是陰爻，狼狽為奸，要剝落陽；只有「六三」不同流合污，與「上九」的陽爻呼

應，支持君子的行動，所以無咎。說明在剝落時，不可與小人同流合污。

六四：剝床以膚，凶。

床腳、床身都已經剝落，現在到達床的表面，已經與人的皮膚連接，必然凶險。

六五：貫魚，以宮人寵，无不利。

「六五」在五個陰爻最上方，又在尊位，所以是皇后，其他陰爻是嬪妃。「六五」的皇后率領後宮的嬪妃，像一串魚似的，依名分次序，承受君王「上九」的寵愛，不會發生爭風吃醋的不利現象。亦即小人的頭目，如果能夠率領同夥從善，才會無咎。「寵」帛書本作「籠」，捕魚的竹器。此言群魚依次相續而進入宮人捕魚籠中，古時以得魚為吉祥太平、百事如意之兆。〔註12〕

上九：碩果不食，君子得輿，小人剝廬。

此卦掛形像是房屋，一陽爻在上，是屋頂，其他各爻是牆。到了「上九」陽已經被剝落殆盡，只剩下一個未被吃掉。但「上九」變成陰，立即會由下方的初爻，又產生一陽，成為復卦☷☳。總之「上九」已是剝落的極點，混亂已極的時刻，人們又渴望恢復太平，正期待有德有能的領袖出現；當有德有能的君子出現在「上」的位置時，另外五個陰爻的小民，就會迫不及待的擁戴追隨，就像得到可以乘坐的車。如果是陰險的小人出現在上位，就成為極端的剝落，就像家的屋頂，也被剝落，僅存的碩果也保不住了。君子於物極必反的剝，落期，唯有順應時勢，謹慎隱忍，以求自保了。

養生建言：床與人的關係密切，白天辛苦奮鬥了一天，晚上就要靠睡眠來恢復精神與體力，因此睡眠品質就很重要；而床的重要性也就不言而喻。青少年不宜睡太柔軟的彈簧床，以免影響脊椎。根據風水，床不要對著門，且床背要有靠，不可中空。床被材質多天要能暖和，棉絮不要外露，以免引起呼吸之疾病。當人進入老年時，正如床的逐漸剝落，經脈血氣逐漸空虛，神氣漸散。因此青少年時即應知保健身體之道，不可蹧塌身體。教師教學壓力沈重，更應保健身體。當處逆勢或小人得志時，唯有謹慎隱忍、等待時機，以保平安。

## 24. 復卦 ☷☳ 地雷復 　坤上　歸復正道　轉危為安
　　　　　　　　　　　震下

震下坤上的復卦與剝卦是「綜卦」，一剝一復，相互作用。卦形上下相反，

---

〔註12〕見趙建偉：《出土簡帛《周易》疏證》，頁54。

「序卦傳」說：「物不可以終盡，剝窮上反下，故受之以復。」喻示事物正氣回復，生機再現，彷彿春天即將來臨，對於人生而言，此卦昭示人們應返回虛靜，遵守自然法則，以適應陰消陽長，復觀天地之心。

復；亨。出入无疾，朋友來无咎。反復其道，七日來復，利有攸往。

由卦形來看，可瞭解剝卦的「上九」剝落，成爲純陰代表十月的坤卦；此時陽在下方醞釀，到了十一月的冬至，一個陽爻又在「初」位出現，成爲復卦。這樣陰陽去而復返，使萬物生生不息，所以亨通。由上下卦分開來看，內卦「震」是動，外卦「坤」是順，陽在下方活動，即自然而然上昇；所以說出入沒有阻礙，志同道合的朋友來，也沒有災難。對於人生而言，再由消息卦來看，一陰開始於五月的姤卦☰，逐步上昇，經過全部變成陰的十月的坤卦，到一陽復來的十一月的復卦，前後經過七個爻，將一爻視爲一日，所以一陰發生到一陽復來，歷經「七日」。亦即，凶必定轉回吉，危必定轉爲安，這是自然的法則。由此卦開始，陽剛又開始伸長，所以有利於積極行動。

初九：不遠復，无祇悔，元吉。

「初九」是一陽復來此卦的主爻，在卦的開始象徵事物在剛剛開始時，即使有過失也不會嚴重，能夠改善；所以說：不要走遠就返回，及早改過之意。

六二：休復，吉。

「休」是美、善、喜、慶之意。「六二」柔順中正，在「初九」的近鄰，具備返回善的美德，所以吉祥。

六三：頻復，厲无咎。

「六三」陰柔，不中不正，又在內卦「震」亦極動的極點，所以把持不定，頻頻犯錯，又頻頻改過。屢屢失敗當然危險，但每次又知道改過，應當無咎。

六四：中行獨復。

「中行」與中途相同。「六四」被包圍在群陰中，但得正，又只有他單獨與「初九」相應，象徵與一群爲非作歹的夥伴，在前進中途，獨自返回，順從正道。

六五：敦復，无悔。

「六五」在外卦「坤」的順中得中，因而中庸柔順，又在尊位，當此返復的時刻，象徵篤守，返回正道的人，當然不會有後悔。此爻說明恢復必須

擇善固執。

上六：迷復，凶，有災眚。用行師，終有大敗，以其國君，凶；至於
十年，不克征。

「上六」陰柔不正，在復卦極點，象徵到最後還不能迷途知返，必然凶
險，天災人禍相繼而來。如果此時有軍事行動，會大敗，累及國君，一直到
十年之久，還不能討伐敵人。此爻說明大勢已經到恢復時期，依然執迷不悟，
必定凶險。

養生建言：在四時陰陽轉換中，夏至與多至二個季節非常重要。夏至一陰
生，多至一陽生，陰陽爭更損人，因此更需要養生保健。冬氣以藏為主，此時
陰氣盛而陽氣弱，但陽氣逐漸上升而陰氣逐漸下降，萬物在閉藏中等待歸復。
因此要保養體內陰精，不使外泄太早與太過，以免傷腎。因此冬至前後宜早睡
晚起，少熬夜，避免寒冷，保持溫暖，以待復歸之陽氣。夏至宜散過旺的的陽
氣，早睡早起，清心消暑，以待陰氣之歸復。冬至吃湯圓，夏至則可吃西瓜以
消暑。學生前一學期或學年表現不佳，則可利用新學期或新學年萬象更新，一
元復始，重新振作。過去的怠惰、種種不佳惡習，趁此改進，歸復正道。班級
前一學期或前一學年表現欠佳，也可利用開學，一元復始，萬象更新。

## 25. 无妄卦　☰　天雷无妄　順應自然　不要虛妄

「序卦傳」說：「復則不妄矣，故受之以无妄。」「无妄」即不虛偽，亦
即依照道理，自然應當如此。由卦變來看，訟卦（山水訟）的「九二」與「初
六」交換，成為无妄卦。訟卦的「九二」本來不正，降到初位得正，陰位此
一變動，由虛變實，自然且合理，故稱无妄卦。君子應效法此道，順應天時，
配合季節時序而行事。對於生命而言，不要胡思亂行、慾望過多，要順應自
然，凝神靜養，如此，即使罹患某些意想不的疾病，也可能不藥而癒。但有
時也有意想不到的災禍，應不計得失，保持寧靜與順應自然，應可心安理得
而固守正道。

无妄。元、亨、利、貞。其匪正有眚，不利有攸往。

內卦為「震」是動，外卦「乾」是健。此卦的「九五」剛健中正，又與
內卦中正的「六二」相應。此種動而健的形象，十分吉祥，所以偉大、亨通、
祥和、堅貞，四德具備，應有望外之福。但如動機不純正，將有弊害，前進
不利。

初九：无妄，往吉。

「初九」陽剛，是內卦主爻，原來訟卦不正的「九二」，降至初位得正，成爲无妄卦主體；因此剛毅、无妄當然前進吉祥。不虛僞的行動，必然有利。

六二：不耕穫，不菑畬，則利有攸往。

「六二」柔順中正，因應天時，順應天理，個人沒有分外欲望，所以能攸然自得，一切聽其自然而不強求；因此不會不耕耘就有收穫，不會期望剛開墾的田地就能豐收。此爻說明不存非分奢望。

六三：无妄之災，或繫之牛，行人之得，邑人之災。

此卦之六爻都爲无妄，但无妄不一定就有好結果。「六三」陰爻陽位不正，因而會有无妄之災，就像拴在村中的牛，被走路的人順手牽走，住在附近村裡的人，被懷疑是偷牛的賊，蒙受不白之冤。此爻說明不虛僞不一定即能得到善報。

九四：可貞，无咎。

「九四」陽剛，是上卦「乾」健的一部分，因此剛健。期於下卦沒有相應，表示沒有私的交往，如此剛健無私，固守无妄正道，所以無咎。

九五：无妄之疾，勿藥有喜。

「九五」於上卦「乾」的中央，剛健中正，在尊位又與下卦中正的「六二」相應，是此卦中最好的一爻。具備此種德行，不會虛僞，像健康的身體，不會生病，不必服藥，而且喜慶。否則無病服藥，即成爲虛僞，成爲妄。

上九：无妄，行有眚，无攸利。

「上九」絕非虛僞的妄，但位於此卦極點，卻遭遇窮困，不可向前。如果逞強，就成爲妄，有害無利。此爻說營不逞強即爲不虛妄。

養生建言：不要胡思亂想，胡思亂想會使自己庸人自擾而坐困愁城，有害健康，應就事論事，勇於面對；也不要有妄想及非分之想，因爲它們會爲自己帶來災禍。宜清心寡欲、順應自然、不計得失、純正不虛僞、不逞強；沒病時不要疑神疑鬼，私自亂服藥，此爲養生之道。

## 26. 大畜卦 ䷙ 山天大蓄　艮上 乾下　蓄養豐碩　儲存能量

本卦卦象是下乾爲天，爲剛健；上艮爲山，爲篤實。在天光山色中蓄養則生機勃勃。只要蓄養豐碩，就可積極往前，克服困難而暢通無阻。對於生

命而言，應善於儲存能量，蓄養精神，充實體力，才可追求成功。

大畜卦與无妄卦是「綜卦」，卦形上下相反，不虛僞必然積善，積善必然不虛僞，相互爲用。「序卦傳」說：「有无妄，然後可蓄，故受之以大畜。」「畜」有蓄積與停止二種意義。內卦「乾」是純陽的卦，外卦「艮」陰多陽少，也是陽卦。陽是大；「乾」是健，「艮」是止，剛健前進的乾卦，被艮卦阻止，阻止的力量很大，所以稱爲大畜卦。此外內卦都具備陽剛的德性，道德蓄積也大，也爲「大畜」之意。

**大畜，利貞，不家食吉，利舍大川。**

由卦變來看，此卦是由需卦（上坎下乾）的「上六」與「九五」交換而成。大蓄卦的「六五」本來在「上」位，但禮賢下士，所以說「利貞」。「不家食」是說不在自己家中吃自己耕種的糧食，而去做官接受俸祿。「六五」是招賢納士的明君，所以到政府中任官吉祥，此正式大有爲時期。「六五」又與內卦之「九二」相應，內卦「乾」是天，因而「六五」應天行道，能克服艱險，所以用有利於涉過大川來比喻。

**初九：有厲利巳。**

「巳」是止的意思。內卦「乾」是健，三個陽爻皆勇往直前，但被外卦「艮」阻止。因此內卦的三個陽爻是被阻止者，外卦的三個爻是阻止者。又「初九」與「六四」相應，也就是「初九」被「六四」阻止，以致前進有危險，停止才會有利。此爻說明應當適可而止、大有蓄積，得意不可再往的道理。

**九二：輿說輻。**

「輻」是捆縛車身與車軸的革繩。「說」與脫音義相同。「九二」被相應的「六五」阻止，但在內卦得中，不偏激，能見機行事，自動停止不前；就像脫去革繩，軸與車分離，不能前進，但因「九二」得中，能夠及時停止，所以不會有怨尤。此爻說明應當機警，當停止時，即斷然停止。

**九三：良馬逐，利艱貞。曰閑輿衞，利有攸往。**

「閑」是學習、訓練。「輿」是車伕，「衞」是衞士。「九三」陽剛，在下卦「乾」亦即健的極點，在上卦應當相應的「上九」也是陽剛，而且在艮卦，又是止的極點；象徵極端阻塞，難以通行的時刻。「九三」在追逐「上九」時，過於剛健、冒進，有陷入危險的可能，必須在追逐敵人之前，先訓練駕車的車伕與護衞的戰士，並且使自己的車子確實堅固耐用，再前往追逐，才會有利。

六四：童牛之牿，元吉。

「童牛」是指尚未長角的小牛，「牿」是裝在牛角上的橫木，以防觸傷人。「六四」阻止「初九」，但「初九」在最下位，力量弱，正如無角的小牛，又裝有防止觸人的橫木，因此可毫不費力的將「初九」阻止。能防惡於未然，所以大吉。

六五：豶豕之牙，吉。

「豶豕」是去勢的豬。「六五」要阻止的「九二」較「初九」強，所以用豬的牙比喻，已經不容易阻止了。但「六五」柔順中庸，在尊位，對面前有利牙的豬並不正面阻止，而是找機會將豬去勢，使其性情溫柔，就是有牙也不怕了；亦即凡事用釜底抽薪的辦法，才能根本解決問題。此爻雖說吉而不說大吉，正本清源畢竟比不上防患於未然。

「何」通荷。「衢」是指十字路。「上九」已經到了阻止的極點，無法再阻止剛健的下卦，不如讓他自由通過，就像浮在空中，負荷著蒼天，使其暢通無阻。此爻說明最有效的阻止方法，就是疏通而不阻止。

養生建言：生命需要蓄養、儲存能量。如果只知工作或讀書，耗損能量，而不知適當的休息，以補充體力與精力，就會氣血消耗，降低人體生理與思考功能，減削身體活力予抵抗力，這樣人便會失去神形。生活應勞逸結合，累了就要休息。平時無論學生或教師，課業或教學都很繁重，週休二日可稍事休息，而寒暑假則為「大蓄」，應利用此時期好好休息，調解身心，補充營養，接近大自然，閱讀課外讀物等。新的學期才能蓄積大能量，往前走。如此便可預防疾病，身心健康；如果不幸勞累過度，身心出現狀況，就應對症下藥，追本溯源以為根治。平時應保健身體，蓄積能量，注意營養與運動，培養耐力，若碰上時間急迫，無法休息，則只有努力以赴了。生命難免有挫折、阻礙，千萬不可喪氣失志，這些正好是蓄積、補充能量，再出發的好時期。

## 27. 頤卦 ䷚ 山雷頤 艮上 震下 咀嚼飲食 頤養之道

「序卦傳」說：「物蓄然後可養，故受之之以頤；頤者養也。」本卦卦象是上艮為山，為止；下震為雷，為動。表示春雷在山下震動時，山上草木萌生，象徵頤養生長；又上止下動，如人咀嚼飲食時上頷不動下頷動，表示頤養身體。而頤卦的卦形也象張嘴的口，上下牙齒相對，咀嚼食物。因此本卦以人的頤養身體為出發點。對生命而言，頤養最重要的是飲食。

頤，貞吉。觀頤，自求口實。

此一卦辭，是倒裝句，觀察一個人平生頤養的是什麼？以及他如何滿足口腹，養活他自己，就可瞭解必須正當，才能吉祥。頤卦，養人養己必須正當才會吉祥。

初九：舍爾靈龜，觀我朵頤，凶。

「龜」在古代用來占卜，又能多日不吃不喝，所以稱爲「靈龜」。「朵頤」是下顎下垂，張口想吃東西的形象。「爾」指「初九」，「我」指「六四」。

「初九」陽剛在最下位，是社會下階層剛毅的人，但因和「六四」的小人相應，以致捨棄如同靈龜般的智慧，蠢蠢欲動，呆呆的張著口，觀望他人手中的食物。只羨慕他人的富貴，而不知運用自己的智慧，所以凶險。此爻說明臨淵羨魚，不如退而結網的道理。

六二：顛頤，拂經，于丘頤，征凶。

「拂經」是違反常理的意思。「丘」是高地，指「上」位。「六二」陰柔，象徵女人不能單獨生活，必須依附陽性的男性，於是求養於下方的「初九」，而違背常理；因而又想尋求「上九」供養。但「上九」地位太高，而且與「六二」不相應，沒有供養義務，以致前往凶險。此爻說明求養必須依尋常裡，不可違背原則。

六三：拂頤，貞凶，十年勿用，无攸利。

「六三」陰柔不中不正，而且在下卦「震」亦即動的最高位置，象徵不正當的行動，已經到達極點，未達到目地不惜用任何手段，違反了養的道理。由於養的手段不正當，養的目地即或正當，也會凶險，以致在十年的漫長期間裡，得不到供養，沒有任何利益。此爻說明求養必須採取正當手段。

六四：顛頤吉，虎視眈眈，其欲逐逐，无咎。

「六四」陰柔，雖然在上卦處於養人的地位，卻連自己也不能養，只好顛倒向下求養於「初九」，不過「六四」與「六二」不同，「六四」與「初九」都得正，而且相應，以柔順正當的「六四」，就養於剛正的「初九」，反而是理所當然，所以說吉祥。

六五：拂經，居貞吉，不可涉大川。

「六五」陰柔不正，雖然在君位，卻不能養天下，只好求助於陽剛的「上九」，如此是違反常裡。不過這是爲了要養天下，不得已的措施，動機純正，

只要堅持正道，柔順的依從「上九」，信任對方，坐待成功，就會吉詳。由於自己沒有力量，不可以冒險行動。此爻說明只要動機純正，甚至可權宜行事。

上九：由頤，厲吉，利涉大川。

在君位的「六四」，依賴「上九」以養萬民，所以萬民是由「上九」所養，但「上九」是處於沒有地位的位置，由於君王的信任，地位竟然凌駕君王，因此要戒慎恐懼才會吉祥。又因「上九」剛毅且在最上位，能夠排除一切困難，毫無忌憚的救濟萬民，所以大有吉慶。此爻說明供養是善行，值得冒險。

養生建言：飲食是生活所必須，青少人於學生時期努力上進，其中很大因素，即希望將來擁有較好的就業條件，以滿足生命維持的必須條件之一，飲食——包括自己及家庭。供養要靠自己努力打拼，如果少年不努力，長大了如何自食其力，難道還要靠父母嗎？如果沒有謀生能力，很容易為生活不得已，而作奸犯科，甚至淪為犯罪的工具，因此青少年時期供給仰賴父母，就應專心向學、求取知識和技能，培養良好品德及判斷是非的能力等。將來也才能立身處世，自給自足，心安理得而有尊嚴。

飲食必須注意清潔與衛生，所謂「病從口入，禍由口出」，謹言慎行以免遭禍。飲食宜定時定量，營養攝取均衡，忌暴飲暴食，保持身心愉快。學校中央餐廚的衛生與食物營養更應重視，味素不可放太多，應派人定期檢查，以維安全。學生發育成長時期，宜多攝取含鈣食物如牛、海帶、排骨湯等以利骨骼生長；垃圾及油炸食物不可攝取太多，如汽水、可樂、麥當勞、油炸雞排（油炸食物容易上火而長青春痘等）等，以免發胖影響發育與身心健康。此外市售攤販油炸食物，食用油是否安全宜格外注意。現今心血管疾病日益增多，飲食還是以清淡為佳。

## 28. 大過卦 ䷛ 澤風大過　兌上 巽下　大的過度　因時利宜

大過卦與頤卦是「錯卦」，陰陽爻完全相反，非常行動，非常行動需要非常給養，養與過交互為用。「序卦傳」說：「不養則不可動，故受之以大過。」陽大陰小，由卦形來看，此卦有四個陽爻，陽過度旺盛，所以稱為大過卦。

**大過，棟橈，利有攸往，亨。**

「橈」是彎曲。將此卦形當作一根木材來看，中間堅實，兩端軟弱，用此種木材當作棟樑，無法承受屋頂重壓，以致中央向下彎曲，象徵人的地位

雖高，但無法承受重任；亦有內剛外柔之象。此卦陽爻過盛，但其中「九二」「九五」在內外卦得中；內卦「巽」是順，外卦「兌」是悅；中庸、順從、使人喜悅，能夠獲得協助，所以前進有利而且亨通。但必須以上德行，否則房屋就會倒塌。

初六：藉用白茅，无咎。

古時席地而坐，不用桌子等，祭祀時將供品的容器直接放在地下，鋪上清潔的白色茅草，表示恭敬。「初六」陰柔，又在下卦「巽」亦即順的最下方，所以非常柔順。雖在盛大過度的時刻，仍然戒慎恐懼，就像祭祀時於祭器下再鋪上白茅般的鄭重，所以無咎。次搖說明在非常時期行動應非常慎重。

九二：枯陽生稊，老夫得女妻，无不利。

「稊」是老根長出的新芽。「九二」是此卦四個陽爻中最下方的一個，正當陽剛盛大過度的開始。「九二」於上卦無應，與下面「初六」接近，陰陽相吸，有親近的可能，所以無不利。此爻以枯了的楊柳比喻老年人，由下方的陰性少女得到生氣，來比喻老人娶年輕的妻子，可以生子。似乎欠妥，但恐為當時時代風氣。「九二」為何是老年人呢？應是少年男生（陽氣初起，男性象徵如喉結、變聲等漸出）較恰當。因此此爻爻辭似乎不對，值得商討，但卦象應屬吉利。

九三：棟橈，凶。

三、四爻在卦的中央，所以用棟比喻。「九三」剛爻剛位過度剛強，就像棟樑下彎，不久就有倒塌危險。「九三」雖與「上六」相應，但由於「九三」剛強，過度自信，所以「上六」雖有心也幫不上忙，因而凶險。

九四：棟隆，吉；有它吝。

「九四」陽剛但在陰位，剛柔兼備，就像棟樑高高隆起，能承擔重荷，所以吉祥。但「九四」與「初六」相應，陰柔的「初六」前來相助時，就會使本來剛柔均衡的「九四」，變成過於柔和，以致因他人的牽連，遭受羞辱。此爻說明在非常行動時，固然需要一切助力，但也不可被邪惡牽累。

九五：枯楊生華，老婦得士夫，无咎无譽。

「九五」在一連四個陽爻的最上方，位於陽剛盛大過度的極點，在下卦又無相應，以致與上方的陰爻親近。但「上六」是此卦終極，已經衰老，過度陽剛的「九五」與已經衰老的「上六」結合，就像枯萎的楊樹開花，老婦

嫁給壯男，即使無咎也不會光榮。此爻說明非常行動，手段仍應當正當。

上六：過涉滅頂，凶，无咎。

「上六」已經是此卦終極，又是陰爻，軟弱無力，卻又極度過分的要積極有所作為，由於缺少自知之明，當然凶險，就像渡河不知深淺，盲目涉過，以致滅頂。雖然結果凶險，但殺身成仁，仍是壯舉，因此難以責怪。此爻說明非常行動，往往明知不可為，而不得不有所為，以致覆滅，也是無奈。

養生建言：學生身心尚在發展中，在求學中要避免師生戀。教師行為舉止宜避免學生產生綺想，更應避免單獨相處，以免影響學生專心求學。上學其間最好不要請假，但若生病仍應去看醫生，請假在休息。開刀動手術難免有意外，但若為病毒侵入或生病嚴重等，為挽回健康，使用抗生素、開刀動手術或放射線治療等，實為不得不然。教師經營班級，若學生上課干擾教學，規勸或處罰無效，則可請其離開教室至學務處或輔導室，以免妨礙其他同學上課權益。學校或班級有品行惡劣的同學，幾經教導無效，留在校內或班級嚴重影響其他同學安全與權益，則可請其家長帶回管教觀察，或轉學，觸犯刑法則移送少年法庭。無論開刀、用抗生素、帶回管教等仍應動機純正，方法正確，不可有私心等。

## 29. 坎卦 ䷜ 坎為水　坎上　坎下　險上加險　困難重重

「序卦傳」說：「物不可以終過，故受之以坎；坎者陷也。」此卦上下卦都是坎卦，一陽陷在二陰中，二個重疊，象徵重重的險難。此卦加了一個習字。「習」是鳥重複學習飛行，有重的含意。因為除了乾坤二卦外，此卦是上下相同的「純卦」中，最先出現的一卦。

習坎，有孚，維心亨，行有尚。

「坎」上下二個陰爻，中間是陽爻，陰需陽實，象徵心中實在，所以誠信，因誠信而能豁然貫通。此卦雖然重重險難的形象，但惟有在重重險難中，方能顯示人性的光輝，此種超越重重險難，意志堅定而不退縮的剛毅行為，是崇高的。

初六：習坎，入於坎窞，凶。

「窞」是陷中的陷。「六」柔弱，在坎卦重重險難的最下方，是陷入陷中之陷，亦即陷的最底層，無法脫身，所以凶險。告誡不可身陷險中，不可自拔。

九二：坎有險，求小得。

「九二」也在艱難中前方又有險阻，但其陽剛得中，雖不能完全克服險難，但所求不大時，仍可達目的。此爻告誡在險難中，不可操之過急，應逐步設法脫險。

六三：來之坎坎，險且枕，入于坎窞，勿用。

「坎坎」是前臨是險，後倚有險。「六三」陰柔，不中不正，而且夾在上下二個坎卦中間，進退皆險，倚賴奸險之人，處境既險，陷於危險深處，任何行動都不會有用。告誡在重重險難中，不可妄動，應先求自保以待變。

六四：樽酒簋貳，用缶，納約自牖，終无咎。

「簋」是裝穀物的竹盤。「缶」是沒有文飾樸素的瓦器。「六四」接近尊位的「九五」，君臣之間分際本十分嚴格，但在險難時刻，剛強的君與柔順的臣，就不能不省去一切繁文縟節，而以誠意相待。就像一樽酒、一盤飯，再用樸素的瓦器陪襯，不經由正門，由牖戶將簡單的食物送給君王。亦即不經由正規程序，以見微知著的方法，啓發君王的明智，方能度過險難，沒有災禍。此爻說明險難中，應不拘泥於常規。

九五：坎不盈，祇既平，无咎。

「九五」在上卦「坎」的中央，水還在流入，沒有滿出，仍無法脫險。但「九五」陽剛中正，而且在尊位，無論德行與地位，都以拯救天下艱難爲己任，而且「九五」已在接近坎卦結束的位置，相當流入坎中的水，不久即可溢出，亦即脫險，所以無咎。

上六：係用徽纆，寘于叢棘，三歲不得，凶。

「係」是縛，「徽」是三股的繩，「纆」是兩股的繩。「上六」陰柔，在坎卦的終極，就像用繩索重重束縛，放置在荊棘叢中，三年都無法走出，所以凶險。此卦告誡在險難中，輕舉妄動，愈陷愈深，就無以自拔了。

養生建言：青年學子交友要愼重，以免爲自己帶來災害，身陷險境中，如幫派、吸毒等。碰到危難要冷靜處理，如碰到強暴犯或勒索、恐嚇、打架等，應與歹徒冷靜周旋，切忌慌張，激怒歹徒。在課業生活或友誼等出現困難障礙，亦應再接再厲，以毅力或誠信溝通等想辦法解決，切不可一錯再錯而無法自拔。行政或教師在經營時，出現溝通障礙與衝突時，宜放下身段，誠心溝通面對問題。當水災、sars 或各種腸病毒、禽流感等來襲時，宜冷靜應對，加強食物衛生、飲水安全，對於疫情要配合衛生單位採取隔離措施等，

以走出危機。

## 30. 離卦 ䷝ 離為火　離上 離下　火上加火　火勢沖天

「離卦也是純卦」，與坎卦是陰陽完全相反的「錯卦」，欲險必須攀附，攀附才能脫險，交互為用。「序卦傳」說：「陷必有所麗，故受之以離；離者麗也。」

**離，利貞亨。畜牝牛，吉。**

「離」是「麗」，附著的意思，此與離意似乎相反，但附著的兩物，必然是分離的，所以也有「附」的含意。離卦是中間的一個陰爻，附著於兩個陽爻的形象，因此命名為離卦。離卦又象徵火，其內部空虛，外表光明，而且火又必定附體，必定附著在某種物體上，才可存在，但附著的對象必須正當。人依附的對象，如父母、夫妻、朋友、師長、工作、房屋、理想等也無不如此；所以堅守正當，才是吉利，才能亨通。母牛是非常柔順的動物，比喻柔順的德行。亦即必須堅守正道，才能有利，亨通；必須具備柔順的德行，才能吉祥。

**初九：履錯然，敬之无咎。**

「履錯然」是足跡錯雜狀。「初九」陽剛積極，在離卦的開始，象徵聰明，又急於上進。然而在開始的時刻，方向未定，橫衝直撞，腳步錯亂，就有陷入危險的可能。因而警告必須謹慎，不可妄動，才能避免災難。此爻說明依附應先認清對象。

**六二：黃離，元吉。**

「黃」是土色，土在五行的中央，所以是中色。「六二」在內卦中位，因而附著於中色；「六二」又陰爻陰位得正，具備中正的德行，當然大吉。此與坤卦的「黃裳元吉」的意思相似。此爻說明依附應本中正的原則。

**九三：日昃之離，不鼓缶而歌，則大耋之嗟，凶。**

「九三」陽爻陽位正當，在上下兩個明的中間，前一個太陽，已夕陽西垂，後一個太陽正旭日東昇，沈升生死本是自然的常理。所以人當風燭殘年，就應當敲著酒罈高歌，歡度餘年，樂天知命，否則就難免自怨自艾，徒然悲傷，自然凶險。此爻說明生死乃自然常理，應當樂天知命。

**九四：突如其來如，焚如，死如，棄如。**

「九四」正在上下兩個「離」亦即太陽的連接處，前面的太陽已經西沈；後面的太陽正在昇起的微妙時刻。然而「九四」陽剛，可說是後一個太陽的

主體，因而激烈的壓迫著陰柔的「六五」，使其有突如其來的感受；也象徵前一位明君崩逝，由後一位明君繼承，他正處於是屬有權勢的奸臣，可威脅君位的時刻。像這樣的奸雄，必然被焚，被殺，被唾棄，死無容身之地。此爻說明依附不可乘人之危，採取脅迫的手段。

六五：出涕沱若，戚嗟若，吉。

「沱若」即滂陀，流淚。「六五」柔弱不正，在君位被上下的陽剛逼迫，以致流淚悲傷嘆息。幸而「六五」在外卦得中，以柔而中的性格，雖然處境危險，但因日夜憂懼，隨時警覺，反而能化險為夷，又因為附著在王公的尊貴地位，艱險小人難免顧忌，所以吉祥。

上九：王用出征，有嘉折首，獲匪其醜，无咎。

「醜」是類的意思。「上九」已是這一卦光明的極點，位置高，能夠明察到全國每一個角落，而且陽剛果斷，因而可以用兵，誅殺惡人。但非濫殺無辜，而是首腦，其同黨附從則不必深究，所以無咎。

養生建言：青少年在社會化過程十分重視同儕關係，因此「同儕」的選擇就非常重要，父母、師長宜以朋友身分與其相處，方能成為其依附對象，以避免許多學生為得到保護，或壯大聲勢，而依附幫派，因此踏入不歸路，十分危險。在擇友上應選擇品學兼優的同學，以為依附的對象，才能在課業、品德與志氣上有所成長，影響之大不可不慎。學校教師、行政也有派別團體，依附也應慎選，宜以合乎仁道與正義為主，不可為虎作倀，有違正道。學校或導師抓到幫派、團體觸犯校規或班規，對於其首腦可嚴加處罰，其附從則可從寬處理，以引導其歸正道。人生聚散離合、起起落落，宜坦然面對。

「星星之火可以燎原」在學校內要注意火災的防範，不要隨意玩打火機或點火，也不要任意在教室亨煮食物；無論學校或家中都要注意老舊電線的更換，每年由於老舊電線走火引起火災的事故日益增多，電力公司實應定期修檢、汰換，以維民眾安全。家中瓦斯學童不要隨意開啟，使用要注意安全，用畢要即關閉，瓦斯要置於通風設備良好的地方，不可置於浴室，以免瓦斯中毒。學校或家中要準備防火器材，發生火災時，要沈著應對，儘快打一一九並儘速離開災區，油類引起的火災，不可用水撲滅，宜用棉被撲蓋。若不小心觸電，應儘快關閉電源，不可直接以手拔開觸電者或導電電源，宜用木棒等絕緣體。

## 二、《周易・下經》

（一）31～40（咸、恒、遯、大壯、晉、明夷、家人、睽、蹇、解卦）

### 31. 咸卦　☶　澤山咸　兌上　無心感應　自然現象
　　　　　　　　　　　　　　艮下

　　「序卦傳」說：「有天地，然後有萬物；有萬物然後有男女；有男女然後有夫婦；有夫婦然後有父子；有父子，然後有君臣；有君臣然後有上下；有上下，然後禮儀有所錯。」《周易・上經》以創始宇宙萬物的天地開始，《周易・下經》則以人倫發端的男女關係說起。「咸」是感之意。感字去掉心為咸，以象徵無心之感應，這是異性間自然、必然的現象。「咸」有皆的意思，因為萬物皆有感應，因而以皆與感的含義，命名為「咸」。

　　**咸，亨，利貞，取女吉。**

　　此卦下卦「艮」是少男，下卦「兌」是少女，象徵少男謙虛追求少女。又「艮」是止，「兌」是悅，表示愛情不能三心二意，應當堅定不移的追求，以誠意使對方喜悅感動。男女相互感應，進而愛慕是必然、自然的現象，因而亨通，但動機必須純正，婚姻才會吉祥。

　　**初九：咸其拇。**

　　「拇」是大腳趾。最初感應的地方。「初六」在咸卦的最下方，象徵人體最下方的大腳趾。「初六」與外卦的「九四」相應，想去追求，雖大腳趾已有感應，仍然微弱，不足以使全身移動，想前進還不能前進，因而吉凶未定。不過此卦所說感應，是指無心的、自然的感應，應當靜待發展，不可採取主動。

　　**六二：咸其腓，凶，居吉。**

　　「腓」是腿肚。當人走動時，腿肚先動，腳才跟著動。「六二」相當於腿肚。當感應在腿肚時，如果腿肚要動，腳就跟著動，這樣就會妄動，妄動就會有危險。幸而「六二」陰柔得正，又在下卦中位，由於中正又缺乏主動能力，不會妄動，所以得以安全。說明雖然發生感應，但不可妄動，不可強求。

　　**九三：咸其股，執其隨，往吝。**

　　「九三」在腿肚「六二」的上方，相當於大腿。大腿隨著腳行動，也沒有主動能力，當下方的腳趾與腿肚要行動時，大腿也不能不動。「九三」陽剛，有主見，又在內卦「艮」的頂點，性格是止，因此可靜候發展而不妄動。如

果跟隨「初六」「六二」陰柔的小人妄動，就會被羞辱；亦即不可盲目的跟隨別人，應有自己主見才不會蒙羞。此爻說明應有主見，不可盲從。

**九四：貞吉悔亡，憧憧往來，朋從爾思。**

「九四」在「九三」的大腿上方，「九五」背肉的下方，一連三個陽爻的正中間，相當於心臟。心臟為人最敏感部位，此爻為咸掛的主體。人心不可捉摸，所以未在「爻辭」中說明心臟。「九四」陽爻陰位不正，因此當心感應而有反應時，就必須堅持純正才會吉祥，將本來容易後悔的心消除。反覆交感，而符合自己的想法。天地間無窮的往來，完全出自無心的感應。，

**九五：咸其脢，无悔。**

「脢」是背肉。「九五」在「九四」的心臟上方，「上九」的顎、頰、口的下方，相當於背肉。背肉又在心臟的後方，當手、腳、口等都遵照心的命令行動時，惟獨背肉不加理會，而且又在背後，看不見外物，不會被引誘，所以感應在背肉時，反應最遲鈍，甚至無反應。像此種孤僻不為外物所動的態度，當然無法與外在廣大世界感應溝通，相反的也不會與外界發生糾葛，所以不會後悔。

**上六：咸其輔、頰、舌。**

「輔」是唇齒相輔的輔，亦即顎。顎、頰、口在人體的最上面，有在上卦「兌」中，「兌」有悅言、口舌象徵；而顎、頰、口都是用來說話的。「上六」已是咸卦終極，又是上卦「兌」的終了，以動人的言語取悅於人，使其感動，根本缺乏誠意，這是小人行為「上六」是陰爻，代表小人，頻頻以口舌去誘騙他人，非君子應有態度。此爻強調應以至誠感應，不可玩弄口舌。

養生建言：人與人之間乃在自然無心的感應，師生如此，同學如此，異性間更是如此。彼此間的感應應順其自然發展，以誠相待，不可心有私欲，甜言蜜語、盲目躁進。也不可孤僻、自我封閉，不與他人交往。異性相吸乃自然之理，教師應教導其正當相處之道及態度，而非禁止其往來，以順利、快樂度過青春期。

## 32. 恆卦 ䷟ 雷風恆 　雷上 巽下　恆守常理　婚姻恆久

**恆，亨，无咎，利貞，利有攸往。**

　　將咸卦倒過來成為恆卦，彼此是「綜卦」，感應短暫，恆久長遠，暫與久相互為用。「序卦傳」說：「夫婦之道，不可不久也，故受之以恒；恒者久也。」下卦「巽」象徵長女，上卦「震」象徵長男。咸卦是男在女的下方，女尊男卑，象徵男女、陰陽相互感應的道理；此卦女在男的下方，男尊女卑，象徵夫婦的常理，所以命名為「恆」。占得此卦只要有恆，動機純正，堅持自己意志就能亨通。

　　**初六：浚恆，貞凶，无攸利。**

　　「浚」是深的意思。「初六」與「九四」相應，陰陽相應是常理。下卦「巽」是入，所以「初六」必定會深入追求。但「九四」是上卦唯一的陽爻，也是上卦唯一的主體，而且上卦「震」是動，所以剛強的「九四」一心力求上進，不會理會「初六」。何況「初六」在最下方，中間又有「九二」「九三」兩個陽爻阻擋，在此種情形下雖與「九四」相應，但如果不顧一切強求深入，即或動機純正，也有凶險，前進不會有利。開始就要深求所以有危險。

　　**九二：悔亡。**

　　「九二」陽爻陰位不正，本會後悔，但其在下卦中位，態度中庸，所以會使後悔消失。

　　**九三：不恆其德，或承之羞，貞吝。**

　　「九三」陽爻陽位得正，但過於剛強，而且離開中位，又與「上六」相應，以致不滿現狀，一心上進不安於位，不能堅守固有的德行，也許會蒙羞，即或動機純正，也難免恥辱。

　　**九四：田无禽。**

　　「九四」陽爻陰位不正，狩獵不會有任何擒獲。此爻強調正義及得其道的重要，黃忠天先生於《周易‧程傳評註》云：「以陽為陰，處非其位，處非其所，雖常何益？人之所為，得其道，則久而成功，不得其道，則雖久何益？故以田為喻，言九之居四，雖使恆久，如田獵而无禽獸之獲，謂徒用力而无功也。」象曰：「久非其位，安得禽也？」，黃忠天先生以為：「處非其位，雖久何所得乎？以田為喻，故云安得禽也。」並且評析：「昔張良棄項羽而歸劉邦，終能開國立功。沮授事袁紹，言不聽，計不從，紹拜見執，仍以身殉而不悔。可謂有恆矣，然其功安在？」因此守「恆」亦是有條件的。

　　**六五：恆其德，貞，婦人吉，夫子凶。**

「六五」陰爻柔順在中位，又與下卦居中的「九二」陽爻相應，象徵堅守柔順服從的德性，永久不變。不過柔順是妻子的正道，堅持此一純正德行會吉祥，但對丈夫而言，卻非爲應有德性，所以凶險。此爻說明立場不同，所應堅持德行也應不同。

上六：振恆，凶。

「上六」已經到達此卦極點，又處上卦「震」最上方的一爻，象徵極端恆久，也違背常理。上卦「震」是動，因而經常動盪不安，此爻陰柔難以堅持，所以凶險。此爻說明極端堅持，反而違反常理，以致動盪不安。

養生建言：問題學生大都來自破碎、問題的家庭。和諧、快樂、健全的家庭則培養身心健全的孩童。工商業社會離婚率漸增，問題學生更爲增加。和諧的家庭是社會安定的一大支柱，因此夫妻相處之道更爲重要。男女經由咸卦的無心感應，追求、交往而結爲夫婦，組成家庭，何等神聖，家庭則要永續經營，感情堅貞，重視相處之道，互敬互愛、相互扶持，不可堅持己見、互不相讓；更不可見異思遷，導致家庭破碎，但也應視狀況而變，不必拘泥不通。教師也應利用機會給予學生夫妻相處之道，以爲將來組成家庭的事先正確觀念教育。

## 33. 遯卦 ䷠ 天山遯 乾上 艮下 退避隱遁 以待時機

「序卦傳」說：「物不可以久居，故受之以遯；遯者退也。」「遯」與遁通用。此卦形象是陰由下方成長，陽退避，所以命名爲「遯」。這也是消息卦之一，代表六月，在小暑、大暑之際，應注意防暑及避暑。對於生命而言，清新靜養，避居田野深山是古人的長壽之道，酷熱炎夏更宜求隱退靜養之調攝。

遯，亨，小利貞。

此卦陽剛在「九五」的君位，與下方的「六二」陰陽相應，象徵雖然有救世之心，卻正當下方有二個小人的陰爻在伸長，君子不得不退避的時刻。但以「九五」高潔的操守，仍然有影響力，可以亨通。對小人而言，雖然勢力伸張，如果堅守純正，不逼害孤高的君子，也會有利。

初六：遯尾，厲，勿用有攸往。

「初六」是遯卦的末尾，已先逃往上方，遲疑的落在最後。當小人得勢時，逃避落後當然危險，但不可因此採取積極的行動。此爻說明小人得勢，

應退則退，君子應待時機，不可妄動。

六二：執之用黃牛之革，莫之勝說。

「說」在此作脫解釋。「六二」陰爻陰位得正，在下卦中位，有與「九五」陰陽相應，象徵中正，潔身自愛，柔順的追隨「九五」，意志堅定，就像用黃牛的皮革捆縛，不會解脫。黃是中色，牛性情柔順，也象徵「六二」的中正與對「九五」的柔順。

九三：係遯，有疾厲，畜臣妾吉。

「係」是牽制之意。「九三」陽爻陽位，剛強得正，但被下方的二個陰爻拖累，在應當隱遁時卻遲疑不決，就像得了厲害的疾病。此時畜養奴婢吉利，因為奴婢祇作身邊雜事，隨時可以遣走，沒有權勢，不會成為累贅。

九四：好遯君子吉，小人否。

「九四」陽爻，又是上卦「乾」的一部分，性格剛強，雖與「初六」的小人相應，按在應當隱遁時，卻能擺脫所好，斷然隱去，故言「好遯」。君子能作至此當然吉祥，小人就做不到了。

九五：嘉遯，貞吉。

「九五」陽剛中正，雖與下卦的「六二」相應，但「六二」也柔順中正，不會成為累贅，所以能無牽無掛的隱遁，稱作「嘉遯」。但以「五」的位置與「上」位比較，仍無法擺脫世俗，因此必須堅持純正，才會吉祥。此爻說明若無法擺脫世俗，就應剛毅、中正，隱遁於世俗中。

上九：肥遯，无不利。

「肥」是餘裕的意思。「上」位通常有達到極點、過度與窮途末路的含意。但以等及而言，已經超出「五」的君位之上，象徵擺脫世俗，無位卻崇高的隱士地位，所以稱作「肥遯」，「上九」達到此一超越地位，置身世外的地位，剛健且下又無相應拖累，進退無牽掛，所以能悠然自得，安度隱遁生活，無任何不利與疑慮。

養生建言：當班上同學小人多、君子少時，則宜退避隱遁，專心向學，不宜與之爭辯，徒惹是非與災殃。酷暑十分不宜在太陽下曝曬，儘量避免中午時分出門，若不得已，宜做好防曬措施，如戴陽傘、帽子、太陽眼鏡等，穿有袖襯衫，或擦合格標示的防曬油等。運動完宜多補充水分，冷氣機要注意定期保養、清洗，以免細菌、病毒、髒空氣等的吸入，並注意體內水分的

補充。冷氣房最好不要待太久，以免降低身體抵抗力。若去游泳要結伴而行，注意安全。飲食要注意衛生，不要飲生水及飲過多冰冷汽水或果汁。不要正對著頭部吹電風扇，以免感冒。酷暑使人體心火旺盛，肺氣衰，宜早睡早起，飲食清淡，保持心情愉快，避食上火的油炸、油膩食物或補品以免火氣爆燥。若能趁暑假至郊區或鄉下、山中度假避暑，呼吸新鮮空氣，更佳。

## 34. 大壯卦　☰　雷天大壯　雷上　乾下　陽氣隆盛　非常壯大

「遯」卦倒過來成為大壯卦，相互是「綜卦」，逃避是消極手段，壯大則積極有所作為，二者相互為用。「序卦傳」說：「物不可以終遯，故受之以大壯。」此卦不講述如何強盛，而是以如何善保盛壯為宗旨，對於生命而言，要順應天時，遵循「春天應陽」的養生原則。

**大壯，利貞。**

此卦也是「消息卦」，代表夏曆二月。連續四個陽爻，成長壯大，卦象為雷在天上能助天威，是大壯之象，所以命名為「大壯」。陽象徵君子，君子壯大當然亨通，無往不利。然而聲勢壯大，就必須嚴守純正，否則有陷於橫暴的可能。所以說必須堅守純正，才會有利。

**初九：壯於趾，征凶，有孚。**

「初九」雖陽爻陽位得正，但欲「九四」陰陽無法相應，上方沒有援引；加以雖有前進的旺盛意圖，但尚不足以帶動全身，因此前進凶險。

**九二：貞吉。**

「九二」陽爻陰位不正，但在下卦中位，雖然位置不當，確有中庸德行。當壯大時，往往容易過分，必須具備中庸的德行，堅持純正，能夠克制，才會吉祥。此爻說明壯大，應當中庸，有節制。

**九三：小人用壯，君子用罔，用厲。羝羊觸藩，羸其角。**

又離開中位，剛強過度。小人會利用此種過度剛強的氣勢，欺凌他人，君子則否。君子此種作風即為純正也有危險，就像公羊去牴處藩籬，角被掛住無法擺脫。此爻說明不可利用壯大，逞強任性。

**九四：貞吉悔亡，藩絕不羸，壯于大輿之輹。**

「輹」是將車軸綁在車身上的皮革。「九四」已經超過此卦的一半，連續四個陽爻重疊，象徵非常壯大。但「九四」陽爻陰位不正，繼續下去就會後

悔。但正因爲陽爻陰位並非極端剛強，祇要堅持純正，仍然吉祥，可使後悔消除。又因爲前方都是柔爻，所以會像公羊將藩籬決潰，角不被掛住；又像堅牢的綁住重重車軸的皮革，不會斷落，在此種情形下可繼續前進。

**六五：喪羊于易，无悔。**

此卦所以用羊來象徵，是因爲將大壯卦每二爻合併成一爻，就成爲兌卦外柔內剛，是陽的象徵。「易」即田畔。「六五」陰爻在中位，柔弱中庸，已喪失了壯大性格，所以用象徵大壯的陽，在田畔失落來比喻。已經不再強大前進，但也不會發生後悔的結果。物極必反，壯大開始衰退，不可能再積極前進。

**上六：羝羊觸藩，不能退，不能遂，无攸利，艱則吉。**

上位已是大壯卦的終極，有公羊抵觸藩籬，角被掛住無法後退，而「上六」陰爻力氣不足，又不能穿破藩籬達到目的，如此逞強冒進也不會有任何利益。所幸「上六」是柔爻，能夠以柔弱與命運對抗；祇要及時覺悟立場的艱難，能忍耐等待時機，結果還是會吉祥。此爻說明既不能進，又不能退，就應當及時覺悟，艱難已經到來，力求自保以待時機。

養生建言：人生有起有落，課業退步了，努力再迎頭趕上，名列前茅時，不可因此自負而流於驕傲。學校行政、教師、班長掌權時，親近掌權核心的行政、老師、或同學等不宜驕傲蠻橫，爲所欲爲，欺凌弱勢。

春回大地，陽氣漸升，陰氣下降，自然界推陳出新，萬物欣欣向榮，人逢此時充滿生機，宜於此時善自調攝，晚睡早起，於庭中散步，怡養情志，或郊外踏青賞花，吸取地靈之氣。春季乍暖還寒，各種病源微生物也開始活動，各種流感、麻疹等最易傳播，老人、精神病患及慢性病患最易舊疾復發，宜做好預防工作，一有狀況立即就醫。此外肝氣在春季旺盛，宜調攝辛、甘溫之品，忌酸澀，宜多食疏果，忌抑鬱惱怒。

## 35. 晉卦 ䷢ 火地晉　離上坤下　日出大地　自昭明德

本卦卦象是上離爲火，爲太陽，性格是依附；下坤爲地，爲柔順。太陽由大地升起，是充滿希望的象徵，乃晉之象。智者效法此精神，自昭明德，努力使自己的光明德性更加顯明光大，即可如康侯般獲得天子的提拔。對於人生而言，應善於進取，步步爲營，力戒貪婪，妥善自治，方是人生進取和

成功的秘訣。

晉，康侯用錫馬蕃庶，晝日三接。

「序卦傳」說：「物不可終壯，故受之以晉；晉者進也。」「晉」是前進，是柔順依附、治績佳的諸侯前進到天子面前，接受褒獎的形象。「錫」是賜，「蕃庶」是繁多，「康侯」為使國家安康的侯爵。

初六：晉如，摧如，貞吉。罔孚，裕无咎。

「初六」是陰爻在最下位，力量弱，雖與「九四」相應，但「九四」陽爻陰位不正，無法給予援手，如果前進就會挫敗；只要堅守純正，仍然吉祥。即使不能取信於人，只要心理坦然，面對現實，就不會有災難。

六二：晉如，愁如，貞吉。受茲介福，于其王母。

「介」是大之意，「王母」是祖母。「六二」陰爻陰位，在下卦中位，中而且正，當然會昇進。但與「六五」陰陰無法相應，上方又沒有援引，因而前途困難，不能不憂愁。不過開始時孤立無援，衹要堅守純正，仍能吉祥，就像由祖母那裡，得到很大的福氣。

六三：眾允，悔亡。

「允」是信的意思。「六三」陰爻陽位不正，又不在中位，當然會後悔。但下方二個陰爻志同道合，也要前進，得到眾人的信賴與支持，本來應該後悔的因素就消失了。

九四：晉如鼫鼠，貞厲。

「九四」陽爻陰位，不中不正，卻晉升到高位，由於缺乏道德，地位高反而更加貪婪，就像田間的野鼠。此爻說明不可悖進，不可貪得無厭。

六五：悔亡，失得勿恤，往有慶也。

「六五」陰爻陽位不正，結果應當後悔，但因是上「離」象徵光明的主爻，下卦「坤」是順，因此以光明磊落的態度，高居官位，下面又屬服從的形象，想像中的後悔就消失了。所以不必為得失擔憂，前進吉祥，沒有不利。此爻說明光明磊落，不計較得失，前進必然有利。

上九：晉其角，維用伐邑，厲吉无咎，貞吝。

「上九」已經晉升到極點，又是剛強的陽爻，所以用動物的象徵。鑽進角尖中，本已無迴旋餘地，但由於本身剛強，還有力量討伐叛亂的村鎮，雖然危險但結果吉祥。不過自己領地上的村鎮，應當平時善加管理，不使其發

生叛亂，竟然發生叛亂，不得不加討伐，雖是正當的處置，仍不免羞辱。此爻說明前進必須有妥善的策畫，謹慎的實施，等到發生偏差，再來改正，即或不失敗，也是恥辱。

養生建言：宜修養品德、充實學識，以光明磊落的積極態度，努力往前，即使遭遇挫折，也要以樂觀心情坦然面對，不可喪失信心。掌握權力的行政或教師等人員，宜注重上下溝通，得到大家支持，切不可被權力迷惑而違反道德，貪婪無厭；事先應作審慎規劃，善加管理，以免異聲四起，縱然事後以純正態度解決，也不免遭遇羞辱。

在競爭日益激烈的今天，更宜做好自我管理，充實自我，鍛鍊保健身體，以提升、儲蓄能量。課餘多參加休閒活動，與同學、同事保持互動，可相邀登山、郊遊、打球、或讀書會等。保持，注意家庭和諧、家庭情感交流，有病及時選擇良醫就醫，注意起居飲食的養生；上課要專心，課前預習，課後複習，選擇優良書籍、音樂閱讀、欣賞。行政除注意自我保健外，亦應注重教師們或學生們的身心健康，注意其生活休閒與壓力抒解，才能得到大家的支持。

## 36. 明夷卦 ䷣ 地火明夷　坤上　離下　光明損傷　韜光養晦

**明夷，利艱貞。**

明夷卦與晉卦相互是「綜卦」，前進須冒險，難免負傷，負傷則促使反省，有利於前進，相互為用。「序卦傳」說：「進必有所傷，故受之以明夷；夷者傷也。」

「夷」與痍相同，傷痍、創傷的意思。此卦上卦「坤」是地，下卦「離」是太陽。太陽沈沒地下，象徵光明受到傷害，所以命名為「明夷」。此卦的主爻「六五」，雖在上卦中位，但陰爻柔弱又包圍在上下陰爻中，象徵賢者以明德被創傷，立場非常艱難，唯有覺悟立場的艱難，刻苦忍耐，堅守正道，韜光養晦以自保，才會有利。對於生命而言，自恃身體健康，不知保養，暴飲暴食，疲勞過度，反而易暴發嚴重疾病，宜遠離危險因素，慎治、調養疾病，才能恢復健康。

**初九：明夷于飛，垂其翼。君子于行，三日不食，有攸往，主人有言。**

此卦是明德被創傷，邪惡殘害正義。「初九」就像鳥於飛行中負傷，鳥翼

下垂。於是君子捨棄一切逃亡，難免窮困，會三天沒有糧食吃的，就是有投奔的地方，也會被譏笑爲不識時務，而聽到閒言閒語。此爻說明在正義被殘害的苦難時期，唯有退避韜光養晦以自保。

六二：明夷，夷于左股，用拯馬壯，吉。

負傷在左大腿，幸好右腿還可以行動，如果得到強壯的馬，仍然可得救，迅速逃離險地，結果吉祥。「六二」比「初九」還可飛，「六二」已經行動困難了，但如迅速挽救，仍會吉祥。此爻說明邪惡的殘害已經逼身，應當迅速逃離避難。

九三：明夷于南狩，得其大首，不可疾貞。

「九三」剛爻剛位，至剛，又是下卦「明」的最上爻，最明智。但籠罩在完全陰暗的上卦下面，相應的「上六」又昏暗，不得不將其明智隱藏，一再忍耐。可是不能長久如此，可往南方征討，南方是光明的方位，可向上攻擊，開創光明，就能俘虜罪魁惡首「上六」，但這是革命的非常行動，必須慎重，不可操之過急（此是指周文王被暴君紂王囚禁於羑里，隱忍才得脫險，終於發動革命）。

六四：入于左腹，獲明夷之心，于出門庭。

要進入卑鄙者（左腹）的心腹中，才能獲知傷害光明的暴徒的心意。要入虎穴，離開家，隱於朝廷以避禍。此爻說明最危險的場所也是最安全的地方的道理。

六五：箕子之明夷，利貞。

此卦上卦「坤」卦全是陰爻，「六五」又在最中央，是最黑暗的時刻，且又最接近昏暗的「上六」。但「六五」卻能不失其堅貞，就如箕子在最暴虐黑暗時刻，依然能明辨是非，堅持正義。此爻說明愈在黑暗時刻，益當堅持正義，明辨是非。

上六：不明晦，初登于天，後入于地。

「上六」是純陰的上卦的最後一爻，亦即昏暗已經到達極點。在此位置開始像登上天堂，最後卻墮入地獄，這是由於不光明必然黑暗的結果。此爻強調違背正義的結果，必然失敗，如紂王起出雖威震四方，最後卻難逃之滅亡的命運。

養生建言：凡事要懂得韜光養晦，不可恃強出頭，疲勞過度，有損健康。

學校要有教師介聘及校長輪調制度，以免得罪權勢時，為權勢所迫害。若無法調動時，宜韜光養晦，隱忍以為自保。若權勢過於黑暗，胡作非為，隱忍多時，終可透過各種管道，揭發陰私，伸張正義。身體平時要懂得保健，有病要及時治療。家庭事故要先做好預防，無論瓦斯、電路、避雷針等，平時要做好睦鄰工作，發生事故時便可守望相助。。

## 37. 家人卦 ䷤ 巽上離下　風火家人　骨肉親情　家庭倫理

**家人：利女貞。**

「火」是家庭中同鍋而食的象徵。「序卦傳」說：「傷於外者，必返其家，故受之以家人。」「家人」是一家人，說明家庭中的倫理道德。此卦外卦的「九五」與內卦的「六二」都得正，象徵男主外，女主內，各守正道，所以命名為「家人」。並且特別強調主婦在家庭中的重要性。主婦正則一家正；家庭正則延伸到家庭以外，必然也正。一切事物都發生於內，而形成於外；言語應有具體內容，行為應貫徹一定的原則。

**初九：閑有家，悔亡。**

「閑」是防範的意思。「初九」為此卦開始，陽爻陽位，剛毅得正。象徵在家庭中能夠防患於未然，才能保持和諧，不會有後悔的事發生。教導兒女應從小教育起，長大就太遲了。

**六二：无攸遂，在中饋，貞吉。**

「中饋」是指在家中負責烹飪、供應食物的妻子。「六二」陰爻陰位，過於柔順，本來並不能主動逐行任何事物，但得正，又居內卦中位，柔順中正是主婦應有的德行。因而對家庭中主持烹飪供應食物的主婦來說，則是正當而吉利的。

**九三：家人嗃嗃，悔厲吉；婦人嘻嘻，終吝。**

「嗃嗃」為冷酷之意。「九三」在內卦最上位，是一家之主的形象。但剛爻剛位過於嚴厲，以致一家人都冷冰冰的。治家過於嚴厲，難免有後悔之情事，但結果仍為吉祥。如果治家不嚴厲，妻子兒女終日嘻嘻哈哈，就會帶來羞辱。此爻說明治家寧可嚴，不可寬。

**六四：富家，大吉。**

「六四」陰爻陰位得正，又是外卦「巽」謙遜順從的開始。守正道又能

謙遜，順從本分理家，當然會使家庭富足。此爻強調理家應順從本分。

九五：王假有家，勿恤吉。

「假」與格的音義相同，至的意思。「九五」剛健、中正、在君位，又與內卦柔順中正的「六二」相應。象徵「九五」的王者來到「六二」的女家，無憂無慮，結果吉祥。此爻說明一家人應當相親相愛，和睦共處。

上九：有孚威如，終吉。

「上九」剛爻在此卦最上位，象徵一家之主的家長，又是此卦終了，所啓示的是治家的久遠法則。治家不可缺少誠信，家長以誠信治家，必定能感化家人，一心向善。何況治加對象為自己親人，往往溺於親情，過度慈愛，以致缺乏威嚴，變成散漫，所以家長必須誠信而且威嚴，這樣治家才會吉祥。此爻說明治家的基本原則在誠信與威嚴。嚴己律己，以身作則，自然會使家人尊敬服從。

養生建言：家庭是一個人成長與休息、充電再出發的地方，家人應和睦相處，父慈子孝，和樂融融。家庭教育應由小即開始，父母更應以身作則，為孩子行為模範。父母治家寧可嚴謹，不可過於溺愛。家長要與學校老師密切配合，唯有學校教育與家庭教育互相配合，才能培育身心健全發展的學生。工商業社會女權高漲，紛紛出外工作，鑰匙兒漸多。孩子的童年只有一次，幼年的人格發展更攸關一生，婦女仍應以家庭為重，因此無論企業界或政府機關應讓婦女在工作外也能兼顧家庭，如有育嬰假、設立托兒所、實施彈性工作時間制等。宜家庭安全，避免家庭意外發生，瓦斯用畢要隨手關好，瓦斯線管與電線要定期檢修與更換，插頭不要插過多電器，以免電線走火，要教導孩子用電與瓦斯安全。藥品要標示清楚，注意用藥安全，過期的藥要丟棄，危險物品宜擺置在安全地方，家中要注意環境衛生與飲食衛生，若無法在家烹飪，也要選擇衛生可靠的餐飲。婦女也賺錢養家，家事應共同分擔，不應大男人主義，夫妻互敬互愛，其樂融融。學校亦應教導學生家庭教育的重要與夫妻相處之道，以為將來組織家庭之正確觀念培養。

## 38. 睽卦 ䷥ 火澤睽　離上 兌下　睽違不合　異中求同

睽卦與家人卦的形象，上下相反，相互是「綜卦」，家和萬事興，不合則一切乖離。「序卦傳」說：「家道窮必乖，故受之以睽；睽者乖也。」「睽」

是目不相視，違背、背離的意思。合必有離，離必有合；同中有異，異中有同；有效運用離合異同的必然法則，才能因應變化，有所作為。睽卦以卦形而言，上卦「離」是火，下卦「兌」是澤，是火炎向上燒，澤水向上浸的形象；以象徵來說，上卦是中女，下卦是少女，是二女同住在一起，行動意志不能協調的含義；都有違背的傾向。以卦的性格來說，下卦「兌」是悅，上卦「離」是附、明；是屬於愉快的依附明智的性質。再以卦變來說，離卦☲的「二」與「三」爻交換，中孚卦☲的「四」與「五」爻交換，家人卦☲的「二」與「三」及「四」與「五」爻交換，都是柔爻前進上昇，成為睽卦，使「六五」在中位，與「九二」的剛爻相應，的以稍微補救，因而大事不可，小事吉祥。

初九：悔亡，喪馬勿逐，自復；見惡人无咎。

「辟」即避。「初」與「四」應當相應，但「初九」與「九四」都是陽爻，卻不能相互應援，應當會發生後悔的結果。但在背離的情況下，應當相合的卻背離，應當背離的反而相合。所以應當相互排斥的「初九」與「九四」，反而相互應援，使想像中的後悔消除於無形，就像喪失的馬，不必去追逐，自己就會回來「初九」認為沒有應援，不可能上昇，但意外的得到「九四」的應援，不必焦急，有了上昇的機會。所以人情反復無常，為了避免災禍，有時不屑理會的惡人，也不得不交往。亦即，人事難以意料，寬大包容，在危難中才會有意外的應援到來，即或是惡人也不可以完全排斥，適度的交往，反而可避禍。此爻說明異中有同，就是正邪之間，也不例外。

九二：遇主於巷，无咎。

「主」為主人，指「六五」。「九二」與「六五」陰陽相應，本來應當會合，但在背離狀況下，卻不能見到，於世到處尋求，不是在大道上，而是終於在小巷相遇，但不會有災禍。此爻說明應以權變、主動積極的態度去異中求同。

六三：見輿曳，其牛掣，其人天且劓，无初有終。

「天」本只頭頂，轉為在額上刺字的刑罰。「六三」與「上九」本相應，應前往到「上九」處，但本身陰柔，前後受到剛爻的牽制，就像自己的車，後方被「九二」拖住，車前拉牛的車，又被「九四」阻止，因而使「六三」與「上九」背離。於是「六三」本人就像遭受刺額、削鼻的刑罰般憤怒。不

過艱難終會消除，始雖不利，最後則有結果，終於見到「上九」。此爻說明當背離時，不可懊惱，應當異中求同，必然和同。

九四：睽孤，欲元夫，交孚，厲无咎。

「元夫」是大丈夫之意。「四」與「初」，雖當相應，但都為陽爻，無法應援；「九四」前後又被陰爻包圍，以致孤立。「初九」剛毅，是大丈夫，「九四」與之雖同是剛爻，應相應而不相應，只要互相信任，即能彼此幫助，縱有危險最後仍然平安，不會有災禍。

六五：悔亡，厥宗噬膚，往何咎。

「膚」是柔軟容易咬的肉。「六五」陰爻陽位，柔弱不正，卻身在尊貴的君位，當然會後悔。但「六五」在上卦中位，與下卦的「九二」陰陽相應，可以得到應援，使後悔消除。其宗族指應援的「九二」。「六三」在「九二」面前形成阻礙，陰柔不正，因而「九二」就像咬柔軟的肉一般，很容易的將其排除，與「六五」會合，有了強力支援，前進當然不會有災難。此爻說明和同就能產生力量。

上九：睽孤，見豕負塗，載鬼一車，先張之弧，後說之弧，匪寇婚媾，往欲雨則吉。

「說」是脫。「上九」與下卦的「六三」相應，「六三」前後都有剛爻牽制，不能前往與「上九」會合，「上九」又到達睽卦極點，也是上卦明的極點，因而剛愎不明，滿腹猜疑，以致孤立。「六三」被剛爻包圍，就像陷在泥淖中的豬，背上塗滿了污泥。「六三」雖無背叛，但「上九」猜疑已極，就像看到一車可怕的鬼。起先張弓要射，後又遲疑，將弓弦放鬆。不過「六三」本與「上九」相應是同志，不是仇敵，猜疑最後澄清，終於結合，就像遇到雨，洗去污泥，才看清真相，變為吉祥。此爻說明猜疑的可怕。

養生建言：學校裡及班級中每個人來自不同家庭背景及成長環境，再加上每個人天生氣質、後天習性，意見不一致甚至相反，是很正常的。大家不必為了意見相左，互相猜忌而不相合甚至如仇敵。宜權變在寬大包容中，異中求同，才能結合同志，順利相處或推展業務。這是行政、教師及同學們的相處之道，既可增加朋友、向心力又可避免樹立敵人，也是無論行政、教師、班長、股長等的領導經營不二法則。唯有好的人際關係，才能心情愉快。

## 39. 蹇卦 ䷦ 水山蹇 坎上 艮下　遭遇險阻　遇險則止

蹇，利西南，不利東北；利見大人，貞吉。

「序卦傳」說：「乖必有難，故受之以難；利見大人，貞吉。」此卦下卦「艮」是山、止，上卦「坎」是水、險，山高水深，又前面有險，遭遇困難，停止不前，所以命名為「蹇」，屯卦因動而生難，蹇卦因止而發現難，二者含意不同。依「說卦傳」坤卦在西南，艮卦在東北。此卦中並無坤卦，以卦形而言不含西南。但凡是一陽二陰的卦形如坎卦、震卦、艮卦，都是由坤卦演變而來，所以上卦「坎」也可看作「坤」，指西南。「坤」又是地，容易行走，所以說「利西南」；下卦「艮」是山，行走困難，指東北，所以說「不利東北」。亦即困難時應當用柔，不宜用剛。又「蹇」是困難，克服困難需要大人物的協助，而且必須堅持正道才能得救。幸而「九五」剛健中正，象徵偉大人物，「六二」以上陽爻又得正，所以吉祥。

初六：往蹇，來譽。

「初六」陰爻陽位，柔弱不正，又與上卦的「六四」，陰陽不能相應，勉強前進，必將陷入上卦「坎」的危險中。因而前往是自尋煩惱，惟有瞭解當前形勢，知道量力，返回停留原處以等待時機，才會得到榮譽。此爻說明不可輕率冒險。

六二：王臣蹇蹇，匪躬之故。

「匪躬」是奮不顧身，努力向前的意思。「六二」陰爻陰位得正，在下卦中央，又與上卦同樣中正，與在尊位剛健的「九五」相應，應可順利向前。然而上卦「坎」是險，「九五」又正陷在險的中央，站在臣的地位的「六二」，只有冒險，不問成敗，奮不顧身，前往營救。此爻說明當陷入危險中，惟有奮不顧身，彼此相救，才不會遺憾終身。

九三：往蹇來反。

「九三」在內卦的最上位，也是內卦惟一的陽爻，成為其他兩個陽爻的依靠。然而「九三」與外卦的「上六」相應，一心想要昇進。可是上位無位，「上六」柔弱無力，無法給予援引，因而「九三」要昇進必然艱苦，如果認清形勢，返回內卦，不但使內卦的二個陰爻喜悅，而且本身也安泰。

六四：往蹇來連。

「六四」已踏入上卦「坎」的險地，進退兩難。但「六四」陰爻陰位得正，懷有救世救人的正義，下面的近鄰「九三」，也陽爻陽位得正，志同道合。此時即應反過來與「九三」聯合，才能冒險犯難，拯救世人。此爻說明冒險犯難，應當結合同志，充實力量。

**九五：大蹇朋來。**

「九五」在君位，但陷入上卦險的正中央，形勢非常艱難。但「九五」剛健中正，在非常艱難中，必定還有中正的同志，前來營救，那就是「六二」。在此卦中，形勢良好時，也從不說吉。陰位還未脫離險境，無法斷言是吉是凶。此爻說明德不孤，必有鄰，得道多助的道理。

**往蹇來碩，吉；利見大人。**

「上六」是此卦終極，要前進也無地方可去，徒然自尋煩惱，所以艱難。但回頭遷就「九五」，共挽時艱，就會有豐碩的成就。至此艱難已經過去，所以才說吉祥。偉大的人物指「九五」，要遇到如此剛健中正的人物才有利。此爻說明克服困難，應當與賢能結合。

養生建言：當遇到困難時，就應停下腳步，檢視問題所在，不可再貿然往前。身體出現狀況，就應前往就醫、休息，不可繼續勞累。當行正道之行政、同事或同學等有難時，應奮力協助，自己平時除行正道外，亦應廣結善緣，困難時方可獲得援助。身體中之五臟分屬五行，胃屬土，肺屬金，腎屬水，肝屬木，心臟屬火。土生金，金生水，水生木，木生火，火生土；五行循環相生。舉例如身體中肺若有狀況，除可由食物等補肺金，亦可由補脾胃之土來生肺金，達到調養、治癒效果。

## 40. 解卦 ䷧ 雷水解 雷上 坎下　物情舒緩　不可怠惰

**解，利西南，无所往，其來復吉。有攸往，夙吉。**

解卦是與蹇卦形象上下相反的綜卦，困難必須解除，但解除後又容易耽於安樂，難與解相反相成。「序卦傳」說：「物不可以終難，故受之以解；解者緩也。」此卦內卦「坎」是險，外卦「震」是動，行動走出困難之外，使困難解除，所以命名為「解」。既有積極行動脫離危險之義，又有雷雨下降，百果草木萌芽之象，這些都是「解」的形象。對於生命而言，春雷震撼，春雨下降，在物情舒緩之際，喻示不可怠惰度日，怠惰不僅無所收穫，而且有

害健康，因此解卦實際以排解險難，不可懈怠為宗旨。

解卦來自升卦䷭的「三」與「四」交換。升卦上卦的「坤」位在西南，「九三」昇入西南的「坤」，成為解除困難的解卦，所以說西南有利。亦即解除困難應當用柔，又西南的「坤」是地，大地平坦寧靜，當艱難解除後，就當歸於寧靜，不可在繁瑣擾民，才有利。當解除困難後，不宜再有任何行動，應當回到原來的地方休息，才會吉祥。解除困難應當迅速，不可使紛擾拖延過久，才會吉祥。

初六：无咎。

「初六」柔爻在最下方，柔順位置不顯著，所以安全。而且「初六」與上卦「九四」陰陽相應，雖不會大吉，也沒有災難。

九二：田獲三狐，得黃矢，貞吉。

此卦有四個陰爻，除了在君位的「六五」之外，三個陰爻，故言三狐。「九二」陽爻剛毅，在內卦中位，中庸又與君位的「六五」相應，得到信任，能夠驅逐迷惑君主的小人，故言獵獲三隻狐。射狐如果被逃走，就會損失黃金的箭，但射中獵獲，即會得回箭。「黃」五行中為中色，箭是直的，象徵驅逐小人時，需用中庸、正直的方法。此爻說明解除困難，須把握中庸、正直的原則。

六三：負且乘，至寇至，貞吝。

「六三」是陰爻，象徵小人卻位於下卦的最高位，而取陰爻陽位不正，品德與地位不相稱，必然會招致想盜取此一地位的人出現。即使堅守正道也難以免羞。說明解除困難必須名實相符。

九四：解而拇，朋至斯孚。

「而」為你，指「九四」，「拇」是大腳趾，指在最下方的「初六」，「初六」與「九四」相應，又在最下方，因二者都非在正位，所以以不正相應。但「九四」是陽爻象徵君子，「初六」是陰爻象徵小人，雖相應卻不能成為同志。「九四」斷然將「初六」切除，朋友才會對自己產生信心而到來，也就是切斷與小人的關係，才能得到君子的信任。說明除惡務盡，才能得到君子的信任。

六五：君子維有解，吉；有孚於小人。

「維」是思之意。此卦有四個陰爻陰爻代表小人，其中只有「六五」在君位，是君子，但易與其他三個陰爻的小人混爻。君子應當只與君子交往，必須

遠離小人，結果才會吉祥。小人之心就會改而退之。君子勢長，小人勢消。

**上六：公用射隼，于高墉之上，獲之，无不利。**

「上六」在最高位，是此卦的終結之一爻，必然困難已經解除。「上六」對貪圖高位、不相應的小人「六三」，在他想飛上的時候，就像站在高牆上射殺隼般，將其射落，不會有不利。對邪惡應採取斷然手段。

養生建言：考完試緊張得以解除，心情得以放鬆，但在放鬆之餘，不可太過懈怠，仍須爲下一次的考試而準備。有不良的習慣或結交不良朋友，宜斷然根除，否則便會影響別人對你的信任。宜多結交益友，勿結交損友。結交益友的態度要正當，不可心懷不軌，虛情假意；考試不可作弊，否則得來的假分數也無法持久。宜以適當休閒放鬆心情，如聽音樂、看電視、郊遊等，切不可以不正當的方式來放鬆心情如抽煙、酗酒、賭博、飆車、吸毒品、閱讀不良書刊、網站等。唯有良好、正當的休閒生活，才能眞正鬆緩精神，使壓力得到解除與放鬆。放鬆後仍要不懈怠的積極往前，所謂「休息是要走更遠的路」，也才能擁有光明的前途。

## （二）41～50卦（損、益、夬、姤、萃、升、困、井、革、鼎）

### 41. 損卦 ䷨ 山澤損 艮上 兌下　懲忿窒慾　損中有益

損卦上卦「艮」是山，下卦「兌」是澤，減損澤中的土，以增益山，所以山高澤低。君子應當效法此一精神，懲忿窒慾以減少人欲，增益天理。

**損，有孚，元吉，无咎，可貞，利有攸往？曷之用，二簋可用享。**

「序卦傳」說：「緩必有失，故受之以損。」損卦來自泰卦（上坤下乾），下卦減少，上卦增加一陽爻，即成爲損卦，亦即下損上益，人民的財富減損，君主的財富增益。因重點在於減損，所以稱爲損卦。與此卦相對的是上損下益，仍是以下爲準，稱作益卦。減損不能完全視爲作惡，爲治理國家，有時必須使人民所得，受到某種程度的減損，但必須取之於民，才能得到人民的信任，才能爲人民就會有利，吉祥，如同祭祀時只要有誠意，兩竹盤的祭品，就足以祭祀，形式上雖減損，但虔誠的心意仍會被接受。禮儀應當以虔誠爲本質，但虔誠必須藉形式表達，當依時機以爲減損、增益，作適當處理。

**初九：已事遄往，无咎，酌損之。**

「初九」已當損下益上的時刻，與上卦的「六四」相應。「初九」本身剛健有餘，「六四」則陰柔不足，「初九」於是停止自己的工作急速去協助「六四」。此乃捨己爲人的善行，不會有災難。但在損益間應當量力而爲。

九二：利貞，征凶，弗損益之。

「九二」陽爻剛毅，在下卦中央，中庸不妄進，因而堅持正道有利，如果積極向外發展，就會發生凶險。雖然捨己住人勢應當的，但有時不減損自己而助益對方，反而使對方更有益。此爻強調不損而益的道理，原則應靈活運用，不可拘泥。

六三：三人行，則損一人；一人行則得友。

天下萬物都是由一陰一陽結合而成立，因而一人單獨前往，必定會遇到情投意合的朋友；三人一起前往，就會猜疑，不知道應當與哪一人結爲同志，其中一人就會因另外找到同伴而離去。亦即根據平均原則，是要損有餘，益不足，三人就要減損一人，一人就得增益一人。損卦是由泰卦轉變而來，下卦減少一個陽爻，上卦增加一個陽爻，即成爲損卦。

六四：損其疾，使遄有喜，无咎。

「六四」的立場，要由相應的「初九」處，得到助益。「初九」是剛毅的君子，「六四」是陰柔的小人，在品格上有缺點。所以可以「初九」的優點，減損「六四」的缺點。不過就像治病，愈快治療，治癒機會愈大，應當在積惡不深時，就急速加以糾正，才會有可喜的結果，不會有災難發生。此爻說明以損增益，行動必須迅速。

六五：或益之，十朋之龜弗克違，元吉。

「或」在此處是指不特定的多數人。「六五」陰爻中虛，柔順虛心，而且位於此卦君位，正當損下益上的時刻。天下對此種君主，大多數的人會減損自己，使君主增益。這是理所當然的事，就是用價值十朋的大龜占卜，結果也會如此。亦即，柔順中正又謙虛的人，當然會得到大多數人的支持，所以說大吉。

上九：弗損益之，无咎，貞吉，利有攸往，得臣无家。

「上九」是損卦的結束，損極而益的時刻。「上九」剛爻在最上位，如果使用強硬使下面受損的方法，形同掠奪，就成爲極大的過錯。而且本身是陽爻，象徵充實，並不需要使下面受損；相反的應當以自己的多餘，使下面的

人受益才正當。這樣堅守正道，才會吉祥，前進也有利，並且可使天下的人臣服，一心爲國，忘了自己的家。此爻說明損益完全依狀況而定，應損則損，應益則益，才能使人民心悅誠服。

　　養生建言：要克制自己的慾望，控制自己的忿怒。這不僅是修養德行之道，而且也是健康之道。有病就要迅速就醫，病才會痊癒，不可等到嚴重時，就來不及了。幫助別人要量力而爲。行政、教師、班長等宜以德服人，如此就會有向心力，大家會寧可犧牲自己，來幫助他們（如行政領導、教師或班長等），領導者宜以其有餘能力，幫助被領導者，使他們受益，則必獲得其心。

## 42. 益卦 ䷩ 風雷益　巽上　震下　損上益下　受益增多

**益，利有攸往，利涉大川。**

　　「序卦傳」說：「損而不已，必益；必受之以益。」「益」與「損」含義相反，所以卦形也相反，彼此是「綜卦」，一損一益，相反相成。此卦是將否卦的上卦減少一個陽爻，下卦增多一個陽爻而成，上損下益，象徵統治者減損財富，使人增益。益卦的「六二」與「九五」都中正且相應，加以下卦「震」是動，前進有利。又上卦「巽」是風、木，下卦「震」是動，被風吹動的木，象徵船，因而有利涉過大何來比擬，暗示可以冒險犯難。君子效法於此，虛心學習他人的善言善行，改正缺點，增益自己的道德修養。對於生命而言，適當補益身體有益健康，有了強健的身體行事才會順利。

　　**初九：利用為大作，元吉，无咎。**

　　「初九」在最下位，本來不能有作爲，但現在正當上損下益時刻，由於在上者的施予，使「初九」增益就會回報，而可擔單大事。此爻說明施予才能得到人民支持，從事偉大事業。

　　**六二：或益之，十朋之龜弗克違，永貞吉。王用想於帝，吉。**

　　在損卦「六五」的「爻辭」中也有同樣的句子，倒過來成爲益卦的「六二」，受益者由上位變成了下位。「六二」柔順、虛心、中正，與「九五」相應，因而任何人都會施以助益，即使用價值十朋的大龜占卜，結果也會如此。但「六二」柔位柔爻過於柔弱，必須永遠堅守正道，才會吉祥。就如君王祭祀天地時所需的虔誠一樣。此爻說明柔順、謙虛、中正必然得到助益。

六三：益之用凶事，无咎。有孚中行，告公用圭。

「六三」在下卦最上位，與上卦鄰接，下卦「震」是動，所以「六三」自動前往，向「六四」請求援助，乞求他人對君子而言，是可恥行為，但當發生凶險事故時則為例外，非屬過失；將受益之財物用於除去災禍之事，如施捨財物、祭祀等以破財消災。如果行為合乎中庸且在向王公報告時，攜帶圭作禮物。此爻說明誠實的求助，並不違背原則。

六四：中行，告公從。利用為依遷國。

此一爻辭與前「六三」的「爻辭」意義連貫。「公」指「六四」，前來求告的是「六三」，當否卦變為益卦時所損失的一個陽，增益下卦「初九」的就是「六四」，所以求告此一損己利人的王公，就會聽從。「六三」無論凶事、吉事都會告訴鄰國，相互贈送賀禮，獲得增益，但必須以履行中庸的原則為條件。可惜「六四」不在中位，如果遷移國都，以獲得強大友善鄰國的庇護當然有利。

九五：有孚惠心，物問元吉。有孚惠我德。

「九五」在中央君位，陽爻陽位，因而剛毅中正；在下卦又有同樣中正的「六二」相應，所以有力量，也有誠意對人民布施恩惠，用不著問卜，就知這是非常吉祥。如此人民必然也誠意回報，使自己也有收穫。

上九：莫益之，或擊之，立心勿恆，凶。

「上九」陽剛，已經到達益卦的極點，貪得無厭，要求他人奉獻，以致無人再理睬，甚至引起憤怒，加以攻擊。如果只看重利益，意志必然搖擺不定，結果當然凶險。此爻告誡不可貪得無厭。

養生建言：當有困難時，無論行政、教師、或學生等，就應向有能力的人尋求援助，這並非可恥的事，但若貪婪過分則會不利。適當的補益身體有益健康，但也需依照醫生之診視按個人體質、年齡及季節等以為補益，補益過分或不當，反而有害身體。個人能力雖不足，但遇有能力之領導人員，也能人盡其才，發揮極致。

## 43. 夬卦 ䷪ 澤天夬 兌上 乾下 決斷審慎 心情舒暢

此卦上卦「兌」是澤，為悅，下卦「乾」是天，為健。澤中之水蒸發上天，必然成雨下降，潤澤萬物，為快樂之象，君子當效法此一現象，將恩澤

施予在下的人民。對於生命而言：人應當保持心情舒暢，此卦尤爲消息卦，爲夏曆三月澤中之水蒸發上天成雨，此時雨水較多，人易生煩悶，更應保持心情愉快，樂以忘憂有益健康。

**夬，揚于王庭，孚號，有厲，告自邑，不利即戎，利有攸往。**

「序卦傳」說：「益而不已，必決，故受之以夬；夬者決也。」「夬」本爲拉弓時戴在大拇指的護套，弦由護套上彈離，所以有決斷的意思。大凡夬旁的自如決、快、抉、訣等都有離的意思。此卦有五個陽爻，一個陰爻，是強大的陽將陰切斷的形象，所以稱作夬卦。此卦陽盛象徵君子勢力強大，僅有少數的小人有待驅除。但仍應在朝廷上，先宣告他們的罪狀，然後以誠信號召群眾，合力將小人排除。小人詭計多端，仍會有危險，不可掉以輕心。所以首先應當告知自己領地的人，先獲得支持，不可立即動用武力，這樣進行才會有利。亦即本身應先有萬全準備，然後才可發動攻擊。

**初九：壯於前趾，往不勝爲吝。**

「初九」是下卦「乾」，亦即剛健的一部分，所以壯大，意氣洋洋，要往前走，然而卻在下位，心有餘而力不足，無法勝任決斷小人的使命。所以事先必須有萬全的策劃與準備，否則會失敗。不能勝任而勉強前往，必然是災難。

**九二：惕號，莫夜有戎，勿恤。**

「惕」是憂懼，「莫」是暮的本字。「九二」象徵正當要將小人決斷時刻，剛爻柔位，象徵剛柔並濟，不會衝動冒進。又在內卦中央，能把握中庸原則，能夠時刻憂懼警惕，呼籲提醒防範敵人的襲擊，如此則不必擔心夜間遭遇敵人的攻擊，也不必擔心失敗了。此爻說明防範小人應提高警覺，防範反擊。

**九三：壯于頄，有凶。君子夬夬，獨行遇雨，若濡有慍，无咎。**

「頄」是顴骨，「九三」是剛爻，且在一連三個剛爻的上方，超過中位，剛強過度。因而決斷的決心顯現在臉上，以致招小人的憎恨，予以反擊，以致凶險。

而且「九三」是此卦中唯一與上卦有相應的一爻，而相應的「上六」，卻是陰柔的小人，雖有決斷小人的決心，卻爲其他許多剛毅的君子懷疑爲穢語小人妥協。但陰陽調合成雨，因而「九三」就像在單獨行動中遇到雨，被淋濕而心中氣忿。但因其爲有決心的君子，最後還是將小人決斷，不會被他人責難。「慍」帛書本作「溫」，調色和柔；「勇壯形於色有凶，而果決獨行本有

咎,但調之以陰柔,外見以和悅,則又無咎也。」〔註 13〕此爻說明決斷小人應暗中進行,隱忍不動聲色。

九四:臀无膚,其行次且。牽羊悔亡,聞言不信。

「次且」即徘徊不能前進之意。「九四」陽爻陰位,又不在中位,象徵心中遲疑,坐立不安,就像屁股上的皮膚剝落,無法坐穩一般,以致進進退退,遲至不前。又上卦「兌」是羊,牽羊的要訣是跟在後面,讓羊自由自在的走,如果在前面拖拉,羊就不會前進。所以要像牽羊般,不可爭先,跟隨其他的陽爻前進,才不會發生後悔的結果。不過在決斷小人時,無論如何容易衝動,雖然聽到這樣的忠告,大概也不會相信。此爻說明決斷小人時,既不可遲疑,也不可衝動。

九五:莧陸夬夬,中行无咎。

「莧陸」是一種柔脆多汁不容易乾的草。「九五」在此卦五個陽爻的最上方,是此卦的主爻,也是決斷小人的主角。然而與「上六」的小人接近,態度曖昧就像莧陸一般潮濕。但「九五」陽爻陽位,在上卦中央的君位,剛毅中正,有將「上六」決斷的決心,中庸又不會衝動偏激,所以不會有災難。

上六:无號,終有凶。

「上六」陰爻,是要被決斷的小人,在被窮追不捨的情形下,就是大聲呼號,也不會有人理會,最後難逃凶險。

養生建言:面對困難宜保持心情愉快,臨危不憂,多交益友,虛心聽取朋友的建議,有利於得到他人的幫助而化解困難。不慎結交惡友,若規勸無效,宜儘快下決心遠離,但不可將厭惡表現在臉上,以免遭來災禍;學校或班級有惡勢力時,最好能教導其歸正,但若百般無效時,犯大錯欲以處罰或隔離前,聽取多方意見,事先應有萬全準備,不可衝動,最好暗中進行一切,處斷前宜將其惡行先宣布,以獲取支援與肯定,避免阻撓及陷害。千萬不要染上惡習,以免自誤誤人。

44. 姤卦 ䷫ 天風姤 乾上 巽下 邂姤相遇 淫蕩不正

姤,女壯,勿用取女。

此卦與夬卦是形象相反的「綜卦」,夬卦是切離,姤卦是相遇。「序卦傳」

---

〔註 13〕趙建偉:《出土簡帛《周易》疏證》,頁 90。

說：「決必有所遇，故受之以姤；姤者遇也。」「姤」與逅同音同意，即邂逅，意外相遇的意思，但逅是在路上相遇，姤則是男女相遇。此卦也是「消息卦」，代表五月。姤卦一陰與五陽相遇，亦即一個女人周旋在五個男人中間，必然不守貞節，而且身體健壯，不可娶來做妻子。

初六：繫于金柅，貞吉，有攸往，見凶，羸豕蹢躅。

「柅」是車輪的煞車。「初六」是在純陽下面開始發生的陰，只要將此一阻止，小人的勢力就無法形成。所以像用金屬製成堅固的煞車一般，要將小人制止，如此堅持正道，吉祥。如果姑息、容許小人前進，君子就會受到小人的侵害，發生凶險。然而小人不會甘於寂寞，雖然只有一個陰爻，像一隻瘦弱的豬，可是這隻豬卻不斷在徘徊，等待機會，乘隙前進，君子要嚴密戒備。母豬躁動來回走動，必然凶險。

九二：包有魚，无咎，不利賓。

「包」是茅草做的草袋。「九二」與「初六」密接，亦即相遇。「初六」雖與「九四」相應，但在此卦相遇比相應更瘦重視。「九二」是陽「初六」是陰，想要前進的「初六」，被「九二」包住無法動轉，就像用茅將魚包起。魚是水中的生物，屬於陰，「九二」像這樣用包起來的方法，使小人的禍害不會擴散，就是遇到小人，也不會有災難。「賓」指其他的陽爻，如果不制止，使小人與賓客接觸，就難免被勾引，墜入圈套。此爻說明小人應防指其影響的擴大，以免其他人被誘惑。廚房有魚，但不利婚姻。

九三：臀无膚，其行次且，厲，无大咎。

臀沒有皮膚，行動趦趄。在夬卦「九四」的「爻辭」中，也有同樣的句子。夬卦反過來成為姤卦，夬卦的「九四」相當於姤卦的「九三」。「九三」剛爻剛位，過於剛強，離開內卦的中位，不能中庸，以致一意追求異性。陽追求陰是自的慾望，但下方的「初六」已與「九二」相遇，向上方尋求，「上九」陽剛無法相應，使「九三」處在進退兩難的地方，以致坐立不安，趦趄不前。不過無法與陰柔相遇，也不會遭受小人傷害，雖然孤立無援，有危險，但不會有大難。臀部受傷行走困難，自然談不上婚姻。

九四：包无魚，起凶。

「九四」本與「初六」相應，「初六」遇到「九二」被阻止，不能前來。「初六」是陰以魚比喻，「九四」的包中沒有魚，是遠離民眾的結果。遠離「初

六」的小民雖不會有災難，但也表示缺乏肚量不能包容，在此種民心背離下，要想奮起行動就匯就匯有凶險。此爻說明包容才能得到廣大支持。

九五：以杞包瓜，含章，有隕自天。

「九五」剛健中正在君位，是此卦主體，滿懷正義與力量，下面即或產生少數的小人，也不會擔憂，反而能將小人完全包容。瓜匍匐在地上，屬於陰，甜美但容易腐爛，用來比喻機靈、諂媚、易引起腐敗的小人；以堅勞的柳條筐包起，比喻「九五」的品德與力量，足以防止腐敗於未然。陰與陽，小人與君子的勝敗，也有不可變化的常態，因而「九五」以自己的美德包容，冷靜防範小人的擴張，鼻利於小人時機的到來，小人就會如隕星意外的突然由天空墜落。此爻說明陰陽消長為必然的常態，不可違背，應隱忍以掌握最有利時機。瓜熟蒂落即可婚媾。

上九：姤其角，吝，无咎。

「上九」就像動物的角，剛強且在此卦最上方。上位無位，所以「上九」孤立，雖然是在相遇時刻，但與「初六」相距遙遠，本身又剛強不肯屈就，因而難以相遇。但不與小人接觸，雖然有被嘲笑為偏峽的羞辱，卻無被小人感染的顧慮，不會有災難。此爻說明嚴厲排斥小人，雖然偏狹但卻安全。壯女無遇，徒生悔恨。

養生建言：青春時期異性相吸為自然之理，但少女宜行為端正，不可放蕩、隨便；少男亦不可被隨便之少女迷惑，以免自誤誤人，犯上誘拐未成年少女之罪名，既耽誤課業，也可能惹禍上身。若一女同時惹上數男，即可能爆發為情而鬥毆之事件，女孩也要避免未婚懷孕墮胎產生之身心症候群。長大課業完成後，有了穩定工作，身心成熟，自可成家立業，水到渠成。青春時期血氣方剛，宜避免看色情書刊及影片，以免慾火上升，宜多從事正當休閒活動，如打球等以為精力消耗。

## 45. 萃卦 ䷬ 澤地萃 兌上 坤下 正當聚集 開創光明正

萃，亨。王假有廟，利見大人，亨，利貞。用大牲吉，利有攸往。

「序卦傳」說：「物相遇而後聚，故受之以萃；萃者聚也。」前一卦是相遇，此卦是聚集。此卦下卦「坤」是地，是順，下卦「兌」是澤，是悅。水在地上聚集成澤，滋潤萬物，為民造福，用來比喻聚集，也象徵安居樂業。

此卦之「九五」剛毅中正，相應的「六二」柔順中正，以中正聚集，相得益彰，所以命名為「萃」以象徵萬物匯萃聚集。「假」是格、至之意。占得此卦王可進入宗廟祭祀，宗廟為祖先靈魂聚集場所，也是子孫精神集中所在，出現品德高尚的偉大人物，領導群眾，當然有利且亨通。不過聚集應動機純正，否則只有造成禍亂，有害無益。如果動機純正，聚集即能日益豐富。在祭祀祖先時奉獻大的犧牲，民心一致，也會吉祥，如此就可積極前往，從事偉大事業。下卦「坤」是牛，象徵大的犧牲。但聚集眾多，若無秩序則易生混亂而生意外，提醒人們平時要修繕設備，以防意外事故。

　　初六：有孚不終，乃亂乃萃，若號一握為笑，勿恤，往无咎。

　　初六」與「九四」陰陽相應，所以「初六」要前進與「九四」會聚。但中間有二個陰爻阻擋，形成障礙，因此「初六」縱有誠意也難有結果。但「初六」如呼號求援，不被二陰誘惑，「九四」聽到就會伸出援手，二人就可握手言歡，破涕為笑，所以不必擔憂，果敢前進，不會有災禍。此爻說明正當的會聚，應當堅定向前，不可意志動搖；災難發生時應積極尋求援助，才能化險為安。

　　六二：引吉，无咎，孚乃利用禴。

　　殷代的春祭，周代的夏祭，都稱為「禴」，是簡單的祭祀。「六二」與「九五」陰陽相應，當然要相聚，但聚離遠，自己又陷在二個陰爻的包圍中，必須有「九五」的援引才能相聚，吉祥而無災禍。「六二」陰爻陰位在下卦中位，柔順、中正、虛心，相應的「九五」又是陽爻陽位，居上卦中間的君位，剛健、中正、誠實，猶如春夏的祭祀，只要誠心誠意，祭祀雖簡單，神靈也會降福，「九五」也必會援引「六二」。此爻說明誠信必定可聚集；發生混亂時，相互牽引也可獲得吉利。

　　六三：萃如，嗟如，无攸利，往无咎，小吝。

　　「六三」是陰柔的小人，不中不正，在上方也無應援，不得已想與鄰近會聚，但下面的「六二」與「九五相應，上方的「九四」也與「初六」相應，只有嘆息，得不到任何利益。唯一出路是與「上六」相聚，「上六」是上卦「兌」亦即悅的最上方的陰爻，性情柔順，當會接受容納，所以前往不會有災咎。但二者都屬於陰，同性相斥，不是圓滿結合此爻含意是說身邊即或有堅強有力的援助者，但如果行為不正，寧可捨棄，而與遠方志同道合不得勢的朋友結交，才會有利；因；因妄聚而發生災難，只要積極尋求他人援助，才不會

有大難，但仍會有小的災難。

九四：大吉，无咎。

「九四」陽爻陰位不正，但與君位的「九五」接近，尚可與剛健中正強而有力的「九五」相聚，下可與一群陰爻相親，反而無往不利。但因為地位不正仍會有災難，心地善良才可避免；慎行者則可免災。

九五：萃有位，无咎。匪孚，元永貞，悔亡。

「九五」剛毅中正在君位，以德統治當然無災難。但如果天下仍不能信任，就要以至善作為、永久堅貞的德行來感化，必可使後悔消除於未然。此爻強調以德服眾的重要性；而那些聚而有秩序者，雖無災難，但仍不可放鬆戒備。

上六：齎咨涕洟，无咎。

「齎咨」是悲傷的怨聲。「上六」已是萃卦的終結，柔弱又無地位，想要使同志聚集，也無人追隨，因而悲傷、嘆息涕泣。然而在悲痛中應當反省，才不會發生災難。此爻說明被群眾遺棄時應當反省，不可怨天尤人；人們應反省此次事故，引以為戒，以防發生類似災難。

養生建言：同學到學校讀書，學習新知及各種藝能和做人處世的道理，校園環境優良，在優良校長及教師領導下，無論上下課或在操場上打球或比賽等都應遵守秩序，這是一種朝氣蓬勃、光明向上的聚集，無往而不利。課餘三五好友聚集一起，無論切磋課業或談新等都十分有益。若假日一起結伴郊遊，應事先報告家長、老師，最好有家長或老師帶領，有萬全準備，才能避免意外發生。學校建築隨時要注意修繕與保養，學生千萬不可私自聚眾鬥毆，惹禍上身；若有風聲宜事先通知老師，以防禍端。學校集體郊遊，宜事先派人路線探勘，找合法、有口碑之旅行社承包，旅行社遊覽車之保養、司機之素質、住宿、遊玩設施之安全等都必須事先留意，此外最好能擇日；出外郊遊仍須遵守秩序，如此才能玩的開心，平安回家。學校之教師教學研究會或讀書會、進修等都是有益知識、增進教學的；而聚餐、同樂會等則能放鬆心情、聯絡情誼等。如果被孤立、遺棄，則應反省自己自己的行為舉止。如果位在附近的有力者邪惡不正，那麼寧可捨棄，與別排或別班、別的辦公室、甚至他校行事端正的同學、教師等來往。

46. 升卦 ䷭ 地風生 坤上 巽下 順勢發展 逐步而升

此卦卦象上坤爲地，爲順；下巽爲木，爲謙。地中生木，始於細微以致高大，故爲「升」之象。向上發展又需要有「謙」與「順」之德。升卦正式闡釋事物順勢發展的道理。對於生命而言，人到中年正是順勢發展的好時機，但應在發展中學會〈升‧象〉：「君子以順德，積小以高大」的基本原則。

**升，元亨，用見大人，勿恤，南征吉。**

此卦與萃卦是形勢相反的「綜卦」，聚集是消極得結合力量，昇進則是積極有所作爲，兩卦相反相成。「序卦傳」說：「聚而上者，謂之升，故受之以升。」升卦來自解卦（上震下坎），其「六三」上昇與「九四」交換，就成爲升卦。加以下卦「巽」與上卦「坤」都是順，因此在上昇過程中順利而無阻礙。又「九二」剛爻在下卦居中，有與「六五」相應，也是非常亨通的形象。以「九二」的剛毅、中庸德行，必能得到大人物的援引，不必擔憂。南方是人自然面對的方位，相當於上方，會見大人物，會見偉大的人物，就要往上方前進，所以說往南方走吉祥。

**初九：允升，大吉。**

「允」是信、誠之意。「初六」陰爻柔順在下位，是下卦「巽」的主爻。巽卦是順，在上昇時柔順的「初六」靠自己力量無法上昇，只能追隨上面接近的二個陽爻，就能跟著上昇，非常吉祥。此爻說明在昇進中，應追隨志同道合的前輩，才會順利。

**九二：孚乃利用禴，无咎。**

此卦剛中的「九二」與柔中的「六五」相應，也同樣的與人神相互感應的情形相似。對神只要誠心誠意，簡單的祭祀也能獲得保佑，不會有災難。如同萃卦的「六二」柔順中庸，與剛健中庸的「九五」相應。此爻說明在昇進中，必須誠信，不必拘泥於形式。

**九三：升虛邑。**

「虛邑」是無人的村落。陽爻中央充實，陰爻中央空虛，上卦「坤」全是陰爻，又是地，所以用空虛無人的村落比擬。「九三」剛毅、一心昇進，前方又是無人的村落，沒有任何疑慮，可以放心大膽前進。此爻說明應當勇往直前。以誠信求發展，就可伸展自如。

**六四：王用亨于岐山，吉无咎。**

「歧山」是指周王逃避夷狄侵略時，移住於此處，位在周國首都的西方。

「六四」柔順得正，可順利昇進，就像君王昇岐山祭祀誠心誠意，所以吉祥，沒有災難。

六五：貞吉，升階。

「六五」陰爻陽位，本不適當，但與下方「九二」相應，得到剛毅有利之人輔助，就能登上君位，但「六五」本身柔弱，必須堅守正道，才能吉祥。此爻說明用賢，得到有力輔助即可順利昇進。

上六：冥升，利于不息之貞。

「上六」陰爻柔弱無力，又上昇到極點，已經頭暈目眩，搖搖欲墜，必須不斷堅持正道，才會有利。告誡昇進必須節制，否則後力不繼；盲目消耗則會力量不足而適得其反。

養生建言：以謙虛、誠信的態度求學，結交益友，就可循序前進、成長。不可盲目耗損、用功過度，或想一蹴而幾，補益過度等，這些都會妨礙身心成長與學業。經營學校或班級，以謙虛、誠信態度，用人為賢，循序昇進，自有所成；不可耗損過度，後力不繼。

## 47. 困卦 ䷮ 澤水困 兌上 坎下 安於窮困 隱忍沈默

困，亨，貞，大人吉，无咎，有言不信。

「序卦傳」說：「升而不已，必困；故受之以困。」此卦下卦「坎」陰多陽少，是「陽卦」；上卦「兌」陽多陰少，是「陰卦」，象徵陽被陰掩蔽。又「九二」陽爻被「初六」「六三」的陰爻掩蔽；「九三」「九四」的陽爻，也被「上六」的陰爻掩蔽；象徵君子被小人窮困，所以稱作「困卦」。再以卦的性格來說，下卦「坎」是險，上卦「兌」是悅，象徵陷身於窮困之中，仍然自得其樂，必能堅守原則，貫徹理想，所以通達。像這樣堅守正道，唯有偉大的人物才能做到，因而吉祥，沒有災難。雖能安於窮困，堅守原則，但被小人掩蔽，所說的話不會有人相信，應當隱忍，保持沈默。

初六：臀困于株木，入于幽谷，三歲不覿。

「株木」是樹砍掉後留下的樹樁。「覿」是見之意。「初六」是陰柔的小人，在下卦「坎」亦即險的最底下，窮困已極。臀部是身體的最下方，所以用坐在樹樁上，臀部不舒服，難以長久忍耐，坐不安穩來比喻。「初六」在險的最底下，黑暗，向是進入昏暗的深谷中，三年也走不來，見不到光亮，以

象徵窮困到極點，也兼有智慧不明，本身昏庸的意思。此爻說明在窮困中，必須明智，極端隱忍，不可浮躁。

九二：困于酒食，朱紱方來，利用亨寺，征凶，无咎。

「九二」剛毅中庸，品德身分都高貴，但位不正，意外獲得高貴的地位，又錦上添花，就如宴毀中酒菜過於豐盛，以致苦惱。過度豐盛的酒菜，只適合用於祭祀，平時享用，過於招搖，就會帶來凶險，應當謹守本分，才會沒有災難。

困于石，據于蒺藜，入于其宮，不見其妻，凶。

「六三」是陰柔的小人，不中不正，難安於位，想前進但有像巨石般的「九四」阻擋，又無力突破；想後退，也有像多次蒺藜般的「九二」斷後，難以安穩；不得已轉回家去，又看不到妻子。「妻」應指「上六」，但「六三」與「上六」都是陰爻，同性相斥，無法找到安身之所，所以凶險。此爻說明僥倖妄進，造成窮困。

九四：來徐徐，困于金車，吝，有終。

「九四」與「初六」相應，「初六」是陷在幽谷中，以「九四」的立場，應當加以援救；但「九四」地位不正，力量不足，中間又有「九二」的鐵車妨礙，以致援救行動遲緩，不得不徐徐進前。「九二」是剛爻，在下卦「坎」中，因此相當於金車。「九四」援救「初六」，行動緩慢，雖是羞辱，但邪不勝正，自後終於能排除「九二」的阻礙，達到目的。

九五：劓刖，困于赤紱，乃徐有說，利用祭祀。

「九五」的陽爻，被「上六」與「六三」的陰爻包圍，困在當中，就像被「上六」與「六三」的陰爻包圍，困在當中，就像被「上六」削去鼻子，又被「六三」砍掉腳。但陽的君子被陰的小人如此折磨，反而更加惕勵奮發，並不窮困；被小人懷柔，贈以高的爵位，穿上紅色的遮膝，才是真正的被窮困。不過「九五」剛毅中正，又是上卦「兌」，也是悅的一部分，堅持原則，經過時間考驗，終有一天會徐徐得到喜悅的結果，因誠心誠意所以用於祭祀有利，此爻說明要經得起考驗的堅定意志。

上六：困于葛藟，于臲卼，曰動悔。有悔，征吉。

「臲卼」是動搖的危險場所。「上六」是陰柔的小人，窮困到極點，就像被葛蔓纏繞，無法掙脫，陷入動搖不安的險地。這時採取行動就會後悔，但

如果能夠悔改，前進仍然吉祥。此爻說明解除窮困，手段不正當，反而愈陷愈深，必須及時反省。「曰動悔。有悔」帛書本作「曰悔夷有悔」「夷」通遲，省悟遲緩則有咎害。〔註14〕

養生建言：在困境中宜以樂觀、奮鬥、經得的起考驗的堅定的意志、沈穩的心情來面對，也許此時說的話不爲他人所相信，仍應隱忍，保持沈默千萬不可以不正當手段來解決而愈陷愈深，如考試作弊、偷竊、援交等；最怕的是禁不起權勢或金錢等誘惑。同學更應避免幫派誘惑，貪圖不正當利益而走入深淵；行政更不可貪圖業務往來廠商之招待或不當利益，避免惹禍上身。對於同學有不懂的課業或遭遇困境，宜慢慢解說，不可操之過急；亦應量力幫助以免害人害己。

## 48. 井卦 ䷯ 水風井 坎上 巽下 井中之水 勞民勸相

井，改邑不改井，无喪无得，往來井井。汔至，亦未繘井，羸其瓶，凶。

井卦是與困卦卦形完全相反的「綜卦」，困與養，一反一正。「序卦傳」說：「困乎上者必反下，故受之以井。」「汔」幾乎的意思。「繘」汲水用的繩。「羸」是阻擾、失敗之意。此卦上卦「坎」是水，下卦「巽」是入，水桶進入水中汲水，所以象徵井。村落可能有變遷，但井不會變動，人們來來往往汲水，而井水依然潔淨不變。當汲水的瓦瓶幾乎到達水面時，因爲吊繩沒有完全伸開，以致阻擾使瓦瓶翻覆破裂，所以凶險。亦即用賢的道理永遠不變，人事管道應暢通無阻，造福人民的工具不可毀棄；處理事務應遵循過去成例，不可任意變更，這樣就是沒有功，也沒有過，進退就不會有改變。此外也應當謹慎小心，貫徹始終，不可功歸一簣。

初六：井泥不食，舊井无禽。

「禽」是獵獲之意。此卦象徵井水湧出，往上昇進之意，吉祥。「初六」是陰爻在最下位，相當井底的泥沙，沒有水，當然無法供給飲水，像此種舊井無法獲得水，井中也無水棲動物，也沒有禽獸來飲水。此爻說明不合時宜將被淘汰。

九二：井谷射鮒，甕敝漏。

---

〔註14〕趙建偉：《出土簡帛《周易》疏證》，頁97。

「谷」水的出口。「鮒」是蝦蟆。「九二」剛毅中庸，象徵湧出的水，但與上卦的「九五」不相應，而與下面「初六」的陰爻鄰接，以致井水漏失，無法上昇，殘留在井底的水，只能供鯽魚等小魚生存，就像漏水的破瓦甕，喪失效用。此爻說明野有遺賢。

九三：井渫不食，為我心惻，可用汲，王明，並受其福。

「渫」是將井中泥沙挖出，使井水清潔。「九三」陽爻陽位得正，在下卦最上方，不是井底的泥沙，已是清澈的水，但不能飲用，未免可惜。此為可汲取飲用之水，猶如有賢士在野，卻無人能用他，明智的君王應當將這些賢士提拔任用，無論對君王，對賢士皆為幸福。此爻說明應當發掘人才。

六四：井甃，无咎。

「甃」是修理井的內壁。「六四」陰爻陰位得正，但柔弱無力，無法大量供水，這是因為正在修理井壁，不久就可修好，不會有災難。此爻說明賢者應進修充實，以待時機。

九五：井冽，寒泉食。

「冽」是潔。「九五」剛毅，表示水大量湧出，而且中正，象徵井圓滿的供應飲水的功能，使人人都清潔冰冷的泉水喝。亦及具備剛毅中正的德性，能普遍施惠給眾人。此爻說明應當使賢人為全民造福。

上六：井收勿幕，有孚元吉。

「收」是汲取，「幕」是蓋子。「上六」是井卦的最上位，象徵油井終將水取上來，到達最上方，使井的功能完全發揮。井水既汲取不盡，就勿需加蓋，開放給眾人使用。然而必須水質乾淨可靠，確實可源源不絕的供水，給予人們最大的便利。亦及當人在最高位時，就應當始終誠心誠意的為民服務，才是最大的善行，也是最大的吉祥。此爻說明賢者在位時，應當為民服務。

養生建言：無論學校或家中都要注意飲水之安全與衛生，蓄水池要定期清洗，熱水瓶及飲水機也不例外。學生要不斷充實自己，以免無一技之長，將來為社會擯棄；教師亦要不斷進修，吸收新知，以免教學不合時宜，為學生鄙棄。有才德之行政領導人員，宜盡心盡力經營學校，提拔賢才，為師生造福；並使人事管道暢通，人盡其才。無論教師中途接班或校長輪調評選至他校，舊制好的部分宜盡量遵循，不宜改弦易轍，令人無法適應，徒增困擾。

## 49. 革卦 ䷰ 澤火革 兌上　離下　非常行動　改革變革

　　革卦由卦形來說，上卦「兌」是澤，有水；下卦「離」是火，水澆到火上，一旦熄滅，又會重新燃起，水盛大使火熄滅；火盛大使水蒸發消失；相剋相生，產生變革現象。又上卦「兌」是少女，下卦「離」是中女，兩個女人同住在一起，意見彼此衝突。睽卦是二人分離，革卦則是彼此不相讓，終於發生家庭革命。當變革的時機成熟，才能得到群眾的信賴。改革者應以下卦「離」的文明德性，使群眾悅服，改革的意圖才能大有亨通，使一切步入正道。一切改革應順天時，應民心，才能將後悔消除。

　　**革，己日乃孚，元亨利貞，悔亡。**

　　「序卦傳」說：「井道不可不革，故受之以革。」「革」原意是皮革，獸皮經加工，製造成柔軟的皮革，含有改革，變革之意。此卦上卦「兌」是澤，下卦「離」是火，獸皮在水中浸，在火上烤，製成皮革。又下卦的形狀像是灶；下卦的形狀像是被烘烤的皮，兩個陽爻是皮的堅實部分，上面的一個陰爻像是要除去的毛及鬆軟部分。製成的革使原來的獸皮面目一新，而內在的實質卻無改變；亦即王朝可改，風俗習慣，文物制度可改，但治國的根本原則不會改變。

　　「己日」在十干中已經越過中央，是盛極必衰必須變革的時刻。在必須變革時刻採取行動，才能得到群眾的信賴與支持。此卦內卦「離」是明，外卦「兌」是悅，象徵明致使人悅服，所以具備元始、亨通、祥和、堅貞的德性。具備以上四項德行，可使變革之非常行動的後悔，消除於未然。亦即，在實施變革時，動機必須純正，行動必須正當，才會得到群眾的信賴與悅服，變革的意圖才能圓滿實現；一些難以避免的後悔也可消除，否則一切落空，只有後悔。

　　**初九：鞏用黃牛之革。**

　　「鞏」是用皮革捆扎，固的意思。「初九」在卦的最下位，與上方的「九四」又不相應；因而不能積極有所作為，但可鞏固防衛自己，因而以使用黃牛的革來鞏固，作為比喻。皇室中色有中庸之意，牛則有順從之德性；亦即以中庸、順從的德性來鞏固自己，不可以冒進，變革必須極端慎重。此爻說明變革必須先鞏固自己。

六二：已日乃革之，征吉，无咎。

「六二」柔順中正，是下卦主爻。下卦「離」是明，所以「六二」具備文明的德性，成為改革的主體，又有「九五」的應援，可發動改革。但改革時機必須成熟，要等待盛極而衰，腐敗已經顯露的時刻，才能發動改革，此時前進才吉祥而無災難。此爻說明改革須待時機成熟。

九三：征凶，貞厲，革言三就，有孚。

「九三」剛爻剛位，過於剛強又離開中位，到達下卦最上位，表示操之過急，此時前進，即或行動正當也有危險。然而位在上下卦的分離處，以時機而言又必須採取行動，因而經過再三詳細審議，意見一致時，再採取行動，如此才能得到群眾的信賴，獲得成功。此爻說明變革勢在必行，但也應極端審慎，再三考慮。

九四：悔亡，有孚改命，吉。

「九四」陽爻陰位不正，所以有後悔。但在時間上，變革已超過一半，上卦的「水」與下卦的「火」，由勢均力敵走向逆轉的邊緣，正當天命轉變時刻，而且「九四」陽爻陰位象徵剛柔兼備，既不畏怯，也不妄進，正式改革家的性格；所以想像中的後悔消失。然而仍然需要得到群眾的信賴與支持，然後行動，才會吉祥。此爻說明改革者的性格、時間因素，以及首先贏得群眾信賴的重要性。

九五：大人虎變，未占有孚。

「變」只野獸夏季脫毛，色彩淺，到冬季毛變厚，光澤美麗。「九五」陽剛中正，在君位是革卦的主體，相當於偉大的人物。當從事改革前，應先自己改革，然後改革周圍的人，最後推廣於天下，改革才能成功。改革並非修補裝飾，而是徹底使其面目一新，就如老虎的斑紋，到了秋天，變得光澤鮮明。老虎在野獸中最有威嚴，相當於偉大的人物，所以用虎比擬。改革雖可成功，但先決條件，應當在未占卜吉凶前，先得到群眾的信賴與支持。此爻說明改革必須徹底，並非修飾，並且再三強調必須得到群眾的信賴與支持。

上六：君子豹變，小人革面，征凶，居貞吉。

君子比大人低一級，豹也比虎的光采次一等。「蔚」同鬱，繁盛但不顯明，比炳也稍差。「上六」是革卦的極點，表示改革已經完成。在這時候君子應當

隨著時代的演進，繼續革新自己，致力於新的文化建設，就像豹的斑紋，隨著季節變成鮮豔光彩。庶民也應革除邪惡，善良溫順的追隨領導，才能享受改革的成果，當改革完成後，不可再採取積極行動，應使群眾有喘息休息的時間，以適應新生活；所以說前進有凶險，安靜無所作為才正當而且吉祥。此爻說明變革成功以後，上下應當洗面革新，並且與民休息，以適應新生活。「革」帛書本為「勒」，有羈絡約束之義。〔註15〕

養生建言：有不良生活習慣、思想或飲食習慣，就應徹底改革，所謂「昨日種種譬如昨日死，今日種種譬如今日生」、「斬草不除根，春風吹又生」；班級問題不斷，打架、說髒話、偷竊、作弊等班風惡劣，就應徹底整頓，開除少數惡劣分子，甚或解散班級，重新編班；學校行政領導人員專制、蠻橫、以私利為先，處事欠公，惡意整人等，以至校風敗壞，問題重生，人與人之間彼此猜忌……，行政領導人員就需更換，同樣班級教師亦是如此。在作改革前，宜多聽大家意見，審慎抉擇，要在各種客觀條件上及時機成熟時，以誠信迎得大家信任後才施行，方能避免情況愈變愈糟而後悔。校長、行政主管、教師等新接學校、業務或班級時，不宜作太多變革，不但先要保持自己的身心健康，也宜讓教師或學生先適應一陣子，身心先得到調適。此外個人養生、處事等需隨時序作變革，才能確保身心健康。

## 50. 鼎卦 ䷱ 火風鼎　離上巽下　烹煮食物　三足鼎立

鼎，元吉亨。

鼎卦的卦形與革卦完全相反，彼此是「綜卦」，「序卦傳」說：「革物者莫若鼎，故受之以鼎。」此卦掛形像鼎，「初爻」像鼎的腳，「五爻」像鼎的耳。下卦「巽」是木，上卦「離」是火，也象徵燃木煮物的鼎。鼎不但是煮物的器具，也是古代視為君王權威的寶物；也是祭器與供養賢士的器皿。鼎上的花紋有鎮邪作用，法律條文有時也刻在鼎上，以顯示法律的莊嚴。改朝換代後，新登位的君王第一件工作，就是鑄鼎，頒訂法律，以象徵新時代的來臨，並表示吉祥，所以朝代改變稱為鼎革。此卦來自巽卦，其「六四」與「九五」交換，成為鼎卦，是柔爻上昇到「五」位，與下卦的「九二」相應，成為良好的卦形，所以大有亨通；象徵賢士被君王賞識，達到願望。鼎為古代烹飪

---

〔註15〕趙建偉：《出土簡帛《周易》疏證》，頁101～102。

器具，多爲三足而立，因此表示男女關係上的三角戀愛；對於生命而言，既要講究烹飪器具的衛生，又要在男女關係上互相協調，如此才會大吉大利。

初六：鼎顛趾，利出否，得妾以其子，无咎。

「否」是臧否的否，惡、失之意。「初六」在鼎卦最下位，相當於鼎的腳，但「初六」是掛的開始，鼎尚未煮食物先翻倒，先將鼎中殘留的渣滓污物倒出，反而有利。譬如娶妾會引起家庭糾紛，本不是好事，但如果娶妾生子，有了後嗣又另當別論，所以不會有災難。此爻說明養賢是爲了儲備人才，以除舊布新。

九二：鼎有實，我仇有疾，不我能即，吉。

「九二」陽爻又充實的含義，又在下卦中位，是鼎中裝滿食物的象徵。「仇」指「初六」，陰陽本當相吸，但「初六」陰爻陽位不正，所以說染有疾病，「九二」懼怕被傳染，因而敵視。「九二」本身有才能，但對進行方向仍要謹慎，只要堅守正道，就不會被感染，最後就不會有怨尤而吉祥。此爻說明養賢應排斥小人。

九三：鼎耳革，其行塞，雉膏不食，方雨虧悔，終吉。

「九三」相當於鼎的腹部，陽爻充實，如同鼎中裝滿食物，但剛爻剛位又離開中位，過於剛強，與相當於鼎耳的「六五」並不相應，就像鼎失去了耳，所以用革字，「九三」在上下卦的交接處，也有變革時刻的含意。鼎無耳拿起不方便，所以行動阻塞，象徵人才無出路。上卦「離」是鳥，所以用雉比喻。吃不到山雞做的美肴，是說得不到君王「六五」的爵祿。但「九三」得正，只要堅守正道，與「六五」君王肝膽相照，陰陽相和成雨，終有出頭一日。

九四：鼎折足，覆公餗，形渥，凶。

「餗」是用八珍煮成的米羹，「形渥」重刑之意，一說濕淋淋之意。「九四」與下卦「初六」相應，但「初六」是陰柔小人，「九四」將重要工作交給他，地定成事不足，敗事有餘。就像折斷鼎足，打翻王公美食，弄得濕淋淋的，亦及才能無法擔當大任，必然凶險。此爻說明應知人任用，小人不可擔當大任。

六五：鼎黃金耳金鉉，利貞。

「鉉」是鼎耳上的吊環，「金鉉」指「九二」。由卦形看「六五」相當於黃金的鼎耳。「六五」陰爻本身中虛，與「九二」剛爻相應。「九二」前來會合，就相當於有了黃金耳，堅固環的鼎。此爻說明剛毅的臣，得到明智的君，

方能相得益彰。

**上九：鼎玉鉉，大吉，无不利。**

「上九」在鼎卦的最上方，相當於鼎耳的環。「上九」陽爻陰位，剛柔得到調節，就像堅硬又溫暖的玉，剛毅而又不失溫情，當然大吉，無往不利。此爻說明剛柔兼備，無往不利。

養生建言：新上任的行政領導應提拔、重用賢才，留意儲備人才，排斥小人，不可讓小人擔當重任。廚房烹飪器具要注意衛生，微波爐使用中不可靠近，以避免輻射線。避免捲入男女三角戀情糾紛。

（三）51～64卦（震、艮、漸、歸妹、豐、旅、巽、兌、渙、節、中孚、小過、既濟、未濟）

**51. 震卦** ䷲ 雷為震　雷上　地雷震震　戒愼恐懼
　　　　　　　　　　雷上

**震，亨。震來虩虩，笑言啞啞。震驚百里，不喪匕鬯。**

「序卦傳」說：「主器者，莫若長子，故受之以震；震者動也。」前一卦「鼎」是祭器，祭祀祖先應由長子擔任，所以震卦長子含義是動。「虩虩」是壁虎，引伸為恐懼。「啞啞」是笑聲，「匕」是匙。「鬯」是黍米酒，浸泡鬱金草，洒在地上，以香氣請神降臨。震卦是由象徵大地的坤卦，由最下方發生一陽，使大地震動；也象徵陰陽交合發生雷電；也象徵純陰之母親與純陽的父親，首次交媾得子的形象。所以象徵地雷、震動、或得子。當地震來時人人恐懼，唯有記取教訓有所戒懼，以後方能談笑；也可解釋為當災難來臨恐懼萬分，過後即忘，談笑自若不知警惕。當地震來臨時，百里以內震驚，但虔誠祭祀的人，手中的酒匙卻無掉落，比喻平時戒愼恐懼，當突然遭受震驚時，不會驚慌失措，而能從容鎮定。

**初六：震來虩虩，後笑言啞啞，吉。**

初六」是下卦主爻，也是震卦的開始，相當於震驚來臨，記取教訓能夠戒愼恐懼，使以後得福，所以吉祥。此爻說明記取恐懼教訓，提高警覺，以後才平安。

**六二：震來厲，億喪貝，躋于九陵，勿逐，七日得。**

「貝」是古代的貝幣。「九陵」是九重的山陵。「六二」陰柔在「初九」陽剛正上方。「初九」是震驚的主體，所以當是震驚來臨時，「六二」首當其

衝，最危險，以致喪失億萬家產，逃往九重的山陵上去逃難。不過「六二」柔爻柔位，又在中位，柔順中正；因而不必追尋喪失的財物，在短短七日裡，就會失而復得。此爻說明遭受震驚，只要堅守中正之原則，就能迅速復原。

六三：震蘇蘇，震行无眚。

「蘇蘇」是恐懼不安。「眚」是病、過失。「六三」陰爻陽位離開中位，不中不正，地位不當，而地震是人類的天譴，以致「六三」恐懼不安，但如果因此改過遷善，即可避免災難。此爻說明因恐懼而知反省檢討，則無災難。

九四：震遂泥。

「遂」是止、墜之意。「九四」雖陽剛但不中不正，上下又被二個陰爻挾持，因而力量衰弱，不夠強大，就像被雷震驚墜落在泥淖中無法動轉。

六五：震往來厲，億无喪，有事。

「六五」陰爻陽位不正，當天譴發生地震時，想往上走，卻是震驚極點的「上」位，要想往下行，又為震驚主體的剛爻；都有危險。不過「六五」在上卦得中，雖遭遇重大事故，但不會有大的損失。此爻說明當震驚發生時，堅持中庸原則，不偏不激，可使損害減少到最低程度。

上六：震索索，視矍矍，征凶。震不于其躬，于其鄰，无咎。

「索索」是沮喪。「矍矍」是視線不安定。「上六」陰柔不中不正，又在震驚的極點，以致在地震中驚恐沮喪，目光閃爍，心神不定，在此種情況下，任何行動必然危險。不過當地震發生在鄰近，尚未到自己身上以前，知道戒慎恐懼即能避免。然而「上六」在最上位，身為領袖，鄰居遭禍自己卻得以避免，難免聽到親戚們的怨言了。此爻說明他處遭受震驚，自己就要警覺，就可防範未然。

養生建言：考試的挫折讓自己震驚，唯有平時即戒慎努力，下次的考試才能不再震驚。看到同學結交惡友的下場，自己則要警惕。無論學校或家中建築物都要裝置避雷針，下雨打雷外出時，應避免站在高大的樹木或電杆、變壓器下以防雷擊，並將金屬柄雨傘拋棄；在家中應將家中電器設備切斷，遠離電器，避免外出等。學校或家庭建築應慎防建築偷工減料，最好有防震設備，建築物有龜裂，宜隨時修補。地震來臨時，應盡快疏散到空地，若來不及則就地找堅固桌椅躲於其下或其旁，學生於教室中可將書包置於頭上；切忌慌張與推擠，唯有沈著鎮靜、聽從教師指導才能躲避災難。家中則應先

關閉瓦斯及電器。臺灣處於地震頻繁帶，九二一大地震的傷亡警惕，人人更應隨時做好防震措施。

## 52. 艮卦 ䷳ 艮為山　艮上 艮下　保持寧靜　不會妄動

**艮其背，不獲其身，行其庭，不見其人，无咎。**

「序卦傳」說：「物不可以終動，止之，故受之以艮；艮者止也。」艮卦卦形與震卦上下相反，相互是「綜卦」，一靜一動，相互為用。「艮」是違背，引伸又有停止、怨恨、堅硬的含義，如與心違背的恨，堅硬的銀等，在此是止的意思。艮卦是一陽在二陰的上方，陽已上昇到極點，所以停止。又艮卦是一陽，象徵在地的最上方，是山的形象，也有止的意義。

人的身體最不容易動的靜止部分是背部。身體就是想動，背部也無法動，用來比喻內心寧靜，不為外物所動，不會妄動，即或於行動中，內心依然保持寧靜，就可到達忘我境界。到達此一境界時，對外界刺激無所感應，當走過有人庭院時，也無感覺。如此不論動靜，內心都能保持安寧，必能冷靜理智，適可而止，所以不會有災難。此卦无咎，已到人我兩忘境界。君子應當抑止邪欲，動靜不失其宜，方有益身心健康。

**初六：艮其趾，无咎，利永貞。**

「初六」在最下位，相當於腳趾。人在行動時，腳趾最先動；所以使腳趾停止，行動在未發生前停止，不會失當，沒有災難。但「初六」陰爻柔弱，難免無法長久堅持正道，因而告誡必須長久堅持正道，才能有利。此爻說明停止應當在行動未開始前，才不會失當。

**六二：艮其腓，不拯其隨，其心不快。**

「腓」是腿肚，「六二」在下卦中位，相當於腿肚。下卦主爻是「九三」，相當於腰，行動由腰部主動，腿跟隨腰行動，所以「六二」以「腓」比喻。「六二」柔順中正，而「九三」剛爻剛位，過於剛強偏激，「六二」雖要拯救「九三」，卻陰柔力量不足，只好勉強跟隨；「九三」又不聽其勸告，剛愎自用，「六二」當然心中不愉快；亦及停于臣子地位，君主不聽其忠告，又不得不追隨，以致悶悶不樂。此爻說明應止則止，勉強追隨他人，不會愉快。

**九三：艮其限，列其夤，厲薰心。**

「限」是界限，人體上下的界限在腰部。「夤」是背脊的肉。「列」是裂

的本字。「九三」正當上下卦的界線，相當於腰；剛爻剛位，又不在中位，過分剛強偏激，橫報的停止在腰部，使腰無法屈伸。接近腰部的上方，是背脊的肌肉。「九三」橫在四個陰爻中間，形狀像是將背不的脊肉，由中央被左右分裂，也跟著無法活動。亦即「九三」與上下、左右的人都無法和諧相處，以致上下叛離，左右決裂，就像心被火燻似的不安。此爻說明停止不當，以致眾叛盼親離。

**六四：艮其身，无咎。**

「九三」相當於腰，「六四」就是腰以上的身體部分。心在體腔內，為控制一切行動中心的樞紐。「六四」陰爻陰位得正；因而表示在應當停止的場所，能控制自己而不妄動，所以沒有災難。此爻說明應當知機，自我約束，適可而止。

**六五：艮其輔，言有序，悔亡。**

「輔」是顎的關節。「六五」在卦的上，相當於顎的關節，是說話的器官。「六五」不正，應有後悔但得中，所以停止在顎的關節，說話中肯、調理分明，使後悔消除。亦及言語謹慎，即可免後悔。此爻說明言語應適可而止。

**上九：敦艮，吉。**

「上九」是重疊艮卦最上方的陽爻，亦即止的終極，一切都到此為止，要更加小心敦厚。人的操守到了晚年容易墮落；學業亦進修接近終了時，也亦荒廢；因此最後的堅持也最吉祥，才能止於至善。此說明應止於至善，最後的堅持最重要。

養生建言：「慎言語，節飲食」說話要慎重，飲食要有節制。邪惡慾念要知道制止，如果為人處事剛強過度，就會人際失和；遇到剛愎自用、不肯採納忠言的主管，勉強追隨對身心不利。清心寡欲、心境寧靜有助讀書與處事效率。「動靜有常」在前進中要知如何自我節制，適時、適地停止，需要修養；下課玩耍，上課就要收心。學習更要有始有終。終日坐著讀書或改作業，容易腰酸背痛，有時應站起做彎腰轉身或仰臥運動，以促進血液循環，避免腰部贅肉生長。

**53. 漸卦** ䷴ 風山漸　巽上　山上有木　循序漸進
　　　　　　　　　艮下

　　漸，女歸吉，利貞。

「序卦傳」說：「物不可以終止，故受之以漸；漸者進也。」「漸」是水浸透，有漸漸前進之意。此卦下卦「艮」是止，下卦「巽」是順，柔順的前前進進。當女子出嫁時，必須經過一切婚嫁的禮節，當然也是漸進。此卦由「六二」到「九五」各爻都得正，象徵出嫁的女子品德純正，當然吉祥，但此一純正必須堅持，才會有利。

初六：鴻漸于干，小子厲，有言，无咎。

「干」是水邊。「小子」是年輕人。此卦爻辭中，以鴻比喻，因爲鴻雁的行列有秩序，而且是還來暑往的候鳥，行動與季節之漸進相符合。「初六」是漸卦開始，由下方剛剛開始漸進，仍然徘徊不前，與鴻雁降落在水邊，要登陸時的躊躇相似；因爲鴻雁是水鳥，在登陸時顯得蹣跚。「初六」陰爻柔弱，象徵小孩子，體力弱，有落伍離群的恐懼。「初六」「六四」本相應，但都是陰爻，相互排斥；而且「六四」陰柔，無力應援，又嫌「初六」落伍，跟隨不上，所以對其斥責。但因其爲漸進，不能勉強。「初六」慢慢的走，依道理應不會有災難。此爻說明不可勉強，應量力漸進。走上陸地

六二：鴻漸于磐，飲食衎衎，吉。

「六二」漸進至磐石，堅固平坦，是落腳最安穩的場所。柔順中正與上方君位「九五」相應，並給予俸祿，使「六二」能和樂飲食，但非尸位素餐；具備中正德行，能輔佐君主，地位安定，所以吉祥。

九三：鴻漸于陸，夫征不復，婦孕不育，凶；利禦寇。

「九三」在下卦最上方，鴻雁已漸漸陸地。「九三」與「上九」同爲陽爻不相應，只好與情意不合的「六四」陰爻相親。「九三」丈夫因爲情意不合，一去不回；婦「六四」也因爲不正常婚姻，懷孕生下的嬰兒無法養育，所以凶險。但「九三」剛爻剛位極爲堅強，因此防禦外敵有利。

六四：鴻漸于木，或得其桷，无咎。

桷」是房屋的椽木。「六四」更進一步，鴻雁落於樹上。但鴻雁的爪不適於抓握樹枝，以致不安定，要在平面的角材上才能站穩。角材指下方的「九三」。此爻說明漸進應當因應狀況，才能安全。「或得其桷」，帛書本作「或直其寇，壽殳」，通行本「得」爲「直」的假借（爲職部字），同「值」，「桷」爲「寇」之音假（都爲屋部字），「壽殳」說文爲擊；「遇寇」本爲不吉之象，

但可借「九五」陽剛之勢，擊之無咎。〔註16〕

**九五：鴻漸于陵，婦三歲不孕，終莫之勝，吉。**

鴻雁漸漸前進至高陵上，「九五」尊位，相當於高陵，雖與「六二」相應，但中間有「九三」與「六四」阻擋，尤其「九三」採取防禦外寇姿態，使「六二」無法與「九五」相聚，以致三年都沒有懷孕。但「九五」與「六二」都中正，是正當配偶，邪不勝正，二人終於得以聚首，達成宿願，因而吉利。此爻說明在漸進中也難免會有障礙，但邪終不勝正。

**上九：鴻漸于逵，其羽可用為儀，吉。**

「逵」指四通八達的道路。「上九」在此卦最高位，象徵鴻雁在天空飛向遠方，掉落的羽毛，可用做典禮中的裝飾。亦即超脫於世俗外的隱士，雖對社會沒有實際貢獻，但其孤歌的德操，卻足以成為世人的儀表，所以吉祥。此爻說明超脫於世俗之外，即可進退由心。

養生建言：無論求學、為人處事、經營校務、班務，交友、人際關係、蓄積賢德、移風易俗、養生、運動、治病等，都應循序漸進，不可貪功躁進，適得其反。循序漸進期間，難免遭遇挫折，只要堅持正道，終能克服，若能超脫世俗之外，則進退更能由心，而無焦慮、煩惱，身心愉快。

## 54. 歸妹卦 ䷵ 雷澤歸妹 震上 巽下 少女主動 老少綺戀

**歸妹，征凶，无攸利。**

歸妹卦與漸卦是「綜卦」，進與歸相反相成。「序卦傳」說：「進必有歸，故受之以歸妹。」「歸」原義是嫁、歸宿之意。下卦「兌」是少女，相當於妹，是悅，上卦「震」是長男、動，少女與長男結合，所以稱為「歸妹」，女方歡喜主動向男方行動，與夫唱婦隨原則違背；加上由「二」至「五」都不正，所以凶險，沒有任何利益。

**初九：歸妹以娣，跛能履，征吉。**

「娣」是姊妹同嫁一夫，其中妹妹稱做「娣」，亦即妾。「初九」在此卦最下方，地位低，與上卦又無正當相應，所以不適正妻，以跟隨姊姊出嫁為介婦的妹妹比擬。介婦身分卑賤，就像跛腳的人走路，能夠活動的範圍有限。但「初九」是剛爻，象徵女人而有陽剛德行，雖然以妾的身分出嫁，但貞節，

因此仍爲吉祥。此爻說明名位不當，堅守純正，依然吉祥。

九二：眇能視，利幽人之貞。

「九二」陽剛得中，對女人而言，表示有堅定的貞操與中庸的德性，又與上卦的「六五」相應，象徵有正當配偶。但「六五」是陰柔的小人，陰爻陽位不正，雖取了這樣的賢妻，也無法發揮內助的作用，就如瞎一隻眼，雖能看，但看不遠，這是潔身自愛的孤高隱士的形象，仍然有利。此爻說明遇人不淑，堅守純正，仍然有利。

六三：歸妹以須，反歸以娣。

「須」是等待。「六三」陰柔，缺乏堅強的貞節，又不中不正，並且是下卦「兌」悅的主爻，象徵女子歡喜要出嫁，但因輕佻放蕩，而嫁不出去，一直在等待。如果回到家中，以妾的身分便能出嫁。此爻說明輕佻不足以擔當大事。

九四：歸妹愆期，遲歸有時。

「九四」在下卦沒有反應，以致找不到配偶。但「九四」陽剛，因節操堅強，不肯輕易許嫁，以致延誤婚期。「九四」賢淑，雖婚姻延遲，還是嫁得出去。此爻說明要選擇正當的對象。

六五：帝乙歸妹，其君之袂，不如其娣之袂良，月幾望，吉。

「六五」陰爻在「五」的君位，相當於天子的女兒，與下卦的「九二」相應，象徵下嫁給臣子，因身分高貴，所以沒有刻意裝飾的必要，因而不如陪嫁的妾，衣著華麗；但在德行上卻發出接近滿月般的光輝。月屬於陰，用來比擬婦德。此爻強調高貴得品德，比虛榮重要。

上六：女承筐无實，士刲羊无血，无攸利。

「筐」是新娘的提藍中裝有棗、栗、乾肉等吉祥的乾果，當作拜見公婆的禮物。「刲」是割，婚禮的儀式之一，割羊用作合卺時飲交杯酒的菜餚。「上六」陰柔缺乏堅定的德行，已到此卦極點，在下卦又無相應，表示得不到配偶。雖訂婚也不能成婚；即或勉強結婚，也終於分離。再結婚時已出現不祥的預兆，新娘的提藍中空無一物；新郎在分離中行割羊的儀式，羊也未流血，一切都不順利。此爻說明缺乏品德，結果不會美滿。

養生建言：女性舉止要端莊，不可輕佻，千萬不可因錢而與有婦之夫來往、或戀愛、或援交，以免災禍無窮。女子品德及內涵比外貌、虛榮重要；縱使婚姻遲遲無對象，但也比品行輕佻放蕩，成爲破壞別人家庭、有婦之夫

外遇對象佳。學校代理行政領導人員、教師、班長、各股長等雖非正位，但只要努力堅守正道、盡心盡力，仍會有成就。

## 55. 豐卦 ䷶ 雷火風　震上　光明行動　豐碩昌榮
離下

**豐，亨，王假之，勿憂，宜日中。**

「序卦傳」說：「得其所歸者必大，故受之以豐；豐者大也。」這是說眾望所歸的人必然盛大。下卦「離」是明；上卦「震」是動，光明而且活躍，是盛大的象徵。盛大本身就亨通，王者當天下最豐盛時，擁有巨大的財富，無數的人民，不必憂慮，應當像日正當中，普照大地，使人民普遍分享豐盛得成果。然而日正當中，無法持久，不久就偏斜，因此此卦雖亨通但隱藏危機。此外君子應當效法此卦雷電精神，判決訴訟應像雷電般明察、威嚴。

**初九：遇其配主，雖旬无咎，往有尚。**

「九四」是「震」的陽爻為震卦主體，位置正當下卦「離」完成以後；離卦是日，古時以十干記日，由甲到癸，十日滿一旬，又重新由甲記起，所以用「旬」比喻滿，超過依循又轉為虧。豐卦下卦「離」是明，上卦「震」是動，光明的行動；因而「初九」是主動的尋找配偶，遇到相配的主人，雖經過十日有滿而虧的憂慮，但不會有災難，因為前往會受到重視。此爻說明盛大應積極去追求，但應適度。

**六二：豐其蔀，日中見斗，往得疑疾，有孚發若，吉。**

「蔀」是遮日的簾，「斗」是北斗星。「六二」是下卦「離」的主爻，離卦是明所以「六二」最光明。但在上卦與「六二」對應的「六五」陰爻在君位，卻是昏暗的君王，好像太陽被大的簾子掩蔽，正午也可看到七斗星那樣黑暗，因而前往追隨此種君王，會被猜疑。不過可以誠信啟發對方意志，結果仍然吉祥。此爻告誡追求盛大，容易迷失，產生猜疑，應以誠信，啟發意志。

**九三：豐其沛，日中見沫，折其右肱，无咎。**

「沛」與旆通用，是幔幕。「沫」即昧，小星。「九三」是下卦「明」的終了，正午已過，太陽偏斜，且與昏暗的「上六」相應，其比「六五」更加黑暗，如同以大的幔幕掩蔽太陽，正午可看到小星。但「九三」陽剛又屬下卦「明」，雖剛毅明智，卻如折斷右臂，無能為力。但因陽爻陽位剛正，應不會有災難。此爻告誡因盛大而迷失，造成無可避免的傷害，應當秉持剛正。

九四：豐其蔀，日中見斗，遇其夷主，吉。

在上者稱呼在下者用「夷」，「夷主」是對等的主人，指「初九」與「九四」，有相等的陽剛德性，地位也對應。「九四」僅次於「五」的君位，為大臣地位；但「六五」陰柔不正，是昏暗的君王，如同太陽被大的簾子掩蔽，正午可看到北斗星那樣黑暗。但如往下方與同樣剛正的「初九」交往，同心協力行動，即會吉祥。此爻說明因盛大而迷失，應主動結合同志，突破黑暗。

六五：來章，有慶譽，吉。

「章」是文采，美麗的花紋，在此作美德。「六五」陰爻在君位，是昏暗的君王，本身不具備吉祥的條件，但如能使對應的「九二」此一有美德的賢士前來輔助，就會得到吉慶與榮譽，因而吉祥。下「離」是明，所以用「章」此字。昏君本不可能招來賢士，但昏君也喜沽名釣譽，所以也會以招攬賢士為標榜。此爻說明追求盛大，必須用賢。

上六：豐其屋，蔀其家，闚其戶，闃其无人，三歲不覿，凶。

「上六」是陰柔小人，在豐卦極點，又是上卦動的終了，因而不安定；下卦的光明也無法到達，以至黑暗，如同將自己閉藏在大房子裡，又將簾子完全遮蔽，更加黑暗，由門縫窺視，看不到人影，有三年之久，沒有看到有人出來，像這樣完全孤立，當然凶險。此爻告誡因盛大而迷失，終於完全閉塞。

養生建言：當名聲、權勢、或課業在盛勢時，千萬不可自得意滿，胡亂行事，剛愎自用，任意而為；反而更應小心謹慎，禮賢下士，以誠相待，不可猜忌，以免盛極而衰，在驕傲中迷失自我，導致完全孤立而失敗。行政或教師處理違規同學宜迅速明確。中年正是事業顛峰期，更應注意身體保健，定期做身體檢查，有疾病應選擇良醫及早就醫，平常可和三五好友聊天、或參加社交娛樂活動，以抒解壓力，保持身心健康；有心臟病、高血壓者應按照醫囑按時服藥，控制情緒，不要生氣，飲食清淡，忌油膩及暴飲暴食，生活宜規律，最好不要獨處，以免突發事故。平時應注意鈣質吸收，避免骨質疏鬆，運動及交通要注意安全，；不慎發生骨折時，出血傷口要消毒、包紮止血；並用夾板或木棒等固定骨折部位，儘快送醫；運送病人時要用擔架、木板等搬遷，動作要輕快、平穩、準確，防止碰撞損傷部位。

## 56. 旅卦 ䷷ 火山旅 　離上 艮下 顛沛流離　生活不定

旅，小亨，旅貞吉。

旅卦與豐卦是「綜卦」，過度盛大，容易迷失，盛極必衰又流離顛沛，互為因果。「序卦傳」說：「窮大者，必失其居，故受之以旅。」當盛大到極點，必然又失去安定。此卦下卦「艮」是山，上卦「離」是火，山上燒火，火勢蔓延，不停的往前燃燒，就像旅行的人急著趕路，所以稱為旅卦；君子應效法此精神，以下卦的慎重，與上卦的明察，執行刑罰，迅速裁判訴訟而不拖延。旅行是一種經常變化場所不安定的行動，多由於國內失業，犯罪逃亡，或生活不如意，因而不會大有亨通。由卦形來說，「六五」陰爻在外卦得中，且追隨上下剛爻的「上九」與「九四」，因而柔順中庸兼有剛毅德性。內卦「艮」是止，外卦「離」是明與附，靜止且附著於光明，但與內卦對應之「六二」同是陰爻，相互排斥，所以不過是小有亨通。人在外旅行，生活不安定，周圍都是不相識的人，缺乏照應，顛沛流離，心理容易不正常，因此旅行在外應隨遇而安，但仍遵守正道，止當其所止，又能依附於有大明之德的人，才會吉祥。

初六：旅瑣瑣，斯其所取災。

「初六」陰柔且在最下位，是猥瑣的小人，在辛勞的旅途中，更加吝嗇小氣，所以招來災難。此爻說明在不安定中，不可斤斤計較於小節，應當大處著眼。

六二：旅即次，懷其資，得童僕貞。

「次」是停止、旅舍的意思。旅行最安定的時刻，是投宿於旅舍中，最能心安的是帶有充足的旅費；最可靠的是有忠實的童僕。「六二」柔順中正，因而有最佳的旅行條件。此爻說明轉危為安，必須有萬全準備。

九三：旅焚其次，喪其童僕，貞厲。

旅途中投宿的旅舍失火，隨身的童僕又逃亡，即或堅守正道，也有危險。因為「九三剛爻剛位，過於剛直，不在中位，難以安定，且又在下卦最高位，態度高傲，難怪就會遭遇這些不幸。此爻說明必須以謙虛態度，得到一切助力，才能轉危為安。

九四：旅於處，得其資斧，我心不快。

「資斧」是旅行十攜帶的錢財與斧頭，在露宿時用斧頭砍除荊棘，以便

紮營。「九四」陽爻陰位剛柔並濟，又在上卦最下位，態度謙虛，所以在旅行時能得到安穩的住處，露宿時也有利斧可整理紮營的場地；資質剛而能柔有才幹，可發揮更大作用。然而陽爻陰位，非正當場所，上方「六五」是陰爻，沒有強力援手，向下雖與「初六」相應，但也是陰爻，力量弱，因此旅途中雖有足夠旅費與應用器具，心中仍會不愉快；由於寄人籬下，才幹未能發揮出來，懷才不遇，所以心中快快不樂。〔註17〕此爻強調安定必須正當。

六五：射雉一矢亡，終以譽命。

「六五」是上卦「離」的主爻，離卦是明，所以用羽毛光彩鮮明的山雞比擬；且陰爻得中，柔順中庸，就像在射山雞時，最初雖不順利，喪失一枝箭，但最後仍得到榮譽。此爻說明求安定應有不計一時得失，光明磊落的態度。

上九：鳥焚其巢，旅人先笑後號咷。喪牛于易，凶。

「易」是田畔，國界。「上九」在最高位，所以用鳥比喻，又剛爻在最上位，表示倔強傲慢。在旅途中此種態度會被厭惡，起初也許洋洋得意，最後必定號咷大哭，如同鳥的巢被燒掉，沒有安身的地方。上卦「離」是火，所以說焚。「牛」是柔順的動物，在田畔丟失了牛，象徵喪失了柔順的德性，所以凶險。此爻說明求安定必須柔順。

養生建言：出外旅行本是一件快樂的事，但事先應將旅行所需用具與所需花費準備好，以免在外發生不便；同伴要相互照顧，行李宜小心收放，防止遺失與遭竊，住宿時應將行李寄存，儘量少帶物品，輕裝出遊；要注意人身安全，慎防意外如碰傷、摔傷等；注意交通工具的安全檢修、或旅行社的安全品質，千萬不可自行脫隊，而遭遇危險，更不可貪圖便宜而選不合格之旅行社或遊覽車，或車上逃票；若是出國旅遊應慎選航空公司，目的地若為疫區，則應先注射疫苗，並注意飲食衛生，隨身攜帶必備保健藥品；旅遊時應講究勞逸結合，注意適當休息，不可玩樂太過激烈或通宵達旦；要遵守領隊指揮，不可因小事與人挑釁。無論是家庭旅行、學校旅行這些都是應注意的事項，才能「快快樂樂出門，平平安安回家」。

**57. 巽卦** ䷸ 巽為風 巽上 巽下 兩風相重 知風為健

---

〔註17〕徐志銳：《周易大傳新著（下）》，頁470。

巽，小亨，利有攸往，利見大人。

君子應效法此精神，「序卦傳」說：「旅而无所容，故受之以巽；巽者入也。」亦即要有進入他人心中的謙遜態度，才會被接納，找到安定的場所。「巽」的原義是台上放有物，假借為同音的遜，成為順、入的意思。巽卦是一陰爻伏在二陽爻下面，象徵伏、順。順從自然的道理，就容易進入事物之中，所以有入的含意。「巽」又象徵風，無孔不入。「九五」剛爻在上卦得中又位正，剛正而且順從中正原則，所以如「巽」之入、順，志向能行之於天下。此卦柔爻「初六」「六四」都伏在剛爻下方，是柔順從剛的形象。但也因為過度柔順，只能小有亨通，前進雖然有利，卻必須選擇，遇見大人物才有利。君子應效法此精神，以謙虛退讓精神面對工作及人際關係；另一方面巽為風，風與人體健康息息相關，不可不慎。

初六：進退，利武人之貞。

「初六」是下卦「巽」的主爻。陰柔又在最下方，有過度謙卑之象。因而缺乏信心，進進退退，無法果斷。應當有武人般的堅決果斷，才有利；風吹進床下，當風而睡容易生病，因此宜將窗戶關上；古人以為鬼魅作祟，於是驅鬼禳災，以為如此可使病癒。此爻說明謙遜並非優柔寡斷。

九二：巽在床下，用史巫紛若，吉无咎。

「九二」陽爻陰位、內卦得中，有自卑現象，夜有所夢，日有所遇，使人像跪伏在神台下這樣自卑，但又因為是剛爻，未獲「九五」完全信任；風反覆吹入床下，導致身體損害。如果能像占卜巫祝那樣，以誠意敬神，問吉凶於史巫；與「九五」溝通頻繁，使其解除懷疑，能屈能伸，仍為吉祥，不會有災難。此爻說明謙遜並非自卑，能屈能伸，又善於疏通關係，終獲吉祥。

九三：頻巽，吝。

「九三」剛爻剛位，過於剛強，又在下卦最上位，並非謙遜；然而卻頻頻表示謙遜之態度，卻又不能心甘情願，終於會露出馬腳，招來羞辱。此爻說明謙遜並非虛偽。

六四：悔亡，田獲三品。

「六四」陰柔力弱，在下卦無應援，上下又為剛爻挾持，本當後悔，但陰爻陰位得正，在上卦下方，態度中正謙卑，所以後悔消除。如同打獵會獵得很多野獸。此爻說謙虛應當正當。身體雖受風吹之害，只要遵照醫囑，善

於調理，終會痊癒。

九五：貞吉悔亡，无不利。无初有終，先庚三日，後庚三日，吉。

「九五」剛健，對謙遜的「巽」卦並不適當，會有後悔；但在外卦得中，吉祥，後悔因而消除，無不利。開始也許不安定，但最終會有結果。「庚」與更同音，有變更含意。古時以十干記日，庚日的前三日是丁日，丁有叮嚀之意；庚的後三日是癸與揆通，衡量之意。亦即在事物變更之前，必須叮嚀群眾知道；事物變更之後，應衡量得失，如此慎重處置即會吉祥。此爻說明謙遜是是前周詳叮嚀，事後檢討得失的慎重態度。事前審慎防風吹，事後積極調理、檢討，有益健康。

上九：巽在床下，喪其資斧，貞凶。

「上九」陽剛在此卦最上方，使「九五」更加不信任，因此謙遜至極點，如同伏在床下，未免過分。又如旅途中喪失了旅費與用具，即使地位高貴也難免謙卑過度；如此喪失果斷，無法發揮其剛強作用，在「九五」前跪下不敢起來，在的確凶險。此爻說明謙遜應恰如其分，不可過度。身體受風生病，治癒又不知保養預防又反復吹風，又要花更多金錢求神問卜、看醫生，當然凶險。

養生健言：爲人處世應懷發自內心之謙遜，而非自卑，虛矯；與上誠懇加強溝通，以獲信任，消除猜疑；遇事果斷，對下事前反覆叮嚀預防、事後審慎處理、檢討得失。知錯能改，善莫大焉。要避免風邪，睡覺時不宜直對電風扇或冷氣口直吹，若風大，宜將面風吹之窗戶關閉；平時要加強抵抗力，如運動、按摩，多吃水果、蔬菜等，以避免感冒，若不慎感冒，也應就醫，遵照醫囑服藥、多休息、多喝水。

## 58. 兌卦 ䷹ 兌爲澤　兌上　兌下　以誠相待　快樂交談

兌，亨，利，貞。

兌卦與巽卦是「綜卦」，謙遜使人喜悅，自己也喜悅，互爲因果。「序卦傳」說：「入而後能說之，故受之以兌；兌者說也。」「兌」是說之本字，是說話、笑之模樣，因而此卦有言語和笑之意。「兌卦」是一陰爻前進至二陽爻的上方，有喜悅表露於外的形象。兌卦又是澤，將坎卦之水，由下流杜塞，水聚集成爲澤，澤中之水可滋潤萬物，使萬物喜悅，也是悅的象徵。以卦體

而言，此卦上下二體都以剛爻居中位，故稱「剛中」，象徵內心有實德而不虛偽；由卦形來看，柔爻在外，外柔內剛，當然使人喜悅，可以亨通，絕非是非不分，一味討人喜悅，而是動機純正，固守正道，使人喜悅，才會有利。上下卦都是兌卦，二澤並連在一起，澤水相互流通滋潤的形象；兌也為少女、口，表示二兌、二個少女談笑的姿態，使人感到人際關係的快樂氣氛，也溝通了人與人之間的心靈，傳達了情感與信息，所以是和樂欣悅之象，此對身心健康極為有利。君子當效法此一精神，朋友互相討論，以使彼此得到利益。順應天道。凡事以使人民喜悅為先，人民即會忘記勞苦與危險，高興的去冒險犯難與自我勉勵了。

初九：和兌，吉。

「初九」陽剛，雖在此卦最下位，卻不奉承諂媚，妄求進取。上卦之「九四」也為剛爻，與「初九」不相應，不屑利用私人關係，而是以正大光明的態度，使人喜悅的形象，既能與大家一起歡喜，但不會歡喜若狂至同流合污，亦即和而不同。此爻說明與人和悅應正大光明，而非諂媚。

九二：孚兌，吉，悔亡。

「九二」剛爻得中，心中誠信，以誠信與人和悅，當然吉祥。但其剛爻柔位不正，預料會有後悔，但因志在誠信，後悔就消失了。此爻說明應以誠信與人和悅。

六三：來兌，凶。

「六三」是內卦的主爻，陰柔，不中不正，在外卦又無相應，只好向下討好「初九」「九二」，以此種不正當的手段使人喜悅，所以凶險。此爻說明和悅，不可不正當。

九四：商兌，未寧，介疾有喜。

「介疾」是小病。「九四」爻位上承剛中守正的「九五」，下比邪媚不正「六三」，與下方的陰爻「六三」接近，本來陰陽相悅，但「六三」不中不正，是否應當與「六三」相悅，心中未免滴咕，無法安寧。然而「九四」剛毅，終於拒絕「六三」的誘惑，追隨「九五」之剛毅中正，不再猶豫，就像治癒小病，心中喜悅；此外可將陰邪不正的「六三」孤立起來，對自己、對整個剛爻都是好事。此爻說明和悅並非鄉愿，應斷然去惡。

九五：孚於剝，有厲。

「剝」指「上六」的陰爻，將「九五」的陽爻剝落，「九五」陽剛中正在君位，有被取悅他的小人、上卦之主爻、兌卦極點之「上六」這個陰柔的小人，以邪惡狐媚手段，取悅包圍的危險，如果信任如此小人，當然危險。

上六：引兌。

「六三」是「來」兌，是引誘九四、九五來喜悅自己；「上六」是「引」兌，在上卦主爻，陰柔在兌卦極點，是不擇手段強使人喜悅自己，由於「九五」剛中，其伎倆無法得逞，所以不言吉凶。此爻進一步告誡，小人不擇手段，取悅於人的危險，必須戒懼。

養生建言：與人應和睦相處，心懷誠意，交談快樂，多與同學或同事切磋，無論課業、為人處世、教學、輔導、經營校務或班務等，必能有所收穫而喜悅。要防範言語諂媚、心懷不軌的小人，多與品行良好的君子來往，但亦能與大家同樂，而不同流合污。不慎接觸病人時，要講究衛生，勤洗澡及換洗衣物、棉被等，並將貼身衣物、棉被、用具等曝曬、消毒，感染疥蟲時應及時就醫，遵照醫囑在用藥前，宜先洗去痂皮，刺破水皰，再將醫生給予之外用軟膏擦於全身及患處，早晚各一次，直至痊癒為止。

59. 渙卦 ䷺ 風水渙 巽上 坎下 水波離散 鬱悶渙散

渙，亨。王假有廟，利涉大川，利貞。

「序卦傳」說：「說而後散之，故受之以渙；渙者離也。」「渙」是冰融破解，渙散之意；江河之水冬季結冰，春季融化經大風吹動後，冰塊舒展開又重新成為水。就水而言，凝結成冰即成不動之死水，是窮困不通，冰渙散而成水又重新流動則由不通而致通，所以說亨通。〔註18〕「假」是至。此卦下卦「坎」是水，上卦「巽」是風，風吹水上，形成水波離散之現象，所以稱為渙卦，象徵喜悅使鬱悶渙散。「九二」剛爻得中，「六三」與「六四」二個陰爻同心同德，所以亨通。當天下離散時，君王應以至誠，到宗廟祈禱，獲得神之庇佑，使人民到君王之誠意，因而感化再重新聚結，即能像涉過大川般，有利於冒險犯難，所以也有挽救渙散之意。又上卦「巽」是木，下卦「坎」是水，木舟在水上行，也象徵有利于渡河，但必須堅守正道。此卦亨通來自漸卦䷴之「九三」剛爻下降，來到「二」得中，成為渙卦，即不會阻

〔註18〕徐志銳：《周易大傳新著（下）》，頁486。

塞。相對的漸卦的「六二」柔爻，上昇至「三」之剛位，與上方「六四」柔爻即能同心同德。「九五」在中位，剛毅中正，有利涉過大河，而在水上乘坐木船，才能發揮渡河之功效。古人洗浴都是在自然界流水中進行，所以渙卦也爲記敘古人洗澡情況。流水沖洗身體後，才可祭祀，如此淨身祭祀後，才可戰勝大河險難之困難，形勢方可順利堅貞。對於生命而言，經常沐浴可防治疾病。

初六：用拯馬壯，吉。

人心渙散必有危難，唯有聚合人心，才能團結起來克服困難。初爻爲人心渙散初始，拯救此種危難也就較容易，但宜速不宜遲，遲則渙散；用健壯的馬追趕即可拯救，轉爲吉祥。「初六」因柔弱無拯救渙散之力，必須得到陽剛之「九二」壯馬才行。古時人們爲尋找好的洗澡之處，常策馬尋求，當時天旱，尋找流水之處，自然吉祥。

九二：渙奔其机，悔亡。

「机」即几，矮小的桌子，古時席地而坐，所以用几。「九二」陽爻陰位不正，應當有後悔，但其乃有漸卦之「九三」由外奔來，到達內卦中位，如同坐下依靠於矮桌旁得以安定，使預料中後悔消除；渙卦至第二爻人心渙散之形勢已形成，不像初爻剛開始可急快拯救，正如奔赴其机，依几安閒而坐，去危就安展顯所謂的「時中」；一說「机」同時機之機，趁大水來臨逃走至安全地方，所以無後悔。〔註19〕此爻說明挽救渙散須先求安定。尋找流水裝飾打扮自己，可以消災。

六三：渙其躬，无悔。

「躬」是利心之意。「六三」陰柔，不中不正，本有自私自利的性格，但因在剛位，能克制私心，使私欲渙散，與「上九」相應，積極有所作爲，終得合聚而不離散，因而使後悔消失。此爻說明拯救渙散需先除私心。一說大水淹及自身，因處危險之上，上爲巽與「上九」相應，有木舟以濟，所以帛本說「无咎」。〔註20〕

六四：渙其群，元吉。渙有丘，匪夷所思。

「夷」是平常人之意。渙卦發展至第四爻已脫離坎體進入巽體，出險而

---

〔註19〕趙建偉：《出土簡帛《周易》疏證》，頁123。
〔註20〕同上註。

入順，形勢好轉，人心由渙散轉而聚合。「六四」陰爻陰位得正，與上方「九五」君王接近，相當於擔當拯救渙散重任的人。「六四」在下卦無應，象徵沒有私黨，亦即解散自私之政黨以奉公，當然大吉大利。自私的黨派解散，促成大團結，群眾聚結如山丘，此非平常人所能想像的。此爻說明拯救渙散，應排除私利，為公眾造福。

九五：渙汗其大號，渙王居，无咎。

「九五」陽剛中正在君位，天下人心渙散時如王者身患疾病，經過「六四」聚合人心，王者身出大汗，疾病已去，王者號令可以通行，如此君王便能安於正位，天下太平無事了。〔註21〕以流水洗澡可洗除汗水，還可防治疾病。

上九：渙其血，去，逖出，无咎。

「上九」處巽卦最上位與「六三」坎卦有應，以致由脫險又重新陷入危險，唯有與「六三」保持一定距離，才能不被傷害。此爻說明遠離傷害必須與小人保持距離。492 一說「渙其血去」大水憂患已過，隨時保持警惕，才能無咎。〔註22〕

養生建言：放假玩樂完，心情渙散，宜做收心操，回歸正常軌道。班上放假回來或一般時候，紀律渙散，或無向心力，一盤散沙，老師應多花精神，以誠意與無私付出，喚起其向心力，願意同心同力、共同努力以爭取班上榮譽與成績。學校派系林立，教學散漫，行政領導宜捐棄成見，摒除派系，以誠意及付出來凝聚學校向心力，與小人保持距離以免被陷害。同學亦應注意擇友，以免被感染不好之習性。休閒娛樂應有所選擇，勿涉足不良場所。另外洗澡與溫泉浴、spa 等皆有益身心，除有清潔衛生之功效外，尚可鬆弛神經、心情放鬆；溫泉浴更具備養生之療效，但仍應選擇合法之場所，及遵照有關注意事項，以確保安全。洗澡之浴室，應注意瓦斯勿安置室內，以防瓦斯外洩中毒。

## 60. 節卦 ䷄ 水澤節 坎上 兌下 節制適當 自我調節

節，亨。苦節不可貞。

節卦與渙卦是「綜卦」，渙散與節制，相反相成。「序卦傳」說：「物不可以

---

〔註21〕徐志銳：《周易大傳新著（下）》，頁441。
〔註22〕趙建偉：《出土簡帛《周易》疏證》，頁124。

終離,故受之以節。」「節」是竹節,一段段分開,有止之意,節制、節儉、節操等都有止的含意。此卦下卦「兌」是澤,上卦「坎」是水,水流入澤中,過度即會溢出,應加以節制,所以稱爲節卦。節制是美德,因而亨通,但節制過度,即會吃苦。此卦下卦「兌」是悅,上卦「坎」是險,象徵看到目標時,未免見獵欣喜,盲目突進,但遇到危險即會停止。此卦剛爻柔爻各有三個,上下卦皆剛爻得中,卦形良好,所以亨通。「九五」正當君位,節制天下,具備中正的德性,所以暢通無阻。天地因爲節制,四季方能整然有序,循環不已;因而聖賢應效法天地,建立禮節制度,以節制人之無窮慾望,使行爲不踰規範。

初九:不出戶庭,无咎。

「初九」陽剛得正,有出人頭地的能力,但正當節卦開始,還非適當時機。因而自我節制,不走出內院,能夠如此愼重,即不會有災難。此爻說明應當自我節制,言語行動謹愼。

九二:不出門庭,凶。

初爻還不是應當外出的時機,但「九二」陽爻陰位不正,在上卦沒有應援,不知融通,仍然節制,不走出外院,應外出而不外出,所以凶險。此爻說明過度節制,就會失去時機。

六三:不節若,則嗟若,无咎。

「六三」陰柔,意志薄弱,又不中不正,以致不能節制,造成不得不嘆息的結果。此爻說明應當節制而不能節制,則咎由自取。

六四:安節,亨。

「六四」柔順得正,在上方承接此卦的主體「九五」,受其感化,體認到順應自然而節制的道理,能夠心安理得的節制,所以亨通。此爻說明節制應順其自然,不可勉強。

九五:甘節,吉;往有尚。

「九五」陽剛中正,在君位,以王者地位,節制天下,以中正德行,使其暢通無阻,愉快的節制自己的慾望,使他人在被節制時,也能愉快的接受,所以吉祥。如此即可進一步採取積極行動,建立受人尊敬的功績。此爻說明節制應以中正的德行,以身作則,倡導於先,才能使人人樂於接受,而能有所作爲。

上六:苦節,貞凶,悔亡。

此爻爲節卦極點，極端的節制，因而痛苦，如堅持下去，就有凶險。應知悔改，凶險才會消除。此爻說明過度節制，造成反效果。

養生建言：凡事要有節制、要有規範，不論飲食、睡眠、娛樂、運動、讀書、工作、金錢等，但若太過節制則爲苦，該用而不用，該吃而不吃，該睡而不睡，該表達而不表達，該爭取時機而不爭取，該隨和而禮節太過而拘謹等。學校爲節省電費，上課也無法開燈，將影響學生學習效果與視力。領導者應以身作則，生活儉約，不可自我生活奢華，卻嚴苛於下。養生應按照四時變化調理，夏季暑熱忌燥熱之補品、多季則宜溫補忌寒涼食品等。

## 61. 中孚卦 ䷼ 風澤中孚　巽上 兌下　心懷誠信　至誠爲本

**中孚，豚魚吉，利涉大川，利貞。**

「序卦傳」說：「節而信之，故受之以中孚。」此卦上下各有二格陽爻，中間兩個陰爻，是中心虛心形象，亦即心中誠信，「孚」本義孵，孵卵不能延誤日期，有信之含意，所以稱爲中孚卦。上下中爻「二」及「五」都是陽爻，中心充實，也爲中孚象徵。「豚魚」是指平民用豚及魚作祭祭品。身份低的平民，其祭品雖簡單，但心中誠信，仍會爲神嘉納賜福，所以吉祥。此卦卦形外實內空，是傳的形象；且上卦「巽」是木，下卦「兌」是澤，木在澤上，也象徵船，所以有利於渡過大河，比喻心中誠信，就可冒險犯難。不過必須以堅守正道爲先決條件。又上卦「巽」是謙遜，下卦「兌」是喜悅，在上者謙遜，在下者悅服，所以說誠信才能教化國家。「孚」之本義爲孵，有化之含意。中孚卦體下兌上巽，兌爲澤，巽爲風，澤上有風吹起，風是虛的，看不見摸不著，但行於水上卻能推波助瀾，虛中又有實；波瀾掀起又出現許多漩渦及空隙，是實中又有虛。虛能受實，實又能充虛。人爲虛心，才能信守中道。君子應效法此一精神來審判訴訟，判處死刑之人，儘可能予以「議獄」，議獄是對上訴而未做出判決的案件進行審議，追究是否虛中有實；緩期執行則是追究實中是否還有虛，如此方能達到虛實相符，無過與不及而合於中，此即效法中孚之象。又下卦「兌」是說，所以議獄，上卦「巽」是風、順，所以緩和；恩澤相通所以緩死。

**初九：虞吉，有他不燕。**

「虞」是忖度、推測之意。「初九」與「六四」相應，是此卦開始，雖是

誠信的卦，但開始卻不可輕信，必須忖度對方，是否可信，才能相信，如此
才會吉祥。一旦相信即應堅信到底，如果再有疑惑，反而使自己無法心安。
此爻說明開始應當慎重，一旦相信，即不可再疑慮。

九二：鳴鶴在陰，其子和之，**我有好爵，吾與爾靡之**。

「陰」是日蔭，「靡」是分散。「九二」與「九五」在內外卦中，陽剛充
實，象徵心中誠信，雖然遠離，但仍能相互呼應。就像鶴在陰暗處鳴叫，看
不到遠處，小鶴也會應和。「九二」在下卦得中，故稱陰、好爵。自己有好酒，
願意與你同杯分享，也比喻彼此誠意能夠溝通。此爻說明誠信必須能夠溝通，
引起共鳴，才能發揮作用。

六三：**得敵，或鼓或罷，或泣或歌**。

「六三」陰爻在陽位，有盲目衝進的傾向。但前有「六四」阻擋，同性
相斥，「六三」雖與「上九」相應，但「六四」也與「初九」相應，勢均力敵，
因而敵對，「六三」想要擊鼓進攻，又停止後退；忽然悲泣又歡喜高歌，完全
不知所措模樣。此爻說明誠信必須堅定不移，否則不知所措。

六四：**月幾望，馬匹亡，无咎**。

「匹」是兩頭馬。「六四」陰爻陰位得正，最接近「五」之君位，是地位
最高的大臣，所以用幾乎已是滿月來比喻。「六四」與「初九」相應，就如一
對馬，失去了匹配。但斷絕無能之夥伴，追隨偉大的人物，才會沒有災難。
此爻說明誠信應選擇對象。

九五：**有孚攣如，无咎**。

「攣如」是相互攜手。「九五」在上卦得中，陽剛充實，具備心中誠信的
「中孚」德性，又在尊位，成為此卦主體。下方有同樣具備中孚德性的「九
二」，成為攜手並肩的同志。此爻說明彼此誠信，方能相得益彰。

上九：**翰音登于天，貞凶**。

「翰音」是雞。「上九」陽剛，並非心中無誠信，但已至信卦極點，未免
自信過度，不服從君位的。「九五」，孤高自鳴得意，如同雞不能高飛，卻要
登天，不久即墜落地面，當然凶險。此爻說明不可徒具虛名，虛張聲勢，以
假亂真，信實未孚；亦不可自仗誠信而孤高閉塞。

養生建言：與人交往，以誠相待，則能行事亨通，更可促進和諧與團結，
發揮教化功能。誠信非毫無原則，事前應慎重明辨，誠信對象也應慎重選擇。

虛心為誠信之本，不可貪圖虛名，以假亂真；亦不可自以為誠信而孤高剛愎，脫離群眾。以誠相待能使人心理健康，心安理得；相反虛偽則使人處於疑慮與不安中，睡眠欠佳，心神不寧，長期容易使人降低免疫力。

## 62. 小過卦 ䷽ 雷山小過　震上　小有過度　應當務實
　　　　　　　　　　　　　艮下

**小過，亨，利貞，可小事，不可大事。飛鳥遺知音，不宜上宜下，大吉。**

此卦與中孚卦陰陽相反，彼此是，「錯卦」，過度因為自信，自信容易過度，相互交錯。「序卦傳」說：「有其信者必行之，故受之以小過。」亦即行動難免會過度。此卦有四個陰爻，二個陽爻，是陰過度之形象，也上下卦都是柔爻在中位，所以小事吉利。但必須固守正道，對小事可以，又因為兩個剛爻「九四」不正，「九三」不中，所以大事則不可過度。又此卦卦形中間二個陽爻是鳥身，上下二個陰爻是翅膀，與鳥飛形象相似，前卦「中孚」是孵化之意，此卦的鳥已經孵化。就像鳥飛過，只留下叫的聲音，不會發生作用；又像鳥不宜往上飛，要往下飛，才能找到棲息的地方。亦即在小有過度時，應當務實，才會大吉大利；君子應適時而行，有過失則改，防微杜漸，以免小過釀成大禍。對於生命而言，身體有病就應及時就醫，以防病情惡化。

**初六：飛鳥以凶。**

小過卦的卦形像鳥，所以用飛鳥比擬。「初六」陰柔，與上卦的「九四」相應，因而一心想飛，但好高騖遠，不知收斂，當然凶險。此爻告誡應知收斂，不可好高騖遠；要知過能改，就如飛鳥應及時下落為吉，向上逆勢而飛則不宜。

**六二：遠其祖，遇其妣；不及其君，遇其臣；无咎。**

「二」與「五」相應，「六二」因而順利昇進，但應當相應的「五」位，卻非陽爻而為陰爻，所以錯過了祖父，遇到祖母，無法到達君王面前，而遇到臣。雖沒有遇到所期望的應援，但仍然可得到協助，所以無咎。此爻說明在消極方面稍微過度，雖無法積極作用，但仍有益。不管是誰，有了過失就應批評，身體有病就應治療。

**九三：弗過防之，從或戕之，凶。**

「九三」陽剛得正，是剛直的君子，所以勇往直前。但與其相應的「上六」，卻為陰柔的小人，如果「九三」謹慎不過分，就可防止，如果屈從就有

被殺害的危險。此爻強調過與斂的分際，應當明辨。過失未發生前即應加以預防，在病痛惡化前要加以治療，絕不可任病情惡化。

**九四：无咎，弗過遇之。往厲必戒，勿用永貞。**

「九四」剛爻柔位，剛而兼柔，不會逞強，所以無咎。「九四」與「初六」相應，「初六」是陰柔小人，一心想僥倖高昇，但「九四」剛柔並濟，不會過分，雖然相遇，仍可相安無事。如果嫉惡如仇，要積極遏阻，就有危險，不可不警惕，更不可永遠固執自己的正義，應當因應狀況，知道變通。此爻說明剛與柔、過與斂，必須因應變通，不可固執。生病就應就病情對症下藥，不可諱疾忌醫。

**六五：密雲不雨，自我西郊，公弋取彼在穴。**

「六五」在君位，但陰爻力弱，西是陰的方位，心有餘而力不足，無力從事積極的事業，所以說密雲不雨。此君王拿著繩箭鑽進穴中，將與其相應之「六二」捉來，輔佐自己，「六二」是陰爻，所以說在穴，此二陰爻在一起，明顯的不足以成大事。此爻告誡過度強求，不足以成大事；人不能長久無過及無病，因此應經常自戒，謹慎而為，及時尋找隱患，就如西郊烏雲密佈卻無下雨，但遲早會下一場。

**上六：弗遇過之，飛鳥離之，凶，是謂災眚。**

「離」與罹相同。「眚」是人禍。「上六」是陰柔小人，也是此這陰過盛的極點，沒有遇到任何阻擋，以致飛昇過度，終於觸及法網，就像鳥飛到天上，沒有安身的地方，遭到被射殺的凶險。「上」與「初」爻相當於鳥的翼，所以用飛鳥比喻。因而說是天災，實際卻是自找的人禍。此爻告誡極端過度，必然招致災禍；生病遲遲不治，一旦嚴重，則將難以治療。

養生建言：人有過失，就應改過，有過不改，愈積愈惡。因為過失被老師糾正，應以謹慎、務實態度積極改過，不可不服糾正，惡言相向。生病應儘速就醫，對症下藥，不可諱疾忌醫，以致病情惡化。平時應防微杜漸，預防重於治療。

## 63. 既濟卦　☵☲　水火既濟　坎上　離下　成功之際　思患預防

**既濟，亨，小利貞，初吉終亂。**

「序卦傳」說：「有過物者必濟，故受之以既濟。」「既濟」已經成功之

意。由卦形來看，此卦陽爻皆在奇數位置，陰爻都在偶數位置，全部得正，形象最完整，象徵成功，稱為既濟卦。然而陰陽錯綜變化才能產生變化，生生不息；過於完整，反而僵化，以致喪失積極奮發的活力，不能再大有作為，只有小事勉強還能亨通。凡事在成功之後，接著而來必為頹廢鬆懈，趨向沒落，因而必須堅守正道，繼續奮發努力，才能有利。當成功來臨時，在極端興奮中醫切顯得吉祥，然而物極必反，終久又將陷入混亂，以告誡守成之艱難。此卦下卦「離」是火，上卦「坎」是水，有火有水，象徵烹飪已經完成。然而水在火上，也有使火熄滅的弊害。君子應效法此一精神，凡事在完成當初，即應考慮接踵而來的弊端，事前加以預防。

　　初九：曳其輪，濡其尾，无咎。

　　「初九」在此卦最下方，相當於車輪、狐尾。在渡河當初，就應慎重思考，適當節制，才能無咎。

　　六二：婦喪其茀，勿逐，七日得。

　　「茀」婦女的首飾。「六二」中正，是下卦「離」光明的主爻，又與上卦「九五」陽剛中正的君位，應當有出人頭地的機會。然而「九五」的君王，正當功成名就，躊躇滿志時，並不急欲尋求在野的遺賢，以致「六二」懷才不遇，就像婦女遺失了首飾，不能打扮，顯露才華。不過，也不必積極去尋找，過了七日，遺失的首飾就會出現，時機就會到來。為何說七日呢？因為一卦由六爻構成，一爻代表一日，「六二」在經過一巡之後的第七日位置。此爻說明成功之後，適當節制，也許會有一時損失，但結果會更圓滿。

　　九三：高宗伐鬼方，三年克之，小人勿用。

　　「九三」剛爻剛位，非常堅強，所以用殷高宗比喻。三年才戰勝，當然疲憊不堪，警惕不可輕率用兵。此爻強調有功小人絕不可使其在政治上形成勢力。

　　六四：繻有衣袽，終日戒。

　　「六四」正在渡河，為防止漏水，事先準備破布，並且整天嚴密戒備，前後才能連貫。「六四」柔爻柔位，具備凡事細心，設想周到的性格，思患可預防，雖不一定吉祥，但可使災禍發生的可能性減低。此爻告誡成功不可自滿，耿當戒慎恐懼，時刻戒備。

　　九五：東鄰殺牛，不如西鄰之禴祭，實受其福。

　　「禴祭」是夏祭，五穀還未豐收，祭祀簡單。東是陽的方位。「九五」在

東方，西是陰的方位，「六二」在西方。「九五」在此卦君位，事業既成，天下太平，已看不出進步，甚至越過顛峰狀態，正趨向沒落。當然不如剛出頭之「六二」，奮發有為。所以用東鄰殺牛，舉行盛大祭祀，反而不如西鄰虔誠的簡單祭祀，得到神的降福。此爻說明成功不可自滿，應當一本初衷，繼續奮發努力，才能保全既有的成就。

上六：濡其首，厲。

「上六」在最上位，相當狐狸的頭。此卦「坎」是水，「上六」在水的最上方，是頭浸到水的形象。「上六」陰弱，冒險渡河，就像狐狸渡河，頭浸到水，當然凶多吉少。此爻說明不可盲目衝進，招致危險。

養生建言：不可被一時之得意、成功沖昏了頭，以致驕縱懈怠，不求奮發，成功的背後往往隱藏失敗，更應戒慎惕勵，步步為營。青年學子不可自恃身體健康，而恣意放縱，不知保養，如熬夜，暴飲暴食等，中年一旦發病，將不可收拾。經營校務、或班級，應步步謹慎，不可自鳴得意而放任惡勢力坐大。唯有凡事思患預防，防微杜漸，才能免於災難。

## 64. 未濟卦　䷿　火水未濟　離上　坎下　事未完成　審慎進取

未濟，亨，小狐汔濟，濡其尾，无攸利。

未濟卦與既濟卦是形爻上下相反的「綜卦」，也是陰陽相反的「錯卦」，虧而盈，滿而損，完成為未完成的終結，同時也是另一次未完成的開始。「序卦傳」說：「物不可窮也，故受之以未濟終焉。」《易經》雖到此卦終止，但宇宙森羅萬象，永遠變化演進，無窮無盡。此卦全部的爻都不正，意味著未完成。在形象上極端惡劣，陰陽各爻完全被分隔，象徵變化正在醞釀，使未來產生。卦名未完成，意味著充滿發展的可能性，因而亨通。「六五」柔爻在上卦中位，能夠實踐中庸的道理。小狐幾乎完成渡河；但因為「九二」在下卦「坎」的正中央，「坎」是水、是險，尚未脫離水，所以危險。尾巴打濕，沒有利益；是說小狐的頭雖到達彼岸，尾巴仍拖在水中，還沒有完全登岸。此卦雖陰陽雖陰陽各爻位置不當，卻都剛柔相應，依然充滿希望。此卦上卦「離」是火，下卦「坎」是水，火向上燃燒，水往下流，背道而馳，象徵未完成；然而火與水的行動方向，並無違背本質。君子當效法此一精神，分辨、區別各種事物的不同點，由同而求異，以審慎態度對待，使其各在與本質相

合的適當場所。

初六：濡其尾，吝。

「初六」在最下方，相當狐的尾，陰柔無力，有正當未濟卦的開始，難以渡河，以致打濕尾巴，沒有成功。此爻說明在成功的最後關鍵時刻，更應量力，不可行動過當。

九二：曳其輪，貞吉。

在君位的「六五」陰柔無力，唯一所能仰賴的是相應的「九二」。「九二」剛爻在柔位，於下卦得中，恭順中庸，能夠克制自己，就像渡河的拖住車輛，不會逞強，如此堅守正道，當然吉祥。

六三：未濟，征凶，利涉大川。

下卦「坎」是險，「六三」在險的最上方，是即將脫離危險的形象。然而「六三」柔弱，位置不中不正，於此時刻，積極行動當然不利。但於此即將脫離危險的重要時刻，充分考慮不利條件，經過慎重周詳策劃，斷然冒險反而能突破困境，找到出路，因而有利。此爻說明在成功最後關鍵時刻，應當慎重的斷然冒險。

九四：貞吉，悔亡，震用伐鬼方，三年有賞于大國。

「九四」陽爻陰位不正，應當後悔，必須堅守正道，才能使後悔消失；然而「九四」本身不正，想堅守正道，必然困難，所以必須奮起，將陽剛的本質發揮，長期堅持努力才行。就像振奮以威武討伐異民族，經過三年艱苦作戰，終於完成任務，得到國家的褒揚。此爻說明在成功最後關鍵時刻，必須堅持，奮發努力。

六五：貞吉，无悔，君子之光，有孚，吉。

「六五」陰爻陽位，雖在君位但不正。不過本身是陰爻，中心空虛，在上卦中位，又與下卦陽剛得中的「九二」相應，因而中庸，能尋求有力的輔佐，由於作為正當，所以吉祥，使後悔消失。又上卦「離」是明，「六五」在光明的中央，象徵具備君子的光輝德性，是一位明君，加上誠信，更吉上加吉。既濟卦是初吉終亂；未濟卦則有初亂終吉的趨勢。此爻說明在成功的關鍵時刻，更應當明智、中庸、誠信、謙虛以號召賢能，鞏固團結而至於成。

上九：有孚于飲酒，无咎，濡其首，有孚失是。

上卦「離」是明，「上九」陽剛，所以賢明剛毅。「未濟」正當不安定的

時期，「上九」更到達不安定的極點，但否極泰來，不久，既濟時期即將來臨。不過尚未無位，「上九」本身並無力量，使既濟時期早日到來，也許在未濟中就終了。然而「上九」賢明剛毅，並不因此而怨天尤人，依然滿懷信心，飲酒自樂，泰然自若。但如失去節制，飲酒過度，頭都被酒打濕，縱然信心十足，也不正當了。此爻說明應有盡人事，聽天命，成功不必在我的胸襟。

養生建言：成功之後，又是另一次成功的開始，凡事量力而爲，不要逞強，以中庸之道前進，審慎規畫，結交益友，互相切磋，努力前進，在成功之際，斷然冒險乘勝追擊，以致成功；凡事但求盡其在我，成功委之天命，但不可一副勝券在握，以致放縱的態度。每一次考試成功之後，還需爲下次考試繼續努力，努力之中，應量力而行，以務實態度審慎訂讀書計畫，與益友相互切磋，考試前更加強前進；考完結果委之於天，不必太在意，但也不可一副考得很好的樣子，而放縱玩樂。行政領導亦是如此，校務評鑑佳，又是下一次評鑑的開始，審慎規畫，量力而爲，多接近或重用賢者，成功之際堅續努力，冒險積極往前；成功與否但委之於天，泰然處之。生病治療穩定後，更應依照醫囑，繼續保養，細心調養；若不幸又有生命危險，應冒險採取有效之積極治療。小酌一些葡萄酒，有益血液循環，但酗酒則有害健康，損傷肝臟功能。

# 第四節　小　結

《黃帝內經素問》效法《周易》之象，在醫療經驗基礎上，將天象與臟象相聯繫，將形象與神象相統一，效法卦象以論病象，爲中醫診斷學之蹊徑，從而創立了中醫臟象學說，而大力推動了中醫學之發展。本章重點在六十四卦象之養生，以學校師生人事爲主，藉著六十四卦卦象避免使身心受到傷害，順應人事與天時，甚至積極掌握人事與天時，以「變通」、「時行」爲其樞紐，俾能盡其天年。至於身體之臟象學說，則亦放置於第五章數術篇，其實象數術是互爲關連，無法切割的。